10

從企業成功軌跡
解析股價上漲10倍的祕密

倍股
法則

The Rules of 10 Baggers

林子揚——著

Contents

Chapter 1 基本觀念

Chapter 2 如何篩選

Contents

自序
投資成功沒有公式　但有方法

儘管我不喜歡形容投資是一種遊戲，但若要以遊戲比喻，我會說投資是一種機率的遊戲，能持續成功壓對中長期上漲的標的，就可以獲得最後的勝利。因此如何持續壓對標的，就是所有想長期獲利的投資人該鑽研的功課，這其中牽涉到太多相關的因素，因為股市的複雜超出你我的想像。

我的美股投資經驗達 26 年，且偏好投資科技業的成長股。累積 26 年來，我的投資年化報酬率有 24.98%，同期間標普 500 指數是 8.2%（報酬率計算皆不包括股利）。在我 2021 年出版的第 1 本投資著作《超級成長股投資法則》中，我將投資成果歸功於時間與複利，並透過投資成長型的企業，讓報酬率能夠大幅勝過大盤。

通常大家在看到高績效的投資成果時，最關心的就是「到底買了哪些股票？」許多來信交流的讀者，最常提出的問題也跟投資標的有關。然而，你此刻買進跟我完全相同的股票，並不保證未來 20 多年報酬率就能跟我相同，原因除了

買進的時空背景不同，也因為每個人的能力圈不同，在遇到市場波動、所投資產業景氣或企業經營遇到逆風時，買賣決策也不會一樣。但是若你能夠從自己的能力圈去找出值得研究、長期投資的股票，並且堅守長期投資的策略，要獲得好績效並不會太難。

我的成長股投資組合中，有 8 檔是在我持有期間內，股價上漲達 10 倍以上的「10 倍股」，也是造就我投資績效的功臣，因此，這次我想在新書中，談談這些美股當中的 10 倍股。一家企業的股價能夠上漲 10 倍一定有其原因，我想談的是，這些成功企業之所以能上漲 10 倍的共同軌跡，並探討我們多數投資人總會錯過 10 倍股的原因，以及該如何確認自己持有的是 10 倍股。本書也會以大家熟悉的企業舉例說明，希望對讀者未來擁有自己的 10 倍股能有具體的幫助。

我花了數個月的時間蒐羅數據，整理出一份珍貴的 10 倍股名單（詳見附錄5）；美股是個浩瀚的市場，過去 30 年產生的 10 倍股數目超過你我想像。或許你會有個疑問，難道我列出的這麼多股票都適合投資嗎？事實上，這份名單已有經過我的初步過濾，已經刪掉了大量實務上不值得投資人持有的雞蛋水餃股和垃圾股，能夠留在名單當中的企業，也確實都不是泛泛之輩。

透過本書，我想藉由分析過往和現在正發生的事實，以及自己的持股經驗，

協助投資人更正確的認識美股，進而提高選中並收獲 10 倍股的機率。

如果你對美股還很陌生，在進入美股市場前，有必要先弄清楚以下幾件事：

1. 市場的基本樣貌。
2. 交易的基本規則。
3. 有多少的機會可以選擇？
4. 成功的機會有多大？
5. 要花多少的時間才能取得水準以上的報酬？
6. 哪些產業適合一般人投資？
7. 如何盡早看出未來的新星？
8. 為什麼超級優秀的企業很罕見？
9. 為什麼多數人很難在股市致富？

大部分的投資人會鄙視過去發生的歷史，總認為搶占先機才重要，千方百計打探明牌，甚至是犯法取得內線，希望押注成功，一夜致富。別忘了，股市投資最重要的依據——財報，就是歷史。

歷史是已經發生的事實，不可能改變；股市則是人參與的活動，雖然所有時空環境都會改變，然而人性及人類行為模式永遠不會改變。因此花時間研習過

去的歷史，對於投資絕對是有幫助的。這也是為什麼知名交易員傑西‧李佛摩（Jesse Livermore）會說出這句名言：「歷史會一再重演。華爾街上根本沒什麼新鮮事。今天，不管股票市場發生什麼事，以前都發生過，將來也會再度發生。」

股市過去的紀錄是無法改變的事實，除了反映投資人亙古不變的行為模式外，更重要的是，這些歷史資料透露出「成功企業其實都遵循著相同的軌跡發展，不會有例外。」藉由投注心力，而且是投入大量時間，深入挖掘這些資料，可以得到你意想不到、而且是其他方法所難以取代的收穫。

正如約翰‧坦伯頓（John Templeton）說：「取得好成績需要大量的學習和工作，而且比大多數人想像的要難得多。」他更表示：「成功有跡可循。」暢銷書《原子習慣》（Atomic Habits）書中也提出：「阻礙成功最大的關鍵不是失敗，是無聊。」實在相當貼切。

華倫‧巴菲特（Warren Buffett）在 2008 年波克夏股東信中提醒過：「大家要注意引起掌聲的投資活動，偉大的舉動通常伴隨著打哈欠。」他強調：「沒有必要做非凡的事情才能獲得非凡的結果。」投資作家約翰‧特雷恩（John Train）也曾表示：「投資是一項注重細節的遊戲。」這些成功投資人所說的話都是相同道理。

本書除了提供讀者對美股市場和產業的基本了解外，藉由過去的數據和事實，針對最近 30 年內股價上漲達 10 倍的個股，梳理出這些企業的成功因素，協助讀者從中歸納出共通點。讀者可根據自己的能力圈，尋找適合自己投入研究的產業領域，選擇具發展潛力的股票，並且提升持股的信心，增加長期投資成功的勝率。

不要相信投資會有任何必勝的數學公式，但要想取得長期的成功，的確有方法。除了時間、耐心和紀律三者缺一不可之外，投入心力找出過往企業的成功原因、花時間研究企業的經營數據、相信事實、不要理會任何的噪音或沒有事實根據的猜測、持續堅持下去，從股市致富並非難事。

林子揚

使用指引

閱讀本書時的注意事項

在開始閱讀本書之前,有以下幾點需要特別說明:

◎時間基準

本書所統一設定的時間基準,除非文中有特別說明,否則一律是 2021 年的最後一天:2021.12.31。例如若描述「過去 10 年」,指的就是 2012.01.01 ～ 2021.12.31 的 10 年期間。

◎10倍股定義

本書定義的 10 倍股,為指定期間內(包含過去 5 年～ 30 年)股價「曾經的最高報酬率」等於或超過 1,000% 者,也就是包括 10 倍、20 倍、100 倍、甚至 1,000 倍者。

◎名詞使用規則

1. 上市企業名稱在本書第 1 次出現時,在企業名稱後括號附上其美股交易代

碼。若同時在美股和其他國家掛牌，則只會標注美股交易代碼；如果該股在美股店頭市場（OTC）上市且有多個交易代碼，則只會標注交易量最大的美股交易代碼。

2. 常用的股市或財經英文專有名詞，例如 SEC、FDA 和 IPO 等，會在本書第 1 次出現時，譯為中文，其後括號附上英文；第 2 次出現則一律採用英文。

3. 外國人名會在本書第 1 次出現時，盡可能地譯為中文，其後括號附上英文；第 2 次出現則一律採用中文。

4. 書名在第 1 次出現時，會盡量以中文版書名為主其後括號附上英文原書名；第 2 次出現則一律採用中文版書名。

◎美股數據資料的天生侷限性

美股交易雖然有 200 多年歷史，但是過往的多數上市企業資料多為紙本資料，要被記錄下來且能留傳至今可考者屬於極其少數，資料並不完整。美股資料全面電子化是近數十年的事，即使有留存下來的極其少數紙本資料，這些資料也並不完整，而且掌握在少數機構手上，並非公眾可自由使用——基於許多不明原因，通常這些資料只供學術單位研究、具有特定身分者，或是付費者才能查閱，並未公開供一般投資大眾使用。

而許多上市企業會在不同交易所間轉換、也會退市再重新上市、被併購再分拆、股權合併和稀釋、企業變更名稱、更改交易代號，各種排列組合使情況複雜化，造成追蹤、資料蒐集、統計上的困難，甚至造成中斷。

別忘了，美股有近 1 萬 2,000 家的上市企業，每年還有數百家上市和退市。美股還有數量龐大在店頭市場掛牌的企業，店頭市場掛牌的企業資訊本身就因為制度關係，在資訊保存、分類、法規上更為不足，而且紊亂。

更重要的是，在店頭市場掛牌的美股企業在數量上，才是占美股上市企業的絕大多數，讀者切莫以 3 大交易所的上市掛牌標準和規則來看待店頭市場的股票（關於美股 3 大交易所和店頭市場，詳見第 2 章的詳細介紹）。

◎附錄5〈10倍股名單〉表格數據的來源

附錄 5〈10倍股名單〉表格數據的來源，都是來自有連續交易數值、開放給投資大眾（不需要任何條件或身分的普通投資人），而且也不需要付費、數據明確可供查閱、由知名而且大眾廣為接受的資訊提供商所提供，這些數據也都是在市場上公開、有完整紀錄可考的資料。

表中的「IPO 年度」，不一定是這家企業真正的首次公開發行年度，因為一般所謂 IPO 日期指的是在美股 3 大交易所上市，股票也有可能先在店頭市場掛

牌，過幾年再轉至 3 大交易所上市，或是在其他地方進行交易而有交易的報價紀錄。另一種情形是上市年代久遠的企業，它的早期交易數字紀錄很難公開取得，例如奇異（美股代碼：GE）是在 1924 年 6 月 22 日以每股 236 美元上市，但表格中填上的首次交易年度是 1962 年，這是因為一般人只能存取到該公司 1962 年後的交易資料，我們才進行這樣的日期取捨。

附錄 5 所提供的個股數字、內容和資料，雖經作者透過程式、查詢、數據清洗、去除不合理的數據、人工比對等各種方式和長時間的多次來回校對，已善盡查證之責，並力求完善。

但因為各種不可控的因素和複雜性，例如企業上市年代實在太過久遠、詳細資料取得困難或不可考、原始資訊來源本身就不完整、資訊提供商間的數據並不一致。再則股票經過分割、配股、股利等調整，即使能查得到當年的上市價格，到現在當然沒有參考的價值。這些原因造成作者需要進行必要的取捨、判斷、和調整，導致最後呈現出來的數字和原始的數字間可能會有所不同。

由於實際工程太過浩大和複雜，加上會碰到前述的許多困難，因此不論美國或台灣，很少會有書籍列出所有美股上市企業自上市以來完整的交易資料。但不論資料是如何取得、計算出來、或是來自哪一個資訊提供商，本書所列數字皆為有確實來源可查的數據。

| 免責聲明，本書資料的使用提醒 |

1.本書提供的報價並非市場即時報價，謹為提供讀者參考研究或案例講解參考之用，不宜作為買賣依據或諮詢之用。

2.基於美股數據資料的天生侷限性，作者無法保證所有數據的正確性、即時性、完整性。

3.本書目的謹為提供讀者參考研究或案例講解之用，不適合作為交易、正式場合或投資判斷的依據。若讀者無視作者上述警告，以本書資訊或數據作為投資交易所衍生的損失，本人概不負任何責任，在此特別聲明。

▮▮ · 補充資訊

囿於書籍篇幅限制,本書提及的諸多主題、產業、行業、企業,尚有更多可深入說明之處,想進一步了解的讀者,歡迎參考我的相關著作、個人網站及作者的部落格:

1.《超級成長股投資法則》

本書將多次引用我上一本著作《超級成長股投資法則》提及的內容,包括時間複利等投資基本觀念、認識企業常見的護城河及競爭力、如何透過財報裡的重要指標來分析企業、我個人對於新創成長產業(軟體╱金融科技╱電商)的看法與科技業的供應鏈分析、對企業估值的方法,以及美國企業進行股票分割╱股票回購╱現金股利發放對投資人的重要性等。

2. 林子揚的部落格:https://www.granitefirm.com/blog/

讀者可以利用我的部落格搜尋功能,輸入關鍵字,就能找到許多本書基於篇幅必須割愛的內容,例如作者對許多美股上市企業的分析、美股重要新聞的看法、著名的投資大師介紹、美股重要資源的說明、著名投資書籍的介紹,以及作者詳細的投資心法。

3. 林子揚的個人網站:https://www.granitefirm.com/

在我的個人網站上會列出關於我的詳細背景和經歷,過去所出版的書籍列表、勘誤表、專欄文章、推薦投資書籍名單、常見有用的美股資源,以及我的聯絡方式。

4. 投資人常用的工具集:https://www.granitefirm.com/tools/

提供投資人時常會用到的許多投資工具和試算表格範例;包括年化報酬率計算器、單利和複利計算器、標普500指數年化報酬率查詢、道瓊工業平均指數年化報酬率查詢、那斯達克指數年化報酬率查詢、費城半導體指數年化報酬率查詢、台灣加權指數年化報酬率查詢、現金流量折現法計算器,以及線上試算表格範例等。

1

基本觀念

26年投資生涯中
我所擁有的10倍股

截至 2021 年年底，我過去 26 年的投資不包括股利年化報酬率達到 24.98%（詳見附錄 1、附錄 2），約相當於每投資的 1 元成長為 330 元。之所以能夠達成這個成績，箇中因素很多，其中有一項關鍵，就是我「選對並持有」8 檔至今為止報酬超過 10 倍以上的「10 倍股」。

表 1 列出了我擁有的 10 倍股。其中，為我帶來最高報酬的是電子商務平台 Shopify（美股代碼：SHOP），投資約 6 年，報酬率就高達 43 倍；其次是蘋果（Apple，美股代碼：AAPL），自 2008 年開始買進以來，投資報酬率達 26 倍。

微軟（Microsoft，美股代碼：MSFT）投資經驗也值得說明一下。我從 1995 年開始買入，持有至今，為何只有 15 倍的報酬？因為微軟在第 2 任執行長史迪夫・巴莫（Steve Ballmer）任內的 2000 年到 2014 年間，公司營收幾乎停滯，股價還跌了 30% 左右。由於這個原因，我在 2007 年 10 月出清持股，到了 2020 年 3 月時才又重新買入，這一來一回，錯過了這段期間的

表1	投資Shopify約6年，報酬率高達43倍

——林子揚選對並持有的8檔10倍股

名稱	美股代碼	起始投資年度	報酬倍數（倍）	上市年度
微　軟	MSFT	1995	15	1986
蘋　果	AAPL	2008	26	1980
萬事達	MA	2011	16	2006
亞馬遜	AMZN	2012	17	1997
威　士	V	2012	12	2008
Shopify	SHOP	2016	43	2015
PayPal	PYPL	2016	12	2015
Block	SQ	2018	11	2015

註：1. 資料日期為 2021.12.31；2. 本書所稱的 10 倍股定義是在指定期間的最高報酬率曾達 1,000% 以上的股票。就本表而言，表示的是我在過去 26 年的投資生涯中所持有，由買入該股的首筆算起，至今最高報酬曾達 1,000% 以上的股票

300% 漲幅，如果中間沒有出清，我的總報酬將會是 60 倍。因此，就報酬率來看，對我來說比較像是一場深刻的教訓。

和大多數的投資人一樣，我也「曾經擁有」過 3 檔後來的 10 倍股，如表 2 所列的輝達（NVIDIA，美股代碼：NVDA）、台積電（台股代碼：2330，美股代碼：TSM）及埃森哲（Accenture，美股代碼：ACN）。

我在買入輝達後經過 2 次股票分割，由於當時輝達的營收單一，只仰賴顯示卡，尚未找到其他的營收成長來源（輝達要到 2011 年才推出第 1 個非顯示卡

業務的行動通訊平台），營收多年停滯，股價表現不佳，因此決定出清。

至於埃森哲，我是為了籌措資金以買入當時我認為更好的其他投資標的，因此捨棄這檔長年表現穩定但並不特別突出的優秀企業，這就要歸咎於我自己，對長期複利認識不夠深入而造成的誤判。

此時來檢視我當時出脫的這 2 檔績優股，輝達的部分情有可原，因為直到 2016 年，這家公司才開始有明顯的轉機；但是出脫埃森哲的決定則是不可原諒，因為埃森哲自上市至今的年化報酬約 16%，每年的股價表現都非常穩定，擁有堅實的護城河，是典型適合長期持有的優秀大型股，請見 5-5 的介紹。

台積電的部分，我買入後只持有 2 年，2000 年網路泡沫高點時買入，泡沫破裂低點時的 2002 年賣出，虧損 69.81%。這是典型的散戶在崩盤時恐慌出脫，急欲進行短期帳面停損的投資心態，絲毫未考慮企業長期競爭力的草率決定。若一直持有至 2021 年年底，可以為我帶來 3.3 倍的獲利。

埃森哲的出脫是無論如何都不該犯的嚴重錯誤，微軟、輝達、台積電這 3 檔則都是不堪回首的投資誤判，主要是這 3 檔在當時都碰到股價長期停滯或下跌，持續多年業務成長乏力的瓶頸。微軟在 14 年間股價下跌 30%、輝達要在 8 年後股價才見起色、台積電則要在 2009 年股價才首次突破 10 美元。這些

表2	2014年出清埃森哲後，錯失高達26倍的獲利

——林子揚錯失的3檔10倍股

名稱	美股 代碼	起始投資 年度	出清 年度	我的報酬倍數 （倍）	錯失的報酬倍數 （倍）	上市 年度
輝 達	NVDA	2002	2008	3.0000	15.0	1999
埃森哲	ACN	2001	2014	6.0000	26.0	2001
台積電	TSM	2000	2002	-0.6981	3.3	1994

都是投資人必須面對的抉擇，也是長期投資困難之處。

投資是馬拉松長跑，並非100公尺短跑

　　所有的資產累積和投資都需要 3 大參數：時間、報酬率、投入的資金。我們去除資金這一項因素，將它換成我們所希望達成的投資報酬倍數，分別以達成 10 倍股和百倍股為目標，計算達成 10 倍股、百倍股的時間，以及對應所需要的年化報酬率（IRR），可產生如表 3 的對照表。其中，最末一欄是標普 500 指數由 2021 年年底回推的平均年化報酬率。

　　投資是馬拉松長跑，不是 100 公尺短跑。就以我為例，我所持有的 8 檔 10 倍股，當中有 5 檔股票持有時間都在 9 年以上。大家由表 3 可以很容易歸納出，想要在短期內（例如 3 年到 5 年內）就收獲 10 倍股是一件很困難的事，因為

想要 5 年就變成 10 倍股，對應的個股平均年化投資報酬率需要達到 58.49%以上；若想在 3 年變成 10 倍股，就需要 115.44% 的平均年化投資報酬率。而現實世界的股市，很少有股票能連續 3 年到 5 年，「每年」都能有 50% 以上的投資報酬率，100% 以上就更少見了。至於百倍股，平均年化投資報酬率的門檻更高，那就更是極為罕見了，這也是為什麼想要在很短期的期間內，在股市累積龐大財富的機率會很低的主因之一。

表 3 的最右欄，列出近年代表美股大盤的標普 500 指數（不含股利再投資）平均年化報酬率，來進行對照。藉由和標普 500 指數的比較，就可以了解現實上合理的股票報酬數字，應該落在哪個區間才合理。如果投資人願意給股票較長的時間上漲，會比較趨近合理的股票平均年化報酬率，也就更容易實現你的期望。據此，我們可以歸納出以下幾個重點：

1. 只要你選的股票不要太差勁，即使很安全地挑選一般人所謂的藍籌股或績優大型股，給它 20 年或 30 年，都有可能變成 10 倍股。

2. 基本上一般的股票，在 5 年內想達成 10 倍股或百倍股的機會很低，甚至於 10 年內都不大容易。因為 10 年後想變成 10 倍股要有 25.89% 的平均年化報酬率，而 10 年後想變成百倍股，則需要 58.49% 的平均年化報酬率，兩者達成的機會都不太高。

| 表3 | **3年內要成為10倍股，年化報酬率需達115%** |

——10倍股、百倍股所需時間與年化報酬率對照

達成年限 （年）	10倍股所需的 年化報酬率（％）	百倍股所需的 年化報酬率（％）	標普500指數回推的 年化報酬率（％）
50	4.71	9.65	7.99
40	5.93	12.20	9.67
30	7.98	16.59	8.46
20	12.20	25.89	7.38
10	25.89	58.49	14.24
5	58.49	151.19	16.31
3	115.44	364.16	23.88

註：關於年化報酬率的計算、標普 500 指數年化報酬率的查詢，可以使用 https://www.granitefirm.com/tools/ 所提供的工具集

3. 對 10 倍股而言，有可能在 10 年到 20 年達成，但以 20 年作為目標較為合理。

4. 對百倍股而言，雖然困難度較高，但 20 年到 30 年應該有可能；若用 30 年以上的時間來達成很合乎常理。

5. 請注意，如果只看過去 3 年（2019 年～ 2021 年）標普 500 指數不包括股利的年化報酬率是 23.88%，很容易誤以為美股的大盤報酬平均每年都這麼高，若真是這樣，我還花這麼多心力研究、買個股幹嘛呢？會有這驚人

的數字，是因為 2019 年到 2021 年，標普 500 指數分別上漲了 28.88%、16.26% 和 26.89%，這是極不正常的 3 年。但是把時間拉長來看，標普 500 指數在 1970 年至 2021 年這半世紀不包括股利的年化報酬率是 7.89%；2001 年至 2010 年的 10 年間，卻是令人不敢置信的負報酬 -0.47%！

以上只是單純根據歷史及實際數字來推估，然而股市非常複雜，會影響市場和股價的因素很多，遠超出你我的想像，並非單從數字和歷史推論就能辦到。而且過去的歷史，也並不保證未來一定會遵循相同的軌跡再被複製發生，這也是股市投資的困難之處。但是，我們從這些過往的事實中，至少可以協助我們更了解過去的市場是如何運作的。

股市是由人的意志所構成的，法規、產業、公司、技術或潮流會隨時代演變，但人性永遠不會改變。這也是為什麼我們必須花這麼多心力做研究，並參考過去股市表現的最主要原因。

1-2
股市致富的關鍵
在於「時間」和「可持續性」

接下來,來談 2 個主題——我們要如何判別投資人的成功是能夠持續的?以及如何鑑別值得效法的投資人或成功經歷?這 2 件事對於長期投資,以及最後是否真能從股市賺到令你滿意的資產而言,都非常重要。

我們的標準為「是否能在不同時段,從 3 檔以上股票中大幅獲利?」理由很簡單,因為在投資的路上,「可持續性」非常重要。只賭對某一檔股票(我個人很反對這樣做),取得亮麗的報酬是有可能的;但就此致富退出股市的可能性很低,這是因為人性,以及想再進場再賭一次的關係。

若只靠下賭注,投資成績將無法持續,一定會把賺來的錢都賠回去,除非一次性投入的資金異常巨大,但這對小資族或大部分散戶來說,不具備可操作性。

當然,也不乏以不法手段取得內線消息並敢於賭上全部身家者,這除了是違法行為外,且並非每次都能見效,也不是多數散戶都能複製的,因此我更反對採用這種冒險和犯法的投資方式。

那運氣成分的可能性呢？投資 1 檔賺上 10 倍，不能說完全沒有運氣。然而，投資過 2 檔都賺 10 倍以上，而且能跨過不同的時段（代表不是因為同時間靠股市大漲的助益），運氣的成分就非常低了。而如果投資過 3 檔都賺超過 10 倍以上，那就不可能是運氣，而是的確有過人之處！

效法投資大師成功之道

過去的歷史和紀錄除了無法更改外，最重要的是，它就是你自己的寫照，因為它是客觀的數據，不是主觀印象或臆測。在投資的生涯裡，尋求協助，或者是仿效成功投資人，都能大幅提升自己的能力、知識、視野，並且能找出自身的盲點，因此是每個人都會經歷的過程。

建議投資人，無論如何都應該尋找至少一位受世人崇敬、有客觀傲人的投資成績，而且符合自己投資風格的成功投資大師，作為學習師法的對象。先找出他為何成功和可學習之處，下一步就要鉅細靡遺地深入研究；持續幾年，你一定能從中獲益，取得不錯的績效。但是有以下幾點要注意：

1.嚴選效法對象，新手不妨從3位投資大師擇一開始

你所效法的對象一定要非常非常地嚴格，寧缺勿濫。華倫·巴菲特（Warren Buffett）、彼得·林區（Peter Lynch）、凱因斯（John Maynard Keynes）都是

我認為不錯，值得投資人學習的對象。如果你實在不曉得該找哪一位大師，或你是投資小白，所知實在有限，建議你先由這 3 位開始考慮，從中挑出 1 位來。

是的，1 位就夠了，在精不在多。當然，你如果很有興趣，或者認為有 2 位、3 位都符合自己的標準，同時列入考量當然也可以。但是不建議一次找太多，例如 7 位～ 8 位以上就太多了。因為真正受世人崇敬、有客觀傲人的投資成績、願意與人分享，且值得學習、有留下系統化心得、甚至於出版經典名著的成功投資人實在很少。

雖然成功投資人的投資大原則大同小異，但是一次找太多師法的對象，很可能會喪失焦點，反而容易令自己迷惑。況且我們需要的是深入研究，一個人的時間有限，不可能同時深入研究太多對象。

2.詳讀投資大師作品及受訪紀錄，徹底了解其投資哲學

如果有這位對象署名的著作、文章、影片、重要的受訪紀錄、發言內容、股東信、備忘錄，投資人都不應該錯過。真正值得我們學習師法的投資大師，一定會有代表自己投資風格的著作品，不可能沒有。找到後，花時間閱讀研究，至少要讀過一遍，事後每隔一段期間或必要時重新複習。如此將可以避免一般人常犯的斷章取義、虎頭蛇尾，或是畫蛇添足等錯誤。因為真正成功的投資大師重要的風格、原則、心法，不大可能前後不一致。

所有的成功投資人，當然包括值得我們仿效的大師，在其投資生涯裡有可能會有修正，但不可能幾年後就一百八十度轉變，這也是為何我們需要學習他們的理由之一。

3.持續研究投資大師的故事或傳記，了解投資風格的演變

一定要堅持下去，仔細研究他的所有思想、著作、行為、思考方式、所有重要的故事，因為由這些事情中，是可以領悟出他為何採用這樣的投資風格。

若沒有相關著作者，相信我，不值得你研究。有傳記的話，必須先拿來讀個幾遍。對投資人而言，此人的事，不分大小，都必須研究，當然包括他失敗的故事。

我自己知道許多媒體報導過，投資績效很嚇人的投資故事。但這些故事絕大部分，一言以蔽之都缺乏「可持續性」，而持續性是成功投資的最客觀依據。不論國內外，這些故事都有以下共通的問題：

①拿不出完整投資生涯「每一年」的投資績效，多數為人所熟知或被傳聞的績效都是掐頭去尾，報喜不報憂，只提正績效和風光的期間，大部分的結果就是，幾年後就未再聽聞這號人物了。提醒讀者：負績效、賠大錢、重大投資原則的修正，也是投資的一部分。更確切來說，這些多數人不願提起的失敗經驗，

更值得投資人研究，而且下工夫研究後改正，對投資績效的幫助會更大。

②沒有能夠被書面文字記錄下來的系統化投資心法、風格、原則，或是無法系統化陳述的，那就不叫方法。不能被文字寫下來的，就無法傳世；沒有紀錄，就無法被學習。試想，你要如何學習一套無法被描述的方法呢？

③媒體、電視和社群網路偏好短線的獲利故事和歷史，因為標題聳動、吸睛、符合多數人認為股市是賺快錢場所的主觀印象。這種類型的成功方式，以及大部分投資人認為的投資觀念，都不可能維持長期的績效。在股市投資中，無法長期穩定的績效，不可能累積大量財富。

用3標準判定成功投資人是否值得學習

當然，以上談的條件或許真的太嚴格，我們多半只能透過書本向這些成功的投資大師學習。如果你有機會能在自己的周遭找到值得學習的成功投資人，那就更好了。基於上述的理由，你可以用以下 3 項條件作為篩選的標準：

1.擁有10年以上連續不中斷的投資經驗（20年以上更好）

不能掐頭去尾，不論是任何理由導致投報不佳，都必須完整計入，我們要算的是整個投資生涯的績效，從買入第一張股票開始算起，不能跳過某段投資報

酬率很差的階段。人生經驗對投資是有幫助的，而時間複利更是累積財富不可或缺的最大因素。

10 年以上連續不中斷的投資經驗的投資人，會經歷至少一次接近 40% 的股票市場崩盤、多次的市場修正、經濟景氣循環週期，再加上許多不可預期的恐慌或大型突發事件導致股市的巨幅震盪，這些都是成功的投資人必須經歷的考驗。而且就一般散戶而言，資金有限，也不可能在 10 年內就累積出足夠令人滿意的資產，甚至於賺到足夠退休的資產那就更難了。

2.擁有10年以上大於15%的平均年化報酬率（18%更好）

平均年化報酬率若低於 10%，不如直接投資追蹤大盤的 ETF。追蹤標普 500 指數的 ETF，由 2021 年年底回溯 30 年的年化投資報酬率不含股利是 8.46%，含股利為 10.66%；回溯 20 年的年化投資報酬率不含股利是 7.38%，含股利為 9.51%；回溯 10 年的年化投資報酬率不含股利是 14.24%，含股利為 16.58%。有 15% 以上績效的長期投資人算很優秀、18% 則是非常不容易，至於 20% 以上的長期績效就很罕見了。

3.投資組合金額達100萬美元以上（300萬美元以上更好）

2022 年年初，美國 401K 退休金帳戶的平均餘額為 13 萬 700 美元。不含退休金組合，全球最大的線上券商嘉信理財的全球客戶，投資組合的平均值

是 22 萬 5,849 美元。當投資金額具有「相當的規模」時，看待投資的方式、選股的考量、持股的期限、投資的態度、投入程度，以及對市場和風險的看法將會大不相同。

以上 3 項標準必須同時具備，不可以降低其中的任何一項標準。如果你能取得符合這 3 項標準的投資人提供投資意見或指導，一定會對你有很大的助益。

抱著賭徒心態投資，注定失敗

就我個人的看法，能夠擁有 10 倍股，難脫時機的成分。但我要澄清，此處的時機是指在某段期間，市場的報酬會比較好，當然出現 10 倍股的可能性就會隨之提高，這是無可否認的事實。請特別注意，我指的不是運氣，時機和運氣兩者有極大的不同，不能混為一談。

理由很簡單。1929 年 9 月 3 日道瓊工業平均指數 381 點，要一直到 1954 年才又回到 404.39 點，中間總共 25 年。1966 年 2 月 9 日，標普 500 指數創下 94.06 點的高點，16 年過去後，1982 年 8 月 12 日，該指數只有 102.42 點。如果你在這兩段年代投入股市，大部分的投資人應該都是賠錢的。而最接近我們的 2001 年到 2010 年間美股失落的 10 年，標普 500 指數是負報酬 -0.47%。

如果你投資組合裡的股票是科技股或成長股的話，那成績更不可能好到哪裡去，因為那斯達克指數必須要到 2015 年，才會收復自 2000 年以來的一路下跌的所有失土。

這也反映在我自己產生的 10 倍股數目上，這段期間所買入且後來成為 10 倍股的只有 1 檔，比 2011 年後 10 年所產生的 10 倍股少了很多，原因很簡單，因為 2011 年後的 10 年間是美股少見的大牛市，有利於 10 倍股的誕生。

我個人是不贊同光憑運氣就能夠擁有 10 倍股。有不少人懷抱著賭徒的心態，深信能在股市成功者都是靠內線消息或運氣好矇對了，抱定這種觀念的投資人，注定不可能在股市成功。先前解釋過，能賭對或矇對一檔的機率在真實世界不可謂不小，但這種情形下也不可能保證能長期致富和投資成功，主要有以下 2 項原因：

1. 若一開始就抱著下賭注的心態進行投資，通常不可能在這一檔股票上投入太多資金，也不敢長期持有。理由很簡單，單純只想「賭一把」，就不可能有持股的信心，當然不敢押注過多的資金。資金太小，毫無致富的可能性；非長期持有，累積的長期複利報酬當然也很有限。

2. 更重要的是，一心想靠內線，或是有賭一把的心態，都不具備成功的持續

性。投機者的成功是無法複製的，不能複製的成功，就談不上能夠持續為投資人累積資產，自然就談不上致富的可能。

投資名人比爾‧米勒（Bill Miller）在他 40 年投資生涯退休前，給投資人的最後一封信中就提醒：「我們需要相信的是『時間』，而不是『時機』，這才是在股市致富的關鍵。」

想創造超額績效
就無法避開科技股

　　巴菲特因為時思糖果（See's Candies）的併購案所帶來的啟發，以及深受查理‧蒙格（Charlie Munger）的影響，擺脫他早期崇尚的「雪茄菸屁股」（即搜尋內在價值被低估的企業，等標的企業的股價上升超過內在價值就出脫股票）投資方式，投資風格自此大幅轉變為「買進股價合理的卓越企業」。巴菲特自己也說，是蒙格讓他從人猿進化到人類，可見這項轉變對他的影響有多麼巨大。

　　另一件事，就是巴菲特對科技股的投資態度。多數人的印象裡，巴菲特的投資生涯一直對投資科技股敬而遠之，他自己也多次謙遜地表示，他對科技行業理解有限。

　　對於別人詢問巴菲特為何不投資科技股時，他總是以「我不曉得這家企業20年後的經營情況和展望」一語輕輕帶過，像是他說過：「對微軟（Microsoft）和英特爾（Intel，美股代碼：INTC）的情況，我無法做到像對可口可樂（Coca-Cola，美股代碼：KO）和吉列（Gillette）那樣確定。」

波克夏投資組合的科技股比重已超過5成

　　然而，2016 年開始，蘋果開始出現在波克夏（Berkshire Hathaway，美股代碼：BRK.A、BRK.B）公司的持股中。巴菲特曾在 2017 年表示，過去之所以迴避科技股，主要是因為他認為自己在科技業，沒有其他人擁有的投資優勢。2019 年巴菲特在回答股東提問：「目前很多全球領先的公司都是科技公司，如亞馬遜（Amazon）、Google、Meta、阿里巴巴（Alibaba）和騰訊（Tencent）（註 1），這些企業都有寬廣的護城河、強大的品牌和有實力的企業領導團隊。波克夏是否應該多投資一些領先的科技公司？」蒙格回答：「也許吧！」巴菲特則表示：「我們喜歡護城河，喜歡占據市場主導地位的公司，如果科技公司確實能建立護城河的話，會非常有價值。但我們還是不會自己來投資看不明白的科技股，會聘僱專業的投資經理來投資，因為他們更熟悉這個領域。」

　　但是多數人不甚了解的是，巴菲特並不是因為最近幾年壓對蘋果後，才突然開始轉變對科技股的投資態度。其實在他的投資生涯中，很早就研究，甚至於投資過許多典型的科技股。表 1 就是我所整理巴菲特和蒙格生涯至今所投資的

註 1：亞馬遜（Amazon）美股代碼：AMZN、Google 為字母（Alphabet）子公司，美股代碼：GOOG 和 GOOGL、Meta 美股代碼：META、阿里巴巴（Alibaba）美股代碼：BABA、騰訊（Tencent）美股代碼：TCEHY。

表1 巴菲特和蒙格近年大舉買進科技股

名稱	美股代碼	起始投資年度	投資金額
英特爾	INTC	1960年代後期	英特爾的第一輪融資中，購買了10%的股份
Level 3通信	LUMN	2002年7月	1億美元
比亞迪	BYDDF	2008年9月	2億2,500萬股，18億港元
國際商業機器	IBM	2011年	以每股170美元收購6,400萬股，總值107億美元
英特爾	INTC	2011年下半年	以平均每股22 美元，買進1,150萬股
威瑞信	VRGN	2012年第4季	1,280萬股，價值27.5 億美元
威訊通訊	VZ	2014年第1季	首次購入1,100萬股，最高時1億4,700萬股
特許通訊	CHCR	2014年11月	市值約為22億美元
蘋 果	AAPL	2016年5月	首度買入1,000萬股
Liberty Sirius XM	LSXMK	2016年第4季	1億6,700萬股
甲骨文	ORCL	2018年第3季	持股 20 億美元
StoneCo	STNE	2018年	1,420萬股A類股票
Paytm	印股PAYTM	2018年	投資3億美元，收購2.6%的股份
亞馬遜	AMZN	2019年5月	首度買入48萬3,300股，價值8億6,060萬美元
雪 花	SNOW	2020年第3季	以IPO定價買進價值2億5,000萬美元股票
T-Mobile	TMUS	2020年第3季	首次購入241萬股，目前有524萬股
阿里巴巴	BABA	2021年第1季	為每日期刊（Daily Journal）第3大的持股企業，占比19%
Nubank	NU	2021年	IPO前投資 5 億美元
動視暴雪	ATVI	2021年第4季	10億美元
惠 普	HPQ	2022年第1季	持有11.4%的股權
派拉蒙	PARA	2022年第1季	6,890萬股

——巴菲特和蒙格生涯所投資的科技股列表

目前持股占所投資公司比重	出脫情形
無	幾年之後就賣出
無	2003年11月出清，取得約64%的投資報酬率
股權占比降至18.87%	2022年8月兩次減持，獲利超過33倍
2015年6月時曾經持有IBM股票共計8.12%達8,000萬股，是IBM最大的股東	2018年以140美元～150美元區間出清
無	2012年5月，以平均每股27.25美元全數出清，報酬率高達25%
擁有Verisign流通股的11.43%	2020年第1季度出售1.1%的持股
無	2022年第2季出清所有持股
占3.1%的股權	2021年第4季出售8.8%的持股
截至2022.03.31為止波克夏股票組合的第1大持股，占比重約為42.79%	尚未出脫
Liberty Media子公司A股20%的股權	2021年 11月增持36%
無	2018年第4季出清該部位
2019年9月時持股占11.3%的股權	2021年第1季出脫24%的持股
持有中	尚未出脫
2019年8月再增持，共持有53萬7,300股	2020年第1季度出售0.7%的持股
持有中	尚未出脫
持有中	2021年第1季增持
2021年第3季再加碼83%，總共持有30萬2,000股	2022年4月將持股減半成30萬股
至2021年年底，共持有1億700萬股	尚未出脫
2022年第2季持股從6,430萬股增至6,840萬股	尚未出脫
持有中	尚未出脫
至2022年第1季，占11.3%股權	尚未出脫

科技股列表。

波克夏近年已調整投資策略，截至 2021 年年底，波克夏股票投資組合的科技股比重已升至 51.21%，主因是持有大量蘋果股票。波克夏自 2016 年開始買進的蘋果，股票市值已膨脹到 1,611 億美元。

波克夏近年也開始跨入首度公開發行股票（IPO）及上市前的融資、併購、和風險投資，波克夏旗下的 Pilot 公司，甚至還在 2022 年 8 月收購了無人駕駛卡車初創公司 Kodiak Robotics，布局巴菲特過去敬而遠之的領域。外界猜測，波克夏會改變投資做法，應是巴菲特手下的投資大將托德‧庫姆斯（Todd Combs）和泰德‧韋斯特（Ted Weschler）所策畫。

2013 年，巴菲特在給股東的信中，首次提到了這 2 位基金經理的名字，他們此前並未出現在巴菲特的信中。2012 年，2 位基金經理管理的基金業績表現均高於標普 500 指數 10% 以上。巴菲特說：「能夠得到這 2 位優秀的投資管理人，我感覺就像中了大樂透一樣，在他們面前，我感覺自己弱爆了。」為了更貼進現代的產業，借重年輕一輩的投資經驗和專長，也由於這 2 位投資經理近年對科技股，以及不在巴菲特能力圈的投資收益貢獻良多，使波克夏的投資組合出現非常重大的轉變——開始轉而擁抱新經濟。在 2021 年股東信中，巴菲特還特意點出他們 2 人被授權的投資部位，已高達 340 億美元。

巴菲特在 2017 年接受美國媒體《CNBC》訪問時坦言:「沒有及早投資字母及亞馬遜,是一大錯誤。」尤其是錯過字母更是不應該,因為波克夏旗下的蓋可保險公司(GEICO)多年來一直使用 Google 線上廣告來降低成本,他應該知道投資字母會是一筆好買賣。在 2018 年的股東會上,巴菲特就曾說過:「我從亞馬遜剛成立就開始觀察這家公司,我覺得傑夫・貝佐斯(Jeff Bezos)創造的可謂是奇蹟,但如果某項東西被我視為奇蹟,我通常不會投資在其中,這就是我犯的錯誤。」2019 年股東會前夕,他才公布他買進了亞馬遜,並在接受《CNBC》訪問時說:「我 20 年前就認識貝佐斯,一直是亞馬遜的粉絲,但之前沒買亞馬遜股票,真的是笨蛋。」

美股大部分漲幅皆由科技股所貢獻

剛剛提到,2021 年年底,科技股占波克夏股票投資組合的比重超過一半,曾對科技股敬而遠之的巴菲特,為何有如此大的轉變呢?在現代的美國股市,想排除科技股,又想持續達到超額報酬,將會很困難,而且會一年比一年更加困難。近幾年來,在巴菲特初入股市時代表美股大盤的道瓊工業平均指數漲勢,已經遠遠落後目前代表美股大盤的標普 500 指數,更不如代表科技股的那斯達克指數。近 20 年來,「美股大部分的漲幅都是由科技股所貢獻的,」這種說法並不為過,我相信,巴菲特也有這樣子的體悟。因為如果你能挑的優秀企業股票大部分是科技股,試問你有辦法逃避、拒絕把它們納入你的投資組合,

又想擁有超越市場的出眾績效嗎？這是很基本的邏輯問題，並沒有很深的學問在其中。

大家可以再看一下，科技股在當前美股的重要性，以 2021 年年底為準：

1. **標普 500 指數**：標普 500 指數的成分股中，科技股權重占比 45%。其中 7 大科技股的蘋果、微軟、字母、亞馬遜、特斯拉（Tesla，美股代碼：TSLA）、輝達、Meta 占標普 500 指數的權重約 27%。

2. **那斯達克 100 指數**：7 大科技股占那斯達克 100 指數的權重約 52%。這檔指數是由那斯達克指數市值最高的 100 檔「非金融」成分股所組成，也是景順（Invesco）那斯達克 100 指數（代碼：QQQ）這檔 ETF 所追蹤的指數。

3. **道瓊工業平均指數**：就連代表美國當代傳統工業主流的道瓊指數，30 檔成分股中都有 6 檔是科技股。

1-4

投資人若保有6大習性
容易錯失10倍股

　　台灣投資人有幾項極其特殊的偏好，對於想要擁有 10 倍股而言，都很致命，除非你的投資目標只是想打敗通膨，從沒想過要累積超額的財富，或是對擁有 10 倍股完全沒有興趣。和全球其他國家相較之下，這些幾乎是台灣人特有的投資習性：

習性1》要求固定配息

　　許多人特別重視所投資的標的必須要能固定配息，不管真正的投資內容究竟為何，只要標榜高配息、固定配息，就願意掏錢投資。結果就是一堆人興匆匆地買入在歐美被稱為垃圾債券、但在台灣被經銷商重新包裝為「高收益債」的理財商品。

　　高收益債每期都會付出比定存利息還高出許多倍的固定配息，但投資人都忘了他們每月領的配息可能來自投入的本金，而且垃圾債券因為信用評等不佳，有高度的倒債風險。2008 年時，有許多不明就裡的投資人（包括許多官員、

教授、企業主管）因投資高收益債而血本無歸；但風暴過後，發明高收益債這個字眼的聰明台灣業者和投資人繼續這股狂潮。逼得台灣金管會在 2021 年 11 月要求業者不可以再使用高收益債，這個會誤導投資人的名詞，「高收益債基金」一律更名為「非投資等級債券基金」。

習性2》要求理財商品必須能夠還本

任何投資都會伴隨著一定的風險，但是台灣投資市場上仍不時充斥著標榜「還本」，而且「保證高報酬」理財商品的天方夜譚。投資大眾總會被高報酬和保證回本的話術所吸引，投資人也沒有隨時代腳步而變得更聰明。

2018 年台灣修訂公布的《信託業法》第 31 條規定：「信託業不得承諾擔保本金或最低收益率。」故商品相關說明文件如有「擔保投資」及「保證最低收益率」等字眼，全部都屬違法。

習性3》鍾愛銀行股

根據臺灣集中保管結算所截至 2022 年 4 月份的統計，台股 15 檔金控股的股民人數竟高達 594 萬人，等於是 2021 年年底累計的台股總開戶人數 1,201 萬人的一半，超過 2021 年實際有交易的人數 550 萬人。

不僅如此，銀行股還是許多台灣人的主要長期存股標的，幾乎把買銀行股當成上一代人的銀行貨幣定存或兩代前人買黃金放床下一樣普遍。但在其他國家，只有極度保守的投資人、退休族，或是特定專業的投資人才會持有銀行股。

習性4》股市投資只用本益比來估值

台灣的上市公司很少有真正的長期成長股，2021年時占台股市值67.6%或外貿出口53.4%的電子資訊業，大部分廠商從事的主要業務內容其實都是典型的代工業，沒有訂單的主控權，導致業務很難大幅成長，而且起伏劇烈，營收不穩定。

這樣的行業必須在成本控管和費用下功夫以創造利潤，因此投資人也只能在淨利和每股盈餘（EPS）上做文章。但是投資人都忘了一件很根本的事，沒有營收成長的企業，股價和市值是不可能大幅成長的。

習性5》投資方式普遍短視

投資書籍、課程、電視上的財經名嘴、網紅，以及許多網路論壇，開口閉口都在談技術分析、數學公式、獨門祕笈、或是短期壓中某檔個股而突然致富的故事；也有鼓吹用哪個公式買進銀行股，甚至是不適合的長期投資標的。例如

根本就不適合台灣的高耗能和完全仰賴進口原料的中鋼（台股代碼：2002）進行存股，灌輸錯誤的觀念洗腦投資大眾。很少有人願意推崇正確和基本的投資觀念，漠視長期投資才是累積財富的根本方式。

習性6》視野狹隘和昧於事實

多數台灣人的視野狹隘，這點也被充分地反映在台灣的媒體、資訊接收和股市投資人身上。凡事只從台灣海島一隅的侷限出發，思想和視野長期被洗腦禁錮成台灣的規模和思維方式而不自知。正確的投資知識應該要被普及化，在台灣反而日益狹隘，人民普遍自願滿足於一攤死水中，而且還自我感覺良好。

20年來，台灣沒有任何新的產業，仍舊守著40年前建立的電子產業和堪比石器時代的金融體系和法規。很少人願意花時間了解台灣以外的世界，多數人無視10年前台灣的人均GDP就開始位居早已不存在的亞洲四小龍之末了，誇大台灣電子業和半導體的重要性，自認為少數幾家上市企業就是全球最好的投資標的。殊不知現在是全球化的時代，資訊流通和產業變化快速，供應鏈和廠商間的關係錯綜複雜，牽一髮而動全身，世上沒有任何企業能自外於這樣的產業趨勢。

不少人對全球一致的低利或負利率趨勢、經濟學的基本原理，以及通膨會吃

掉存款與本金的警告都不為所動。任何貨幣類的理財方式、在國外不受推薦的理財方式，在台灣卻都是基本配備，不能產生固定配息的任何理財商品，基本上在台灣都賣不動；而標榜高配息、高殖利率的關鍵字，卻往往成為票房保證。

各位只要想一想，為何台灣是全球儲蓄險最氾濫的國家就了解了。截至2021年年底，台灣金融機構總存款金額高達新台幣48兆6,453億元，當年封關的台股市值約56兆元。根據瑞士再保險公司（Swiss Re，美股代碼：SSREY）最新發布的Sigma報告，台灣2020年整體保險業滲透率（保費占GDP比率）降到17.4%，被香港的20.8%追過，讓出連續13年的全球王座，首次落到第2名。

依保發中心統計，台灣的人壽及年金保險投保率在2020年是260.49%，等於每人平均有2.6張保單。但台灣人的投保觀念落伍，普遍堅持「保費能返還」的觀念，而不是保險最原始的「保障」設計初衷。最典型的代表就是令全台瘋狂專為台灣設計的儲蓄險其實是年金，根本已經完全喪失保險的意義了。

因為這樣的習性，大部分台灣投資人在存股時，只願意選擇股價低波動的族群，說穿了就是銀行股、電信股、民生用品、食品股，這些非常安全且有穩定配息的藍籌股。這些行業標的在美股是大部分養老基金或退休族群的投資標的，成長性很低，股價多會落後大盤表現，最多只會隨通膨率溫和地上漲。投

資這些股票沒有不好，但是對於想追求資產高度成長的投資人來說，卻不是好選擇。別忘了，投資股市的天生最大的優勢，就是長期投資報酬率一定會超過其他常見的資產類別（例如黃金、房地產、債券、貨幣基金），然而只願意投資低波動的股票，恐怕會浪費了股票投資的這項最大優勢。

「存股」與「長期投資成長股」的差異

台灣大部分的投資人普遍排斥高波動的成長股，也不曉得 10 倍股的威力。除了台灣的成長股本就是少數族群外，也和台灣投資人投資習性有關。「存股」和「長期投資成長股」兩者的相同之處都是鼓勵長期投資。但兩者有極大差異：

1. 台灣人用的「存股」比較偏向保守型字眼，偏好股價穩定，而且要有股利，這些股票表現時常會落後大盤，有些甚至因為公司失去競爭力而獲利衰退、股價下跌，造成投資人的本金縮水，即使領股利也補不回來。只以股利作為選股條件，選出來的股票多半賺不了多少錢，別因小失大、見樹不見林、忽視股價的成長性，若用這種心態投資美股會很致命。

2. 成長股的投資鎖定的則是投資者自身較熟悉的產業，聚焦於有長期競爭力、市場潛力、盈利，買入後長期持有，跟隨企業一路成長，享受優秀企業的長期複利。美股的成長股，尤其科技業，基本上不會發股利，投資人也不會期

望會有股利，但它們卻有可能成為 10 倍股！

　　台灣銀行股是許多存股族偏愛的股票，甚至視為儲蓄或保險，因為銀行股都會配發股利。銀行股股價表現通常會落後大盤，不配發股利，就不會有吸引力了。相較之下，股價落後大盤，存股族就不是那麼在意，因為如果同業都只有微幅的回報，久了之後，大部分投資人都會認為這樣的投資方式是理所當然的。

　　如果去買美國會配股利的公司，就完全不是這回事了。美國上市公司重視的是成長性，即使配發股利的公司，股價大部分都還是會上漲；只是可能沒像科技股那樣的大幅波動而已，但不會像台股，幾乎所有人都把銀行股當成標準配備，擠向銀行股去存股。

　　不過最根本的原因，還是台股裡面真正適合長期持有（我的標準是至少 10 年）、能夠成為 10 倍股、營收股價長期持續穩定向上、能讓投資人放心地只買不賣，可以終其一生不必打理的股票極其罕見。但在美股，這種股票的數量等於台股上市加上櫃公司數目的總和。下一章，我們會證明給你看。

不同的企業階段
應重視不同的營運指標

在評估一家成立初期的公司是否值得投資時,應該像找人合夥開公司一樣,看重的是經營者的人品和特質。一如巴菲特所說的:「投資成功與智商無關,一旦你擁有普通的智力,你需要的是控制那些讓其他人在投資中陷入困境的衝動的性情。」決定人生是否成功的重要因素是人品和人格特質,而不是智商、經歷、財力或學識,因為這些東西統統不重要。因為成功企業都是長青型的,就像婚姻一樣,合夥人的可靠性決定一切。

這就不得不提到惠普(HP,美股代碼:HPQ)創辦人的故事了。被尊稱為「矽谷之父」的特曼(Frederick Terman),1930 年代任職於史丹佛大學時,學校附近都是農地。二戰後經濟大蕭條,學校決定劃出土地來開設研究園區,並鼓勵學生留下來創業。

特曼想到了 2 位他教過的電機系學生帕卡德(David Packard)、惠利特(William Redington Hewlett),因為他們一位有技術才能、一位有領導才能,在大學時期就是摯友。特曼提供給他們 500 多美元創業資金,惠普就在

1939 年於車庫中誕生。惠普 2 位創辦人在剛成立公司時，根本還沒決定公司要經營些什麼，他們嘗試研發製造過多種商品，成功將研究成果商品化，迪士尼（Disney，美股代碼：DIS）成了他們的第一個客戶。日後，矽谷成為科技產業重鎮，惠普的車庫創業故事至今仍為人津津樂道。

有經驗的創投和風險投資人，在決定是否投資一家創業非常初期的公司時，並不在意企業的產業方向或經營內容，他們會約談企業的創辦人和主要合夥人，看他們是否適合經營一家成功的企業？創辦人的人格特質是否互補？是否有破釜沉舟的決心？是臨時起意還是有長遠投入的打算？甚至於風險投資者，通常都願意投資他們之前投資成功的企業家後來再創立的新企業，即使新公司還沒有打算要經營什麼業務，更別提企畫書這種表面文章了，因為他們信任的是人。

所有的企業都會有壽命，不同的企業所處的發展階段也不盡相同，而處在不同階段的企業所應重視的營運指標也必須隨之調整（詳見圖 1）。因此投資人也應該視個別企業所處發展階段的不同，而聚焦於該階段所應重視的營運指標：

階段1》新創：檢視營收成長率

在公司業務發展方向確定，經歷多輪籌資活動到企業上市的初期（有可能半

年或 1 年，視個別企業的經營情形而定），所有投資人看重的只有一件事——營收成長率。因為企業在這段期間是不可能有盈餘的，這是這段期間的早期投資人心裡早就知道的常識，因此他們也不會把利潤指標看得很重要，畢竟這個階段的營收成長率才是決定企業未來成長性、能否拿下市占、可以獲取多少利潤，以及未來企業規模的最根本條件。

公司無法成長，就談不上未來性，沒有未來性的公司根本不可能有利潤。所有先期投資人（包括早期個人投資者、天使投資人、風險投資人、私募基金、上市初期買入股票的投資人）若投資缺乏成長性的企業，別說享受到賺大錢的好處，可能連當初投入的錢都拿不回來（請注意！企業的早期個人投資者、風險投資人、私募基金，在公司上市初期的閉鎖期是不能賣股票的。閉鎖期一般而言是半年，但也有可能視情形不同而有差異）。

階段2》初上市：主要考量營業利潤率

等到企業上市後，所有經營指標都必須攤在陽光下供大眾檢視，以往只有少數早期投資者壟斷公司營運細節資訊的情形已不復見。尤其在上市閉鎖期結束後，投資人要在意的是，「我買入這家企業的股票後，未來能為我帶來多少利潤？」利潤可視為企業能賺取的現金流，若沒有辦法產生正的現金流，必須靠向外融資借貸才能存活，這種自己都養不活的企業如何能為股東賺錢？

圖1 企業在新創階段時，應著重營收成長率

——企業成長5階段

1	**新創** 營收成長率	企業剛創立難有盈餘，從營收成長性評估未來發展性 ◎風險及潛在獲利最高，不適合散戶投資
2	**初上市** 營業利潤率	評估企業是否有能力靠本業收入養活自己 ◎風險高，但有機會變成10倍股
3	**成長及穩定期** 營收及現金流	企業可能進行擴張，需評估營運持續性及穩定性 ◎投資安全性相對高，但潛在利潤較低
4	**成熟期** 現金股利	缺乏成長性，但能發放穩定現金股利或回購股權 ◎較適合退休族群
5	**衰退期** 營收及獲利變化	營收漸下降，獲利與股利皆走下坡，恐已步入衰退 ◎投資人需盡快退場

　　因此所有企業上市後，營收成長率依然重要，但在蜜月期（通常不會太久，最多就是等閉鎖期結束）後，會被嚴格檢視的第 1 項經營指標就是營業利潤率——可以視情形使用營業利潤、EBITDA（稅前息前折舊攤銷前利潤）、現金流、淨利來表示。

　　這也是為何企業一上市之後，投資人除了要繼續留意營收成長這個基本的指標外，每天要盯著的就是企業虧損有多大？何時可以損益兩平？如果符合高營

收成長，再加上已經損益兩平有正的現金流的企業，那就很完美了。可是這種企業很少，有的話，股價也會非常高。

在企業上市不久的初期，如果股價很高，一般企業會發行新股來籌措營運所需的資金；另一種更常見的大筆資金籌措的方式則是發行公司債。但不論是哪一種，代價都不低。發行新股的代價是會稀釋現有股東的權益，較不可取，但對資金的籌措效益最顯著；公司債則必須付出利息，外加可能還帶有未來可轉換成現股的條款，同樣會有稀釋股權的潛在風險。

如果企業具備競爭優勢，當然可以在債券發行時，註明可在適當時機強迫贖回，為企業爭取較好的利息，或是只發行不可轉換為現股的公司債。但位於成長期的企業，通常都不具有資本籌措的優勢地位，尤其債券評等都是不具投資等級的垃圾債券評等，因此需要付出的代價會比大型成熟上市企業大很多。

階段3》成長及穩定期：關注營收及現金流

當企業營運已經較為穩定，投資人該看重的就是企業的可持續性，包括營收及現金流能否持續以相當的比率增長。

此時，也因為經營模式穩定，較難靠自身獲得夠大的營收成長，因此大部分

企業會開始進行併購，以擴大營收來源來維持成長，這時會耗去相當大筆的資金。也常會見到企業開始利用財務槓桿，進行借貸，並且開始定期支付龐大的利息，吃掉相當的現金流。

階段4》成熟期：看重現金股利

當企業成長已明顯減緩，利潤也很穩定地增長，現金流可以獲得確保時，企業會開始堆積龐大的現金。

由於不再需要龐大的現金應付營運、資本支出或企業的擴展，在沒有大型併購的目標下，多數企業會開始固定回購自身的股票，透過減少在外流通的股數，把錢還給股東。如果企業經過衡量，確定能長期產生穩定的現金流，對股東最佳的方案，就是開始發放定期的現金股利。

階段5》衰退期：留意營收及獲利變化

任何企業都會走下坡，最後如果無法維持「相當的」營收成長（例如已經低於通膨率），或是營收持續多年都小於 5%、營收持續下降，則股價勢必無法成長；若公司不發放股利，股價一定會開始走下坡。較糟糕的情形是企業開始產生虧損，而且經過一段時間都無法改善，則股價一定會受到很大的打擊，此

時會成為被併購的對象，或是私有化下市，以降低股東的損失。

最差的情形是企業已經沒有競爭力，也就是不值錢了，就只能宣布破產倒閉。那麼投資人的股票就只能成為廢紙，因為在破產或債務清償的順位上，股東的順位低於銀行（因為需要資產質押，銀行才會借錢給企業），更低於公司債的持有人。企業破產後，等銀行和債券持有人清算要求主張的權利後，通常不可能留下任何財產給普通股的股東了。

下一章，我們將為您介紹過去 5 年、10 年、20 年、和 30 年間，美股在每個期間分別產生了多少檔 10 倍股。

如何篩選

2-1

從3大交易所與店頭市場
認識美股上市制度

　　截至 2021 年年底，美股能交易的股票有 1 萬 1,798 檔，包括在紐約證券交易所（NYSE）、那斯達克交易所（Nasdaq，美股代碼：NDAQ）、美國證券交易所（NYSE American）3 大主要交易所掛牌的有 4,000 多檔，再加上一些在店頭市場（Over-the-counter，OTC）掛牌的股票。由於大家對美國 3 大交易所和店頭市場不是很熟悉，我們有必要先來介紹一下。

紐約證券交易所》目前全球市值最大

　　紐約證券交易所的前身誕生於 1792 年 5 月 17 日，由 24 位股票經紀人在美國華爾街 68 號前的一棵樹下簽署《梧桐木協議》，以 5 檔證券拉開序幕，其中包括 3 檔政府債券和 2 檔銀行股。1863 年，「紐約證券交易所」的名稱正式出現，許多歷史最悠久的上市公司都在該交易所上市。

　　紐約證券交易所是目前全球市值最大的證券交易所，幾乎所有歷史最悠久的美國上市企業、藍籌股、大型企業、以及外國跨國大型企業，都會以紐約證券

交易所作為上市的首選。截至 2021 年 8 月，上市企業總市值約為 26 兆 6,400 億美元。紐約證券交易所的特色是依靠場內交易，使用公開喊價系統，這是它和其他交易所最大的不同點，但因電子化是不可逆的潮流，以及為求較高的效率，紐約證券交易所的許多交易已經或正在過渡到電子交易系統上。

隨著一系列的合併，使紐約證券交易所擁有愈來愈龐大的規模和全球影響力。紐約證券交易所 2007 年與泛歐交易所（Euronext）合併為紐約泛歐證券交易所，而後又收購了美國證券交易所。到了 2013 年，紐約泛歐證券交易所被洲際交易所（Intercontinental Exchange，美股代碼：ICE）以 110 億美元的價格收購；次年，泛歐交易所通過首次公開募股從洲際交易所中分拆出來，但洲際交易所至今還是保留了紐約證券交易所的所有權。另外，為了應付來自那斯達克交易所大搶客戶的壓力，紐約證券交易所近年來大舉向高科技業招手，打破「高科技業必須在那斯達克交易所上市」這種多數人根深蒂固的觀念。

那斯達克交易所》科技股占半數

那斯達克市場於 1971 年開始營運，2000 年正式成立公司。其特色是允許交易人透過電話或網路直接交易，不必在交易大廳進行，而且在此掛牌的企業多為高科技業，可以說那斯達克交易所是伴隨美國科技業成長至今的股票交易所並不為過，它也是全球第 1 個電子化的證券交易市場。

那斯達克交易所近年來掛牌公司的產業已較為多元，涉及資本與技術密集型的產業如製藥、影視、體育、電玩、諮詢等類別的企業，對紐約證券交易所的業務發展形成強大的壓力。即便如此，那斯達克交易所仍是高科技與成長型產業在美股上市的首選市場，至今也都還是代表全球科技股和成長股的指標交易市場。

那斯達克指數的成分股約有 2,500 家，科技股權重占比約 50%。「那斯達克 100 指數」（Nasdaq 100 Index）是在那斯達克證券交易所上市的 100 家最大、交易最活躍的美國公司，所組成一籃子股票的指數。該指數包括來自不同產業的公司，但金融行業除外（例如商業銀行和投資銀行），這些非金融的產業包括零售、生物技術、工業、科技、醫療保健等。該指數和多數的市場指數一樣，都是根據市值加權。景順（Invesco）所發行的 QQQ，就是追蹤那斯達克 100 指數的著名美股 ETF。

美國證券交易所》多為小型股

18 世紀後期，當時美國交易市場仍在發展中，那時沒有正式的交易所，股票經紀人會在咖啡館和街上見面交易證券，出於這個原因，美國證券交易所一度被稱為「紐約路邊交易所」（New York Curb Exchange）。它在 1953 年更名為美國證券交易所（American Stock Exchange，AMEX），曾經是美國

第 3 大證券交易所，在其鼎盛時期處理了大約 10% 的美國證券交易。2008 年，美國證券交易所被紐約泛歐交易所收購，如今與紐約證券交易所同屬洲際交易所旗下。美國證券交易所歷經多次更名，曾被稱為 NYSE Amex Equities、NYSE MKT，現在的名稱則是 NYSE American。

美國證券交易所曾經是紐約證券交易所的主要競爭對手，但隨著時間的推移，那斯達克交易所崛起後填補了這一個角色。過去它常因為引入新產品和新的資產類別而享有盛譽，例如它在 1975 年率先推出了期權市場，以及在 1993 年推出了第 1 檔由交易所掛牌的 ETF。

美國證券交易所主要掛牌的企業，都是因為無法滿足紐約證券交易所嚴格的上市要求下的另一種選擇，因此在美國證券交易所掛牌的股票大部分都是小型股，目前交易所運作已經完全電子化。它提供了多種交易優勢，包括現代化的技術和先進的交易功能。

相較之下，美國證券交易所具有較低的交易費用，交易成本從 0 美分到 0.0005 美元不等，因此成為吸引年輕創業公司的上市首選，特別是正處於成長早期階段的企業。與紐約證券交易所和那斯達克交易所相比，美國證券交易所的交易量要小得多。也由於紐約證券交易所目前還是有部分交易是透過人工撮合，為了確保市場流動性，讓股票可以在不影響其市場價格的情況下輕鬆轉

換為現金，美國證券交易所也為此扮演提供電子指定造市商的角色。

由於現在美國證券交易所和紐約證券交易所同屬一個集團，甚至置身於同一棟大樓，許多資源是共用的；再加上美國證券交易所的規模實在比紐約證券交易所小得太多了，因此在一般情況下，除非特別指明，不然都會把美國證券交易所併入紐約證券交易所討論。目前在美國證券交易所上市的企業市值，從180億美元一直到1,000萬美元者都有，其中市值較大的公司包括帝國石油（美股代碼：IMO）、切尼爾能源（美股代碼：LNG）、B2Gold（美股代碼：BTG）和 Seaboard（美股代碼：SEB）等。

店頭市場》僅有約百家優質企業

在店頭市場掛牌的股票稱為 OTC 股票，這類沒有在上述 3 大主要交易所掛牌的股票能在店頭市場流通。它們類似台股所謂的上櫃股票，為數龐大，共有 1 萬多家企業在此掛牌。表 1 就是我所整理的店頭市場詳細的分類表。

此處要特別提醒讀者，絕大部分在店頭市場上市交易的股票市值都很小、名不見經傳、風險很高，且個股交易量通常很小、交易的價差很大、流通量很低。絕大多數的股票容易被炒作，也一再衍生出詐欺案，因此持有的風險很高，不建議投資人持有。其中有很多是類似台股的全額交割股，或是在中國股市被列

為 ST 的股票（編按：因公司財務或其他異常而被列管，恐有下市風險），連交易所都不推薦一般散戶投資這類風險太高的股票。

許多在店頭市場交易的股票，也沒有像 3 大主要交易所規定：「若股價長期低於 1 美元必須強制下市」，這也是為什麼店頭市場充滿雞蛋水餃股（Penny Stock）、甚至股價低於 1 美元的股票，以及股價易被操弄而引起巨幅暴漲暴跌的根本原因之一。

OTCQX掛牌證券僅有非美跨國大型企業值得投資

然而其中還是有少許例外，店頭市場有約百家優良的企業在 OTCQX 掛牌，它們不會比在美股 3 大交易所掛牌的企業遜色，算是店頭市場少數的績優股，主要是赫赫有名的非美國超大型跨國企業。

因此，在店頭市場交易的股票，除了列在 OTCQX 上市的大型國外企業的美國存託憑證（American Deposita，Receipt：ADR）以外，大多都是未達那斯達克交易所資本需求的中小型企業，未必具有實質的盈利能力。OTCQX 不允許出售股價低於 5 美元的股票、空殼公司，或是正在破產的公司。

還有另外一個原因是上市企業每年的成本，紐約證券交易所需 50 萬美元、那斯達克交易所要 7 萬 5,000 美元、OTCQX 則為 2 萬 3,000 美元、

表1 **美股店頭市場約有1萬多家企業掛牌**

OTC 3大主要分類	次分類	上市企業數目（家）	是否受SEC監管
OTC Market Group	OTCQX	500	是
	OTCQB	1,000	是
	粉紅單（OTC Pink）	9,000	否
OTC Bulletin Board（OTCBB）	—	30	是
Grey Market	—	—	否

──美股店頭市場分類

監管和法規標準
◎OTC的最高級別，美國境外企業的ADR在此市場進行買賣 ◎需符合《1934年證券交易法》規定的財務和會計制度、財務資訊揭露，但不需符合第404條對公司內部控管的規定 ◎著名企業包括：愛迪達（美股代碼：ADDYY）、羅氏製藥（美股代碼：RHHBY）、巴黎銀行（美股代碼：BNPQY）、安盛保險（美股代碼：AXAHY）、海尼根（美股代碼：HEINY）、巴斯夫化學（美股代碼：BASYF）、漢莎航空（美股代碼：DLAKY）、帝國菸草（美股代碼：IMBBY）等
◎與OTCQX相同，差別在「沒有財務門檻」，主要為中小型企業
◎不用符合《1934年證券交易法》規定，不用揭露財務資訊，亦無最低財務門檻 ◎粉紅單市場得等到收盤後，才能知道股票的交易價格 Pink Current information ◎需按時繳交季報、年報，財報未經審計也可以 ◎企業規模較小，無法判斷未來是否具備盈利能力，多半為投機性企業，通常多是借殼公司，或是發展中的新創公司 Pink Limited information ◎每半年才揭露一次資訊 ◎通常被認為公司財務出狀況、有經濟壓力、甚至是破產的企業。通常是經營困難、面臨破產、無法提供符合粉紅單市場財務資訊的企業 Pink No information ◎不提供任何財務報告 ◎可能會拖延超過半年以上或不定期繳交財報 ◎多半是在管理上有重大問題、已經停運或不存在的空殼企業
◎由那斯達克交易所負責管理，專供資本額不符合那斯達克交易所掛牌的企業交易 ◎需符合《1934年證券交易法》規定的財務和會計制度、財務資訊揭露，且需符合404條針對公司內部控管的規定（與正規上市公司要求相同） ◎沒有最低的財務門檻，門檻較低、流程簡單、費用較低 ◎買賣過程全部都是以電子系統進行 ◎著名企業包括雀巢（美股代碼：NSRGF）、路易威登（美股代碼：LVMHF）、愛馬仕（美股代碼：HESAF）等
◎從事爭議性高、可疑的生意，或是黑市買賣的企業。通常企業存在重大問題（可能是詐欺民眾、內部貪汙或醜聞等問題），已經達到會被OTC交易集團禁止交易的程度 ◎此類別股票會被加註「買方自行負責」（Caveat Emptor）的警語

OTCQB 為 1 萬 4,000 美元。所以才會有不少國外大型公司跑到 OTCQX 發美國存託憑證，降低上市的成本。

粉紅單市場大多聲名狼藉，宛如電影《華爾街之狼》真實版

在粉紅單市場（OTC Pink）交易的企業共有 9,000 多家。粉紅單市場的股票必須等到股市收盤時才能知道股票的成交價格，盤中不會有即時報價，而且多半都是被主要知名交易所拒絕上市的糟糕企業，為了求得上市機會，它們只好付給承銷方高達 50% ～ 80% 的手續費（相較之下，紐約證券交易所、那斯達克交易所僅收取約 1% ～ 2% 的手續費）。

例如 2020 年因財報造假，被那斯達克交易所除名下市的中國瑞幸咖啡（美股代碼：LK），事實上它並沒有從美股消失，而是轉戰粉紅單市場，這就是一個知名的案例。而且許多經紀人為了賺取高額的手續費，就會開始誆騙一般民眾，將爛股包裝成藍籌股來販售，電影《華爾街之狼》（The Wolf of Wall Street）就是講述粉紅單市場詐騙案件的最佳範例。

美國證券交易委員會（SEC）在 2020 年 9 月修改法規，要求在店頭市場掛牌的企業，必須公開最新財務資訊才能在店頭市場交易，目的在提升市場透明度，但也有投資人不滿 SEC 管太多。之前的規定是券商必須先審查過企業的財務資料才能在店頭市場報價，但這項規定有例外，大開方便之門，是讓券商能

直接引用其他券商做過的財務審查來進行報價，即便審查報告過時也無妨。因此造成多年來許多店頭市場掛牌的企業不再公開財務資料，讓投資人在缺乏正確資訊的情況下，必須自行承擔投資的風險。

　　美國的資本市場非常活躍，企業在店頭市場和 3 大交易所間轉移並不少見。通常是等企業自己的體質改善後，會再申請由店頭市場轉回美國 3 大交易所掛牌。就 2021 年來說，截至 2021 年 10 月，美國店頭市場共有 90 家企業從店頭市場轉進入 3 大交易所掛牌：其中，轉往那斯達克交易所的有 81 家、轉往紐約交易所的有 9 家。

　　截至 2021 年 9 月底，這些企業的交易額達到 5,480 億美元，超越 2020 年 4,450 億美元的全年總和。反之，則會退而求其次地由 3 大交易所降級到店頭市場，先求在資本市場上生存。

美國存託憑證》非美企業可於美股掛牌

　　美國存託憑證為美國投資者提供一種獲得非美國股票投資的方法，而無須面對在外國股票市場交易的複雜性和可能的風險。它們代表了全球企業裡一些最知名的公司，包括阿里巴巴、騰訊、台積電、索尼（美股代碼：SONY）、殼牌（美股代碼：SHEL）、聯合利華（美股代碼：UL）……等家喻戶曉的公司；

這些公司及許多其他位於美國以外的企業，通過美國存託憑證在美國的 3 大交易所和店頭市場掛牌。

美國存託憑證由美國投資銀行或經紀人所發行，1 股可以代表該外國公司的本國股票市場上持有的 1 股或多股股票，比例不定，視個股不同。而全球存託憑證（Global Depository Receipts，GDRs）則可以在 2 個以上的多股票市場上供投資者交易，它最常被企業用在歐洲和美國股市籌集資金。

美國存託憑證投資者無須繳納非美國股票交易稅，而對於那些與美國簽訂稅收協定的國家，領取股利時不必支付外國預扣稅。但是對美國納稅人而言，與國內證券的投資收益或收入一樣，投資美國存託憑證的收益需要繳納美國所得稅或資本利得稅，並且可能需要繳納備用預扣稅。此外，持有美國存託憑證還需要支付定期服務費或轉帳費（pass-through fees），用於補償代理銀行提供的託管服務，費用通常為每股 0.01 至 0.03 美元不等。

一般投資人切勿投資美股未上市股票

除非特別指明，否則一般來說，股票上市和掛牌指的是同一件事，英文是同一個單字 Listed，但比較好的用詞應該是掛牌。至於交易，可以分為公開交易或非公開交易。在未上市前，還是有許多地方提供未上市股票的交易，但未上

市股票交易主要問題如下：

1. **企業的營運和資訊不透明**：企業內部詳情只有少數大股東或企業內部人士清楚，外人無法取得投資必須的資訊，易造成資訊不對等的不公平現象。

2. **價差太大**：因為企業未上市前，只有大股東或早期投資人等極少數的內部人士擁有股票，導致未上市股票通常是賣方市場。買賣交易價格通常都不透明公開，造成買賣的價差非常大。這也是為什麼時常會有未上市股票前些日子還洛陽紙貴，幾天之後眾人棄如敝屣的情形，投資人的權益很難獲得保障。

3. **流動性很差**：因為沒有公開交易的市場，不會有即時的交易量和報價的資訊。投資人如果臨時有資金的需求想出脫持股，根本求助無門。除非你想讓手中的未上市股票變壁紙，否則就只能賤價出售。

除非你是投資銀行、商業法律專家、或是風險投資人，建議一般人切勿嘗試買入非公開交易的未上市股票，因為風險實在太高了。這也是為什麼美股的公開交易都必須取得 SEC 的核准，股票經紀商才能進行美股掛牌企業股票的交易。在沒有那斯達克交易所的年代，因為紐約證券交易所的股票交易是透過人工撮合，能進行股票交易的地方並不多；自從有了以那斯達克交易所為代表的電子化交易，再加上交易速度和手續費上的競爭愈來愈激烈，就不再限定一定

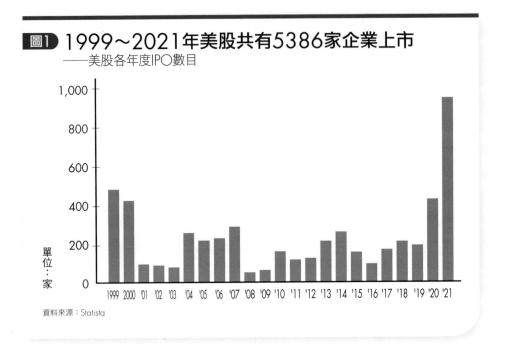

圖1 1999～2021年美股共有5386家企業上市
—— 美股各年度IPO數目

單位：家

資料來源：Statista

得集中至主要交易所進行股票的撮合（不論是人工或電子交易）。目前華爾街
有愈來愈多的大型投資銀行或交易商，其實都擁有自己獨立於三大交易所的交
易系統，用來提升交易效率，以及進行大額或特定目的的交易。

　　而美股 IPO 一般指的是企業首次在美國 3 大主要交易市場掛牌（請注意，不
包括店頭市場），讓該企業的股票能公開流通，也就是使投資大眾都能交易該
企業的股票。圖 1 是由 Statista 所統計，從 1999 年到 2021 年間，美股各年

度首次公開發行數目統計，在過去 23 年期間，總共有 5,386 家企業上市，平均每年有 234 家企業在美股上市。請注意圖 1 中各年度首次公開發行數目較少的那幾年，幾乎都是美股崩盤或落入谷底盤整的年度，因為沒有投資人有興趣買股票，進行首次公開發行會很不利，企業若堅持上市，價值都會被低估，造成須大幅折價才能上市；反之，數目較多的那幾年，一定是美股大漲的年度。

透過計算與過濾
確認10倍股定義

美股在過去 30 年產生了多少檔 10 倍股？一共多達 1,597 檔，而台灣所有上市櫃股票的數量為 1,700 多檔。完整的 10 倍股名單列在附錄 5，這是本書最重要的一張表格，所有章節都會引用到。

我用了許多方法來蒐集、計算，經歷數月的統計與分析，產生出這份 10 倍股名單。數據來源包括各種網路上的資源、財務金融公司提供的服務、自己使用的網路券商的內建服務、雅虎財經、Google 財經、Finviz 等各處廠商所提供的服務。

之所以不使用同一處資料來源，主要原因是沒有一處資料來源可以完全提供本書所需要的所有資料。但是所有資料使用不同的程式產生後，我都會再進行原始資料的清洗、去除明顯不合理、機器產生、未知原因所導致的錯誤。然後再逐一用人工進行逐筆的校對，盡可能地補齊原始來源所遺漏的資料，最後才會產生你在本書看到的圖形、表格、以及各種數字。關於資料的來源、作者的提醒和使用方式的詳細說明，請讀者務必詳細閱讀本書一開始的〈使用指引〉

說明後，再繼續往下閱讀。

請注意！本書所謂的「10倍股」指的是：

1. 在指定期間「曾經的最高報酬」等於或超過 1,000% 者，也就是包括 10倍、20倍、100倍、甚至 1,000倍者。

2. 若文中未特別指明，本書的 10倍股指的是附錄 5 表格中「N年最大回報」欄位的值。

3. 我們要找尋的是在指定期間做多的投資人，在買進及賣出之間的最大可能價差達 10 倍以上的股票。也就是我們假設投資人非常聰明，可以用此期間的最低價格買進，而且還能再用這段期間產生的最高價格賣出。這裡不考慮放空，或是選擇權等複雜的交易操作。

4. 本章所有的統計都是根據這種算法得出的。例如過去 10 年期間的 10 倍股，指的是該股所有的 10 倍股價漲幅，都發生在由 2021 年 12 月 31 日回推過去的 10 年期間，以此類推。

這樣條件的設定會比較嚴格，我們在乎的是最樂觀的情形，假定投資人能以

這段期間的最低價買進後，再以最高價賣出——所以並不會有負報酬的情況。最差的情形就是該股在「N 年最大回報」的欄位值是 0，也就是在指定期間的首日就是這段期間的最高價，當然投資人就根本不會買進，因為我們已經假設投資人非常聰明。

當然很多人會對我這種算法提出不同意見，我最後之所以採用這種算法是要找出所指定期間的最大報酬可能性。讀者也有可能表示他想知道的是另一種結果，也就是在指定期間最後 1 年的年末減去第 1 年的年初兩者的股價價差。基於一般的讀者會有這樣子的需求，因此我們在「N 年最大回報」欄位的隔壁會列出該股的「N 年回報」的欄位值。我另外製作表 1，比較這 2 種報酬率統計算法最後產生的 10 倍股數目。例如表 1 的第 1 列，表示在過去 30 年（N 為 30）的統計期間裡，「30 年最大回報」欄位為 1,597 檔，「30 年回報」欄位為 841 檔。

再強調一次，本書所有 10 倍股的算法是「N 年最大回報」，就時間拉得很長而言，「N 年回報」也是「N 年最大回報」的一部分。這也是本書要採用這種算法的第 2 個原因。我將附錄 5 的欄位說明條列如下：

◎產業：個股企業所屬的產業（Sector），第 3 章將會討論 10 倍股的產業。產業之下會再細分為多個不同的行業（Industry）。

表1 依本書定義，美股過去30年產生1597檔10倍股
——2種報酬率統計算法產生的10倍股數目

統計期間	N年最大回報 （10倍股數目）	N年回報 （10倍股數目）	N年回報比上N年 最大回報（％）
過去30年	1,597	841	52.66
過去20年	1,355	536	39.56
過去10年	576	240	41.67
過去5年	278	74	26.62

◎**美股代碼**：上市企業的美股交易代碼，代碼後標注 * 者為美國存託憑證。

◎**股價**：2021 年 12 月 31 日的收盤價，受限於欄位寬度，只會顯示整數部分，單位為美元。

◎**市值**：2021 年 12 月 31 日時該股的市值，單位為億美元。

◎ **IPO 年度**：這個數字大部分皆為個股的 IPO 年度，但是由於美股電子化是近幾十年的事，因此若在很早之前上市擁有悠久歷史的公司，我們所列的日期會是目前有完整紀錄可查詢的起始交易日期，不是這家企業真正的IPO日期。例如奇異（美股代碼：GE）是在 1924 年 6 月 22 日以每股 236 美元上市，但我們表中填上的 IPO 年度是 1962 年。詳見本書〈使用指引〉的說明。

◎ 5 年最大回報、10 年最大回報、20 年最大回報、30 年最大回報：如先前特別解釋說明過的，這個數字是由 2021 年 12 月 31 日起分別回溯 5 年、10 年、20 年、30 年期間，投資人在指定期間可能買進的最低價和可能賣出的最高價，這兩者間的價差所得出的報酬倍數。單位是百分比。

◎ 5 年回報、10 年回報、20 年回報、30 年回報：5 年回報是由 2021 年 12 月 31 日的該股股價直接減去 5 年前的 2016 年 12 月 31 日的股價，再除以 5 年前的 2016 年 12 月 31 日的股價，所得出的報酬百分比。10 年、20 年、30 年回報的算法也相同。單位是百分比。

◎ IPO 至今回報：該股 2021 年 12 月 31 日的股價相較於 IPO 首次交易價格的報酬率。IPO 首次交易價格（因版面限制未能揭露）是指經過股價分割、配股和股利等因素調整反映後的價格。例如威士（Visa，美股代碼：V）在 2008 年時是以 44 美元上市，曾經歷一次 1 股拆 4 股的分割，因此調整後價格是 14.61 美元，2021 年 12 月 31 日股價 216.7 美元，因此附錄 5 顯示的 IPO 至今回報為 1,383%。單位是百分比。

初步分析》過去20年到30年間，美股股價漲幅不大

從這些分別回溯 5 年、10 年、20 年、到 30 年的大量資料中（詳見表 2），

表2 過去20年和30年期間的10倍股數目相近

—— 設定過濾條件前後各統計期間10倍股數目與占比

統計期間	過濾前10倍股數目（檔）	過濾前10倍股占比（％）	過濾後10倍股數目（檔）	過濾後10倍股占比（％）
過去30年	3,895	33.01	1,597	13.54
過去20年	3,648	30.92	1,355	11.48
過去10年	2,347	19.89	576	4.88
過去5年	1,870	15.85	278	2.36

很明顯地，我們立刻發現了一件事。過去 20 年和 30 年的期間產生的 10 倍股的數目，在未進行過濾前分別是 3,648 檔和 3,89、檔，兩者的數目竟然非常接近。畢竟經過了整整 10 年，這是很長的一段期間，公司多 10 年的努力經營成果，股票經過 10 年的發酵，理應有更多的 10 倍股產生才對。不論是 5 年和 10 年期間的對比，或是 10 年和 20 年期間的對比，所產生的 10 倍股增加的比率都很大；但是 20 年和 30 年期間的對比，卻只有極小的 10 倍股增加比率。

為什麼過去 20 年和 30 年期間的 10 倍股數目如此相近？可能有 2 大原因：首先是美股由 2000 年第 2 季開始進入世紀僅見的網路泡沫化，又碰到 2001 年的 911 恐攻，造成美股由 2000 年到 2002 年間都在崩盤的谷底徘徊，期間長達 3 年，代表科技股和成長股的那斯達克指數最多曾跌去 78％！

不只如此，2008 年到 2009 年美股又碰到金融海嘯，這次不只科技股，所有股票都重傷崩盤。投資人如果在這 10 年間投資美股，10 年間有近乎一半的時間是大崩盤，中間的 5 年、6 年也都在恢復網路泡沫化或金融海嘯所造成的傷害，投資人多數如驚弓之鳥，這段期間的股市交易量清淡，多數人都很小心謹慎，造成股市幾乎沒什麼向上的推力。2001 年到 2010 年年底截止的 10 年間，美股報酬當然不佳，這反映在代表美股大盤的標普 500 指數上：2001 到 2010 年年底截止的 10 年期間，不含股利的年化報酬率是負的 0.47%。

相較之下，2011 年到 2020 年間則是美股史上少見的牛市，標普 500 指數不包括股利的年化報酬率高達 11.56%。可見從 2001 年到 2010 年的 10 年間，大部分企業的股價其實是原地踏步的。

另一個比較合理的解釋是上市企業的壽命。上市企業能存在超過 30 年的不多，50 年以上的已經很少見了，甚至於 100 年以上的就更少了。企業可能因倒閉破產清算、經營不善、被併購、合併、法規監管等種種原因，由股市下市或從此就消失不見。

美股上市企業的平均壽命為 20 年左右，根據勤業眾信（Deloitte & Touche）的資料，標普 500 指數的成分股於上個世紀的 1960 年代，在指數裡平均存活壽命為 32 年，但現在只有 24 年；再根據美國研究機構 CB Insights 的資料，

標普 500 指數中的公司於 1955 年時，在指數裡平均存活壽命為 61 年，到 2015 年時下降為 17 年，未來可能更短。瑞士信貸（Credit Suisse，美股代碼：CS）根據 BDS（U.S. Census's Business Dynamics Statistics）自 1977 年以來的數據統計，則顯示不到 50% 的上市公司壽命為 10 年或以上；2016 年的統計，1 年期壽命率 75%，5 年期壽命 45%。

關於上市企業的壽命和股價的關係還有一點很重要。大部分投資人都了解多數企業在成立不久的上市初期，因為尚在擴展市場，處於成長向上的青少年期間，上市企業的股票在此期間漲幅較大，從我的這項數據裡，也多少印證了這種看法。投資人也可以如此解讀──企業股價的大部分漲幅都發生在前 20 年；20 年後到 30 年間，多數上市企業已進入業務成熟穩定期，股價的漲幅並不會太大。

你可能會好奇，為什麼本書 10 倍股只回溯到過去 30 年？因為除了上市企業的平均壽命外，我個人參與的美股投資期間為 27 年，在這段期間的上市企業我會較為熟悉，說明時會比較方便；再考量到大部分投資人對距今超過 30 年以前的美股上市企業也不甚認識，若進行討論會有距離感；況且 30 年前人們的生活，當時主要的上市企業，科技主流和現在截然不同，而且不少當時的上市企業早已下市、被併購、或是已經走下坡，不再是目前的美股市場主流，當然股價也不可能會具有未來的成長性。

舉例來說，當時壟斷媒體的是紙本印刷的報紙、廣播和電視。大小公司除了一定有桌上電話外，最快速的文件訊息傳輸方式是傳真機；那時家戶的娛樂主流是有線電視，不是串流影音；在外想聯絡親友，只能在路上排隊打公用電話，而不是現在人手一支手機。相信光是這些，就會令較年輕的讀者無法想像。因此，我們如果在此談論那個年代的主流企業、生活、科技，不僅不合時宜，相信大家也不會有多大的興趣，而且也沒太大的意義。

用3條件過濾出10倍股名單

以 2021 年 12 月 31 日為截止日，分別回溯 5 年、10 年、20 年、30 年，找出在截止日仍上市的企業，共有 1 萬 1,798 檔股票，股價也以截止日收盤價為準，找出所有個股在指定期間的最大可能報酬達到 1,000% 的所有企業，然後再加入以下的過濾條件：

1. 排除沒有報價，或是收盤時報價是 0 的股票。

2. 排除股價低於 1 美元以下的垃圾股，這些股票已符合美國主要 3 大交易所下市的條件。它們大部分都是在店頭市場交易的股票，基於太多的理由，所以並不適合大多數人持有，一般投資人最好別碰這些絕大多數品質都很差的垃圾股。

3. 再排除股價低於 10 美元以下這種一般美股所謂的雞蛋水餃股。10 美元以下的股票多被界定為高投機性、無投資價值、容易成為被放空或操弄的標的。主因是大部分這種企業的體質都不好、本身業務和營運持續相當長的期間表現都非常差勁且無法改善、或是長期存在某些無法解決的問題。它們也會是各方兼併的目標，但出價不會太高，因為公司的競爭力本來就不高，投資人的權益很難獲得保障，因為各種因素會導致其私有化下市或被併購的機會很高。

華爾街的投資銀行和分析師們，除非有特殊理由，沒有人會去追蹤股價低於 10 美元的股票。而且都已經上漲 10 倍以上了，若股價還在 10 美元以下很不合理。

綜合分析》統計期間拉長，漲幅倍數將會隨著揚升

經過上述條件的過濾後，我再根據這些初步產生的結果進行微調，最後就產出本書附錄 5 的名單。也就是我們只會對過去分別回溯 5 年、10 年、20 年、30 年的期間達成 1,000% 以上漲幅者，進行較深入的討論，它們會是本書接下來的重點。

回頭看表 2，那是在經過我們上述設定的過濾條件的前後，各統計期間 10 倍股數目和占比的結果比較。表 2 第 2 欄「過濾前 10 倍股數目」是指不設定

表3 過濾前，歷年漲幅1～5倍的檔數最多

股價報酬區間	過去30年		過去20年	
	總數（檔）	占比（%）	總數（檔）	占比（%）
≥500,000倍，<1,000,000倍	1	0.01	1	0.01
≥100,000倍，<500,000倍	6	0.05	5	0.04
≥50,000倍，<100,000倍	3	0.03	2	0.02
≥10,000倍，<50,000倍	14	0.12	17	0.14
≥5,000倍，<10,000倍	8	0.07	8	0.07
≥1,000倍，<5,000倍	109	0.92	106	0.90
≥500倍，<1,000倍	100	0.85	80	0.68
≥100倍，<500倍	612	5.19	484	4.10
≥50倍，<100倍	577	4.89	511	4.33
≥10倍，<50倍	2,465	20.89	2,434	20.63
≥5倍，<10倍	1,479	12.54	1,542	13.07
≥1倍，<5倍	**3,031**	**25.69**	**3,306**	**28.02**
≥50%，<100%	926	7.85	953	8.08
≥0，<50%	1,310	11.10	1,373	11.64
等於0	1,157	9.81	976	8.27

任何條件下，在各期間產生的10倍股數目，第3欄則是第2欄數字占所有股票數目的百分比；同理，第4欄是經過濾後在各期間產生的10倍股數目，第5欄則是第4欄數字占所有股票數目的百分比。

我再將不設定任何過濾條件的所有股票，於各統計期間的漲幅區間統計如表

──過濾前各統計期間所有10倍股漲幅區間統計

過去10年		過去5年	
總數（檔）	占比（%）	總數（檔）	占比（%）
0	0.00	0	0.00
0	0.00	3	0.03
2	0.02	1	0.01
8	0.07	4	0.03
3	0.03	5	0.04
54	0.46	38	0.32
51	0.43	26	0.22
289	2.45	200	1.70
318	2.70	265	2.25
1,622	13.75	1,328	11.26
1,360	11.53	1,116	9.46
4,048	**34.31**	**3,978**	**33.72**
1,215	10.30	1,365	11.57
1,553	13.16	2,026	17.17
1,275	10.81	1,443	12.23

3，讓大家了解過去 30 年、20 年、10 年、和 5 年，大部分股票的實際漲幅有多大。可以看到在各個統計期間，股價報酬落在「大或等於 1 倍，到小於 5 倍」區間的比率是最多的；第 2 多的是「大或等於 10 倍，到小於 50 倍」；若再加上第 3 多的「大或等於 5 倍，到小於 10 倍」區間，落在「大或等於 1 倍，到小於 50 倍」的這個大區間的股票占總數高達 60%！不論是過去 30 年、過

表4 過濾後，多數股票的漲幅介於10倍～50倍

股價報酬區間	30年				20年			
	最大報酬		報酬		最大報酬		報酬	
	總數（檔）	占比（%）	總數（檔）	占比（%）	總數（檔）	占比（%）	總數（檔）	占比（%）
≥10,000倍，<20,000倍	1	0.06	0	0.00	2	0.15	0	0.0(
≥5,000倍，<10,000倍	1	0.06	1	0.06	0	0.00	0	0.0(
≥2,000倍，<5,000倍	8	0.50	8	0.50	5	0.37	3	0.1!
≥1,000倍，<2,000倍	13	0.81	6	0.38	8	0.59	3	0.1!
≥500倍，<1,000倍	34	2.13	8	0.50	13	0.96	4	0.2!
≥200倍，<500倍	102	6.39	49	3.07	52	3.84	20	1.2!
≥100倍，<200倍	137	8.58	73	4.57	71	5.24	23	1.4
≥50倍，<100倍	228	14.28	135	8.45	156	11.51	55	3.4
≥20倍，<50倍	**541**	**33.88**	**276**	**17.28**	**462**	**34.10**	**174**	**10.9(**
≥10倍，<20倍	**532**	**33.31**	**285**	**17.85**	**586**	**43.25**	**254**	**15.9(**
≥0倍，<10倍	0	0.00	695	43.52	0	0.00	965	60.4:
負報酬	0	0.00	61	3.82	0	0.00	96	6.0

去 20 年、過去 10 年或過去 5 年都是如此。

表 4 則是我們經過所有條件的「過濾後」，各統計期間過去 30 年、20 年、10 年和 5 年，所有 10 倍股的漲幅區間統計。各位可以拿這個表來和表 3 進行比較，將可以了解現實面一般人所能掌握的名單（附錄 5）和實際股票市場

——過濾後各統計期間所有10倍股漲幅區間統計

10年				5年			
最大報酬		報酬		最大報酬		報酬	
總數（檔）	占比（％）	總數（檔）	占比（％）	總數（檔）	占比（％）	總數（檔）	占比（％）
1	0.17	0	0.00	0	0.00	0	0.00
0	0.00	0	0.00	0	0.00	0	0.00
0	0.00	1	0.06	0	0.00	0	0.00
4	0.69	1	0.06	0	0.00	0	0.00
4	0.69	2	0.13	1	0.36	0	0.00
8	1.39	2	0.13	4	1.44	1	0.06
17	2.95	7	0.44	10	3.60	1	0.06
40	6.94	16	1.00	21	7.55	4	0.25
164	**28.47**	**71**	**4.45**	**76**	**27.34**	**23**	**1.44**
338	**58.68**	**140**	**8.77**	**166**	**59.71**	**45**	**2.82**
0	0.00	1,188	74.39	0	0.00	1,222	76.52
0	0.00	169	10.58	0	0.00	301	18.85

上所有股票報酬表現的差距。表 4 是經過濾後，取樣的範圍接近多數投資人會去投資的股票範圍，我們看到的漲幅區間分配也符合一般人的常識——首先是多數股票的漲幅會介於 10 倍到 50 倍之間（請注意這和表 3 所統計過濾前的 10 倍股結果多落在 50 倍以下是一致的，而其中不會有漲幅 10 倍以下者，因為不在我們的統計範圍內），畢竟令人咋舌的飆股數目本來就很少見。其次是

統計期間拉長，漲幅倍數也會隨著揚升，也就是產生的 10 倍股數目明顯增多，例如 30 年統計期間產生介於 100 倍到 50 倍之間的股票比率就比 10 年統計期間多很多，這點符合常理，因為企業經過多年的經營，企業價值通常都會顯著地提升。

至於表格中的最後兩列為何有負報酬和小於 10 倍的報酬，在表 1 中，我們已經有了列表比較兩者間的差異，前文也解釋過了──因為我們一再強調本書是以最大報酬的算法為基準。

前面說，過去 30 年的期間，在不設定過濾條件下，市場上有 3,895 檔（占 33.01%）的股票是 10 倍股。但為何最後經過上述條件的過濾後，最後符合條件的股票只剩下 1,597 檔（占 13.54%），竟被過濾掉 59%？這些被過濾掉的股票，除了大多是在店頭市場交易的股票外，之所以漲幅能達到 10 倍，是因為它們市值都很小，波動原本就比較大，被操弄炒作的可能性也比較高。

結果就造成有不少的股票，在整整 30 年中，只有幾天，甚至某一天的股價突然如火箭般地不合理暴漲，之後就回歸平淡，再也沒有表現，而且這類股票還不在少數。這又再次以實際的數字印證了，我在本章裡面一再提醒投資人，不要投入這些被我所設定的條件過濾掉的股票，因為事實會說話！

2-3

研究各期間產生的10倍股 從中尋找投資標的

在附錄 5 中，「5 年最大回報」這一欄數字是 1,000% 以上者，就是本書定義的過去 5 年產生的 10 倍股。

過去 5 年產生的 10 倍股共有 278 檔，其中並沒有大部分投資人在 5 年前（2016 年 12 月 31 日之前）都能琅琅上口的著名大型企業，例如特斯拉或 Shopify，這些股票在 5 年前是大部分投資人都不太熟識的。這說明了一件很重要的事——具有相當規模和市值已經很大的上市企業，比較不可能在短期內有驚人的股價表現。換句話說，像目前 7 大科技股（蘋果、微軟、字母、亞馬遜、特斯拉、輝達、Meta）這種市值超過數千億美元規模的企業，要其中任何一家在未來 5 年的期間「再」上漲 10 倍以上，不是不可能，但可能性會較市值數十億美元等級的企業低很多。

過去5年產生的10倍股》多為擴張中的成長股

若是積極型投資人，我建議詳加研究這份過去 5 年產生的 10 倍股名單。主

要的原因有幾項：

1. 它們都是「現在進行式」，也就是名單內的企業多數是上市不久的公司，這些屬於青春成長期的公司，共同特點是很有活力，業務仍在大肆擴張，相較之下比較有成長性。

2. 名單內的企業市值較低，再加上尚在成長，再大幅上漲的可能性較大。

3. 名單中僅有 278 檔，若再針對你的能力圈鎖定再縮小範圍，深入地研究這份名單裡的企業是有可能的。

我們的重點是研究過去 5 年期間所產生的 10 倍股，但為何選過去 5 年作為討論的重點？因為 5 年時間不算長，只要不是美股新手，過去 5 年內美股發生的重大事件、主要上市企業、以及表現較好的股票，投資人不可能會錯過。換句話說，它們是現在進行式！透過研究它們所處的產業與發展脈絡，投資人可以從中掌握近年產業走向，以及市場投資人的偏好。而且投資人對這些股票大多印象深刻，討論起來會較有切身臨場的參與感，這點很重要。

這些表現優異的上市企業，大部分都仍在成長中，投資人若投入心力研究它們之間的共通點、鑽研在自身能力圈範圍內、或是自己有興趣的企業，未來很

有機會取得相當大的收穫。

過去30年產生的10倍股》多為現今世界的主流產業

從這份名單中，我主要的發現是「大部分」美股投資人所熟知的許多股票，「只要買入不要賣掉」，在過去的 30 年期間，它們絕大部分都可能成為 10 倍股。坦白說，美股產生 10 倍股的機率比我在撰寫這本書之前所預期的機率高很多，占所有股票的 13.54%，平均每 7.4 檔就有 1 檔是 10 倍股，而且這個數字是包括店頭市場品質不佳的股票在內。13.54% 是過濾後產生的 10 倍股數目占比，過濾前產生的 10 倍股數目占比為 33.01%（詳見 2-2 表 2）。

如果只統計 3 大交易所，那比率還會再高出許多（本文後面表 3 會再提到），因為店頭市場的股票數目占了所有美國股票的 2/3（稍後會提到店頭市場只產生了 8.08% 我們定義的 10 倍股）。主要原因應該是過去這 13 年正好是美股少見的牛市，其次是大部分投資人所熟悉的股票，有可能正好都是因為企業體質較好，營運相較下表現會比較好，大家才會比較有印象。

一如我在 1-1 表 3 所歸納：30 年達成 10 倍股「只」需要 7.98% 的年化報酬率，而過去 30 年代表美股大盤的標普 500 指數不包括股利的年化報酬率則是 8.46%。其中透露的意涵是，企業只要能持續經營地夠久，不要下市或倒閉，

大部分要成為 10 倍股都不是難事，這一點和我一向提倡的長期投資不謀而合。

　　過去 30 年產生的 10 倍股和標普 500 指數成分股的重疊程度有多高呢？這份過去 30 年產生的 10 倍股名單中，共有 357 家企業是目前標普 500 指數的成分股，比率高達 71.4%。意思是 71.4% 標普 500 指數的成分股都在我們產生的這份名單中──再度說明這份名單中的企業都是主流的企業。

　　這對大部分保守的投資人來說更具有特殊的意義，誰說想擁有 10 倍股一定得要到處打探明牌？或是追逐飆股才辦得到？這份名單證明，你若買入長期穩健經營的上市企業，產生 10 倍股也是水到渠成的事，而且不會有明牌或飆股的風險。但是投資人也要記住，我在前面提過標普 500 指數裡的成分股於上個世紀 60 年代，在指數裡平均存活壽命為 32 年，但現在只有 24 年，因此過濾投資標的當然是其中的關鍵。

　　過去 30 年的 10 倍股名單則幾乎已經囊括所有現今美股的主要熱門的大型股，可以說是一份可以充分代表美股上市主流企業的名單。我個人是建議投資人要好好檢視這一份名單，一共也才只有 1,597 檔，數目不大，和台股上市加上櫃總共約 1,700 檔差不多。如果你是全力投資美股的專業投資人，基本上名單裡很多企業，你應該都要很熟悉才對，它們所處的產業，可以說是現今世界的主流產業，投入工夫好好了解這份過去 30 年的 10 倍股名單，對想要

據此找出你的 10 倍股，絕對會有很大的幫助。

在附錄 5 中 20 年最大回報這一欄裡面數字是 1,000% 以上者，就是本書定義的過去 20 年產生的 10 倍股。由於 20 年的 10 倍股名單，數目、內容和 30 年產生的 10 倍股相去不遠，名單重疊性很高，原因前面解釋過，在此不再贅述。

過去10年產生的10倍股》受惠於近年牛市而誕生

在附錄 5 中「10 年最大回報」這一欄數字是 1,000% 以上者，就是本書定義的過去 10 年產生的 10 倍股。由本文表 2 可以看到各統計期間 10 倍股數目成長率——過去 10 年的 10 倍股共有 576 檔，過去 5 年產生的 10 倍股只有 278 檔，可見經過 5 年，又多產生 298 檔的 10 倍股，這可是足足成長了 107.19%！請注意這是發生在短短的 5 年內。可能的原因我們前面曾提及過，因為過去 13 年的美股是世紀少有的牛市，大部分的股票其實是大漲的。當你往浴缸裡面持續注水時，漂在水面上的塑膠小水鴨自然也就水漲船高。

如果再回頭去看 2019 年到 2021 年間，代表美股大盤的標普 500 指數不包括股利的年化報酬率分別為 28.88%、16.26%、26.89%；折合的這 3 年的年化報酬率高達 22.161%。這是非常可怕的數字，因為由 1970 年標普

500 指數成立至 2021 年不包括股利的年化報酬率是 7.89%。過去 10 年、20 年、30 年標普 500 指數不包括股利的年化報酬率則分別為 13.77%、7.34%、8.42%。

表 1 中前期成長率欄位表示的是和統計期間的前一期相比的成長率，並不是年成長率。例如過去 30 年的前期成長率的 17.86% ＝（（1,597 － 1,355）/1,355）×100%。過去 30 年總成長率欄位的 476.46% 的算法則是從過去 5 年開始算起，算式為（（1,597 － 278）/278）×100%。而標普 500 指數總報酬率欄位表示的是累積總報酬率，不是年化報酬率。

10 倍股的良好表現多數具備「可持續性」

根據附錄 5 的表格，我將 10 倍股在各個期間重複的股票數目製成表 2。此表的目的是讓讀者了解過去 30 年，分別回溯 5 年、10 年、20 年、到 30 年的不同統計期間，有多少股票是「持續」出現的 10 倍股。

我一直不厭其煩地強調，「在股市中持續性非常重要」，說穿了，投資人要找的其實就是持續表現好的股票。表 2 要證明的是表現好的 10 倍股（也就是一直出現在我們各個期間內的 10 倍股名單中的股票），絕大部分都可以一直保持下去。特別要再一次點出的是，5 年期間 10 倍股名單中的股票，也就是

表1	過去5年的10倍股數目，較過去10年多出1倍

——各統計期間10倍股數目和成長率

統計期間	10倍股數目（檔）	前期成長率（％）	總成長率（％）	標普500指數總報酬率（％）	形成的主要原因
過去30年	1,597	17.86	474.46	1,023.53	標普500指數在2001年到2010年間的年化報酬率是-0.47%*
					上市企業能存在超過30年的不多見
過去20年	1,355	135.24	387.41	309.99	過去13年的美股是世紀少有的牛市
過去10年	576	107.19	107.19	259.44	過去13年的美股是世紀少有的牛市
					過去10年標普500指數的年化報酬率為13.77%*
過去5年	278	—	—	105.47	2019年到2021年標普500指數3年年化報酬率高達22.161%*

註：* 表中所有年化報酬率皆為不包括股利的年化報酬率

前面提過企業平均上市壽命 24 年而言，它們在股市裡還有很長的路要走，未來能為投資人持續帶來超額報酬的機率非常高——因為過去紀錄已經證明它們的可持續性。從本文的表 2 中，我們可以從過去的名單重複程度發現幾個重點：

1. 在過去 30 年的 10 倍股名單裡有 1,597 檔，20 年的 10 倍股名單裡有

1,355 檔，而重複出現在這 2 份名單內的企業有 1,248 檔。這表示在 20 年的 10 倍股名單中的 1,355 檔股票，在經過 10 年後，仍然有高達 1,248 檔會「繼續」出現在 30 年的 10 倍股名單，比率高達 92.1%！

2. 同理，20 年的 10 倍股名單裡有 1,355 檔，10 年的 10 倍股名單裡有 576 檔，重複出現在這 2 份名單內的企業有 523 家，比率高達 90.8%！

3. 在過去 10 年的 10 倍股名單裡有 576 檔，5 年的 10 倍股名單裡有 278 檔，重複出現在這 2 份名單內的企業有 233 家，比率高達 83.81%！

你一定立刻有個疑問，為何不是 20 年的 10 倍股名單裡的 1,355 檔 100% 都出現在 30 年的名單裡呢？可能的原因是因為企業會下市、企業在 10 年後表現不佳使股價大跌、更有可能有些已經跌破 10 元不在名單裡了、以及其他各種可能的事情發生，才會造成數字有可能不完全吻合的情形出現。

但藉由表 2 要指出的重點是，「持續性很重要」（還記得我們在 Chapter 1 討論過如何判斷成功的投資是否能持續嗎？）。能「持續」出現在附錄 5 名單各個期間內的企業，有極高的比率在接下來的統計期間還是會再出現。在資本市場上，每個投資人都挖空心思，想找出能持續打敗大盤，或是持續拿出好的成績的企業。我的這項結論很重要，因為它說明了利用這個科學有事實根據的

表2 重複出現在20年與30年名單的10倍股有1248檔
——10倍股數目在各期間重複的數目

10倍股的數目（檔）	過去30年	過去20年	過去10年	過去5年
過去30年	－	1,248	504	211
過去20年	1,248	－	523	218
過去10年	504	523	－	233
過去5年	211	218	233	－

方法，有極高的比率，可以協助投資人找出在未來還能繼續勝出的股票。請注意，我不是使用「100%」或「一定」這個字眼，因為股票投資不是一項科學，不存在數學公式或 100% 的成功方程式。股市唯一能確定的就是它的高度不確定性，投資是一項找出最大成功機率的遊戲，能持續提高獲利的可能性，才能取得真正長期的勝利。而唯有長期持續的勝利，才能累積真正令你滿意的財富。

投資人絕對不要碰的2種股票類型

接下來要進一步說明，在美股市場尋找 10 倍股，有 2 種股票不要碰：

類型1》店頭市場：能成為最後贏家者非常少

能一路由 10 倍股成長為 50 倍、甚至 100 倍、而且還能持續多年正常交易

者少之又少，這種現象和台股是一樣的。根據《哈佛商業評論》2022 年 1 月的報導，環球晶（6488）是台股市值前 20 大中唯一的上櫃企業。

除了很少數在 OTCQX 上市交易的約百家非美國的大型跨國企業外，剩下其他店頭市場的股票，投資者可以直接省略，不需要在店頭市場中找尋未來的 10 倍股，因為不只成為 10 倍股的機率很低，只有 8.08%，而且如前面所介紹的，大部分在店頭市場的股票都存在高度風險。在得失衡量之間，為避免造成得不償失的後果，建議您可以直接略去店頭市場的股票。

表 3 即為我所整理，根據過去 30 年所產生的 10 倍股名單，分別統計美股 3 大主要交易所和店頭市場所產生的 10 倍股數目和比率。10 倍股幾乎都是從紐約證券交易所和那斯達克交易所產生，而且兩者所占比率不相上下。所以投資人應該把心力鎖定在紐約證券交易所、那斯達克交易所、美國證券交易所這 3 大交易所發行的股票就好。

類型2》交易價格在1美元以下：不可能是長期上漲標的

在我為撰寫本書，花了龐大的時間和力氣進行資料的蒐集、程式的寫作、數據的清洗、最後產生結果的這一段期間裡，我承認我不僅在店頭市場的股票中，以及低於 1 美元以下的股票中看到過不少 10 倍股以上的股票，數量極其龐大，而且還占據未過濾前的名單最大宗。但是這些交易價格在 1 美元以下的股票有

表3 10倍股中屬於店頭市場股票僅占8.08%
──美股各交易所產生的10倍股數目與比率

交易所（代碼）	10倍股數目（檔）	占全部10倍股的比率（％）
紐約證券交易所（NYSE）	714	44.71
那斯達克交易所（Nasdaq）	729	45.65
美國證券交易所（AMEX）	25	1.57
店頭市場（OTC）	129	8.08

2大特徵：①幾乎都在店頭市場上市、②報價與成交價懸殊。

　　這些股票不只平常交易時的價差很大是常態（也就是投資人看到的報價和實際的成交價相差非常懸殊、或者時常在你下單後價格被莫名地抬高、長時間無法成交等，這些在美股3大主要交易所都看不到的不合理買賣交易的情形），而且常有不合理的上千倍或上萬倍的瞬間報價出現，這也是股價在1美元以下區間的股票會占10倍股的大宗的主要原因。

　　因為理論上，我們無法排除有投資人可以（不管什麼原因）以很低的報價買進，然後在不合理的上千倍或上萬倍的瞬間報價出現時立即脫手，這種情形也算是達成10倍股以上的報酬。但這都只是理論值，並不適合一般投資人或散戶，更遑論長期持有了。

很顯然地，投資人應該把心思放在 10 美元以上的股票，省略所謂的雞蛋水餃股或 1 美元以下的垃圾股。投資人切莫只看到交易的價格，我們要找的是企業的價值。美國主要交易所都有上市中的股票若長期（一般而言是 180 天）在 1 美元以下交易，會被強迫下市的規定，因此 3 大交易所都不大可能有大量在 1 美元以下的股票可以交易。另外還有一個邏輯上說不通的地方，過去 10 年是美股世紀少有的牛市，大部分的股票其實是大漲的，如果都已經是 10 倍股了，但在 2021.12.31 的收盤價竟然不到 1 美元！要說對這檔股票後市看好，也不太容易。

交易價格在個位數美元的 10 倍股，最大宗的來源是石油探勘、珍貴金屬的礦商、或是生物科技業製藥這 3 大產業。這 3 大類型的雞蛋水餃股通常企業體質很差，不可能符合主要交易所的上市規定，因此就只好去店頭市場上市，而且為了吸引投資人，初次上市的發行價都出奇的低。通常在找到石油、挖到金礦、或是證明實驗室的藥具有初步療效和可行性之前，它們都在燒錢付帳單，連營收都沒有——也就是說，它們都在賭自己公司的前途。這和靠賭博能成鉅富者的心態及機率是一樣的，能成功的機會非常低。

接著，我根據附錄 5 的 30 年 10 倍股名單，整理出表 4 的 10 倍股所屬國家分布表。我只列出產生 10 倍股超過 10 檔的 11 個國家，由表中可以立即看出，美股的確是一個全球化的市場。30 年 10 倍股名單的企業總共來

表4 美股市場10倍股以美國企業為最大宗
——各國擁有美股10倍股數目及占比

國家	10倍股數目（檔）	占全部10倍股的比率（%）
美　國	1,311	82.09
加拿大	60	3.76
中　國	33	2.07
英　國	22	1.38
日　本	17	1.06
以色列	16	1.00
愛爾蘭	15	0.94
德　國	11	0.69
百慕達	10	0.63
荷　蘭	10	0.63
瑞　士	10	0.63
其他28國	82	5.13

自 39 個國家，其中美國、加拿大、中國的企業分別占了 82.09%、3.76%、2.07%，三者合計占 87.91%；而至少有 10 家企業入榜的前 11 個國家就占了 94.87%，其他 28 國只占 5.13%，而台灣只有 2 家。不論怎麼看，投資人都應該了解，美國的企業是最具競爭力，以及能帶給你最大報酬的國家。我會這麼說，是因為有許多華人，只不過因為在美國的中概股是華人企業、中概股在華文媒體的日常曝光較高，自恃華人有語文上的優勢，就自認為應該比美國

人了解這些中概股，摻雜著文化語言等感情因素而投資中概股，而不是因為企業個股的長期表現或企業的競爭力。

試想，美國人的母語是英文，就一定比多數人了解美股上市企業嗎？這種出發點犯了股市投資的大忌而不自知，不要和股票談戀愛，在股市裡的任何偏見都會使你付出嚴重的代價。由 2022 年 3 月回推，過去 1 年時間裡，竟然有 42 家中概股跌幅超過 90%，111 家跌幅超過 80%！比 2021 年 10 月下旬開始跌進熊市的那斯達克指數、羅素 2000 指數、或是普遍暴跌 50% 至 70% 的科技業成長股族群，都還要淒慘。

那麼美國存託憑證的個股成為 10 倍股的比率有多少？我實際計算過附錄 5 的 30 年 10 倍股名單，美國存託憑證總共只有 148 檔（附錄 5 的美股代碼後標注 * 者），只占了所有 30 年 10 倍股名單的 9.27% 而已。

順帶一提，在美國掛牌上市的非美國股票，不一定就是美國存託憑證，但是美國存託憑證一定是非美國的股票。

讀者心中可能會有疑惑，以上的資料都是過去的歷史，並不代表未來。這話表面上合理，但是一如史上最偉大的華爾街交易大師傑西・李佛摩（Jesse Livermore）所說的：「歷史會一再重演。華爾街上根本沒什麼新鮮事。今天，

不管股票市場發生什麼事，以前都發生過，將來也會再度發生。」

你不需要曾經參與過去，詳細研讀過去的紀錄可以幫助你進行更好的投資，增加成功的機率。在投資這條路上，我們通常需要處理的是機率和可能性。記住！在投資中，賠率很重要。

比起我們去討論過去的 50 年或 100 年間發生的事，過去 5 年到 30 年間，是現在還在股市交易的投資人生命中都曾經歷過的，這些企業的成長史和事跡讀者都曾經聽過，分析起來不至於脫離現實太遠，讀者會比較有臨場感，也較有切身的同理感受，較能從中獲得啟發，發現過去自己為何錯過的原因，藉此修正自己的投資原則，增加未來成功的可能性。特別是過去 5 年間的案例，更是現在進行式，戲還在上演呢！

巴菲特就表示過，過去長時間表現優良的企業，做同一件事已經幾十年了，未來若還做相同的事，出錯的可能性很低。我個人推薦，尤其是美股投資的新手們，或是對美股上市企業實在不熟，只知道很少數的那幾家美國公司，一直煩惱要如何了解美國上市企業的投資人，你可以好好研究附錄 5 表格中的每一家企業，其數目和台股所有上市加上櫃的企業總數目差不多。

而且列在 10 倍股名單裡的都是優等生，已經被市場和投資人檢驗過了，不

是阿貓阿狗不入流的企業，說它們每一家都有頭有臉，一點都不為過。這些企業有過去幾 10 年的表現做靠山，至少比多數人看電視名嘴，賭雞蛋水餃股，或是來路不明的網路訊息可靠多了。投資和人生做的大多數事沒什麼不同，努力不一定能保證成功；但不肯下苦工去深入認識被投資的對象，那一定不可能成功。現在你就可以開始，邁出成功的第一步。

3

產業類別

工業、科技產業
過去30年產生最多10倍股

本章要討論的是，如何在比較可能出現 10 倍股的產業裡找到 10 倍股。因為我們不可能期望買一堆礦業股，然後賭其中的某一家哪天突然挖到大金礦；也不鼓勵你買入許多的石油探勘股，坐著等哪天其中一家採到從地下自動湧出的石油，就此一夕致富。

這種賭徒式的投資方式，成功機率很低，不適合一般人。試想，如果你押注的股票到你退休時都找不到金礦，也挖不到石油，你的錢不是全打水漂了嗎？

因此比較可行的方式是由一般人都較容易了解、可行性高、以及對照歷史經驗，與過往 10 倍股的造富方式，從中找出可能性較高、較安全、以及較穩健的過濾方式，才是上策。

首先，根據附錄 5 過去 30 年產生的 10 倍股名單，我編製了 10 倍股所屬的產業和行業分布表（詳見表 1），統計每個產業和行業各產生了多少檔 10 倍股。每個產業類別下面會再細分為多個行業。

美股上市企業可分為11大類產業

　　表 1 的第 1 欄是美股上市企業所屬的 11 大類產業，在產業名稱後方括號裡的數字是該產業類別的 10 倍股數目。可以看到，產生最多 10 倍股的產業是工業、第 2 是科技業、第 3 則是非必需消費品。

　　第 2 欄是產業類別再細分的美股上市企業所屬 143 種行業類別，各行業的 10 倍股數目則列於第 3 欄。產生最多 10 倍股的前 4 大行業：區域型銀行共 105 家、應用軟體 66 家、生物科技 64 家、特殊工業機械 51 家。

　　表 1 的產業和行業分類方式是華爾街常見的分類法，但這套劃分方式有許多地方和一般人的認知不完全一致。例如，亞馬遜、Google 母公司字母和 Facebook 母公司 Meta，一般被視為科技業；但表中從事電商業務的亞馬遜被劃入網路零售行業，並歸屬在非必需消費品產業之下。主要營收來自網路廣告業務的字母和 Meta 被劃為通訊服務行業，並歸屬在網路內容和資訊產業下，按這種劃分方式，這 3 檔股票都不屬於科技業。

　　從事電動車製造的特斯拉，則被劃入非必需消費品產業下的汽車製造商業中，但電動車和傳統的燃油車不同，它比較像是科技產業，因為電動車的供應商和科技電子業有很大的重疊性。類似的例子還有非常多，比如大部分的金融

表1 **美股上市企業可細分為143種行業類別**

產業 （檔）	行業	數目 （檔）	產業 （檔）	行業	數目 （檔）	產業 （檔）	行業	數目 （檔）
工業 (270)	特殊工業機械	51	科技 (260)	應用軟體	66	金融服務 (224)	休閒	8
	航太與國防	29		基礎軟體	34		奢侈品	8
	工程與建築	20		半導體	32		包裝和容器	7
	建築產品和設備	16		資訊科技服務	26		博弈	7
	農業和重型工程機械	16		半導體設備與原料	25		汽車製造商	6
	工具和配件	11		電子元件	21		家居裝飾零售	6
	工業製造維護配送	11		通訊設備	16		旅遊服務	6
	租賃服務	11		科學技術儀器	14		個人服務	5
	綜合貨運和物流	11		電腦硬體	10		百貨公司	4
	人力仲介與就業服務	10		消費性電子	7		住宿	4
	航空公司	10		太陽能	5		紡織品製造	1
	專業商務服務	10		電子產品和電腦分銷	3		區域型銀行	105
	電機設備及零件	10		電子設備	1		資產管理	21
	卡車運輸	9	非必需消費品 (248)	餐飲	27		產險與意外險	16
	鐵路	9		汽車零件	21		信貸服務	15
	廢棄物處理	8		專業零售	21		資本市場	14
	金屬製造	7		服飾零售	20		財務數據和證券交易所	9
	顧問服務	6		住宅施工	15		壽險	8
	企業集團	5		度假村和賭場	14		保險經紀人	7
	安全與保護服務	4		家具、固定裝置和電器	14		多元化保險	6
	汙染和處理控制	2		網路零售	13		綜合性大型銀行	6
	海運	1		服飾生產	12		基金	5
	商業設備和用品	1		汽車和卡車經銷商	11		抵押貸款	4
	機械	1		休閒車	9		特殊保險	4
	機場和航空服務	1		鞋類及配飾	9		再保險	2
							財務企業集團	2

——10倍股所屬產業與行業

產業（檔）	行業	數目（檔）	產業（檔）	行業	數目（檔）	產業（檔）	行業	數目（檔）
醫療保健 (216)	生物科技	64	必需消費品 (76)	包裝食品	19	不動產 (50)	不動產服務	10
	醫療設備	32		居家及個人用品	12		工業型房地產投資信託基金	9
	診斷與研究	28		折扣商店	8		專業房地產投資信託基金	7
	醫療儀器與用品	27		非酒精性飲料	7		住宅房地產投資信託基金	5
	醫療設施	23		食品配送	6		零售型房地產投資信託基金	4
	醫療資訊服務	10		教育培訓	6		辦公室房地產投資信託基金	4
	藥品製造商	9		葡萄酒和蒸餾酒	4		醫療設施型房地產投資信託基金	4
	專業和通用藥品製造商	7		農產品	4		多元化房地產投資信託基金	3
	醫療保險	7		菸草	3		房地產開發	2
	醫療配送	7		雜貨商	3		房地產投資信託基金抵押	1
	藥品零售商	2		啤酒	3		飯店旅館房地產投資信託基金	1
基礎原物料 (96)	特殊化學品	28		糖果商	1	公用事業 (22)	供水和廢水處理	6
	鋼鐵	13	通訊服務 (71)	娛樂	17		發電供電商	6
	金	10		網路內容和資訊	17		天然氣供應商	3
	工業金屬和採礦	10		電信服務	15		可再生能源	3
	化學品	8		電子遊戲和多媒體	8		多元型公用事業	2
	建築材料	8		廣告代理商	6		獨立發電商	2
	農業相關商品	5		電視廣播媒體	5			
	銅	4		出版	3			
	木材	3	能源 (64)	油氣探勘與生產	23			
	造紙和紙製品	2		綜合油氣	10			
	銀	2		油氣精煉與營銷	9			
	鋁	2		油氣中游	8			
	煤	1		油氣設備與服務	8			
				油氣鑽探	3			
				動力煤	3			

註：1.金融服務中的「資本市場」行業，包括獨立的投資銀行、證券經紀商、造市商、交易所等；2.非必需消費品中的「餐飲」行業，包括一般餐廳、西式快餐店、咖啡連鎖業、速食店等

科技（FinTech）公司現在被劃進金融服務產業下的信貸服務行業中。總之，有好幾檔理應屬於科技產業的 10 倍股，被劃入非科技產業，這些例子和社會大眾的基本認知不同，明顯會造成困擾，這也說明為何在表 1 中，產生最多 10 倍股的產業竟然是工業，第 2 名才是科技產業。

　　一般人的印象其實沒有錯，若把亞馬遜、字母、Meta、特斯拉這類型的企業都劃回科技產業，科技產業的確會是產生最多 10 倍股的產業。而現在這樣的分法，其實是 2018 年才開始，原因是不希望特定產業中上市企業占比太大。畢竟事實會說話，一如 Chapter 1 提過標普 500 指數的成分股中，科技股權重占比 45%，其中 7 大科技股就占了 27% 的權重，同時，7 大科技股占那斯達克 100 指數的權重約 52%；Chapter 2 也提過，那斯達克指數的成分股約有 2,500 家，科技股權重占比約 50%。這些都是不爭的事實。

　　本章會討論一般人較有興趣、近年較熱門、以及實際上確實產生較多 10 倍股的幾個主要的產業和行業。

科技產業》聚焦4類行業
最容易挖掘10倍股

這裡要談的科技業包含軟體、金融科技、電商,以及半導體行業。其中,若對軟體、金融科技、電商這 3 個行業有興趣想深入了解的讀者,可參見我的上一本書《超級成長股投資法則》中的 3-4、3-5 和 3-6 小節的詳細討論,本章僅做簡單介紹,不再重複上一本書的內容。但提醒各位的是,這 3 個行業是10 倍股來源行業排行榜的前幾名,這和多數人的認知是相符的。為了擁有你未來的 10 倍股,你一定得花點時間研究一下這 3 個行業。

軟體》趨勢成形可掀起產業變革,但競爭異常激烈

過去幾十年的科技發展印證「軟體正在吞噬全世界」這句話。軟體是人類思考和創意最方便的展現和落實方式,現代科技業依賴無孔不入的軟體。

軟體具有易於快速規模化、易於部署修改、不需持續固定資產投入、沒有庫存等優勢。而目前正在發生中的軟體產業的趨勢包括軟體即服務(SaaS)、訂閱服務、行動程式、雲端運算等。

投資軟體業的缺點是變化快速、多數規模很小，但數目非常多，而且競爭異常激烈（因為進入的門檻很低）、無時無刻都有因一個創意而創立的軟體新創企業誕生、燒錢快速（因為軟體要成功必須進行網路快速的病毒式的大量行銷，而且一定需要大量優秀但平均薪資是所有行業排行前幾名的軟體工程師）、能長期存活且又能持續成長並兼顧盈利者其實很少。

2011 年，波克夏買入國際商業機器公司（美股代碼：IBM）的股票成為第一大股東（詳見 1-3 表 1）。但這是一次失敗的投資，平均買入價格高達 170 美元，股價一路下跌，到 2015 年清倉時每股僅 150 美元。巴菲特失敗的原因主要是雲端運算的興起，這股趨勢引發科技界在過去十多年發生根本上的變化，進而導致更深層次的商業變革。大部分企業已經減少自有機房和數據中心的資本投入，轉而租用亞馬遜 AWS 這樣的雲端服務，但那時候的 IBM 尚未併購開源軟體企業紅帽（Red Hat），在雲端運算上並不熱中，因而錯失這場科技界最大的變革，導致現在成為科技界無足輕重的公司。

雖然巴菲特多次公開懊悔錯失買進亞馬遜的先機，但就算在那時將 IBM 換成亞馬遜，當時的亞馬遜也不符合巴菲特的選股基本標準。高科技產業變化快速，不在巴菲特的能力圈內；再加上那時的亞馬遜常處於虧損的狀態（請見 7-2 表 1）。這 2 項因素，也是一般人在投資科技業，特別是軟體業需要克服的困難之處。

有人記得 20 年前曾和微軟平起平坐的資料庫廠商甲骨文（美股代碼：ORCL）嗎？多數人應該不會記得，因為現在免費或開放平台，甚至功能更強大的資料庫方案多如牛毛。有人知道 25 年前有一家華人創建，最風光時還曾是美股市值第 2 大的軟體商組合國際（CA Technologies）嗎？要不是它在 2018 年以 189 億美元的現金出售給博通（美股代碼：AVGO），組合國際起碼有快 20 年沒出現在財經媒體的頭條了。如果不出售，它的結局會比甲骨文淒慘，因為這家軟體界雜貨店的產品，現在幾乎都有免費的開放系統可替代。

金融科技》加密貨幣、數位資產管理等領域商機無限

金融業經過近 20 年科技新創業者對其僵化無效率的缺點進行顛覆後，全球的消費金融領域都已經遭到金融新創業者的大幅蠶食。最明顯的例子就是花旗（美股代碼：C）和歐洲的大型銀行紛紛退出消費金融領域，大舉裁撤各地的實體分行。主要原因就是傳統銀行在消費金融領域，目前已經完全沒有競爭優勢可言。

同樣地，經過近 20 年科技新創業者的努力，在線上支付、行動支付、跨境電子支付、先享受後付款（Buy Now, Pay Later, BNPL）、網路放貸、線上投保、零佣金手機下單、手機零錢存款、零股交易、可程式化金融提供商、數位銀行等金融科技領域目前競爭已過於激烈，已漸由 10 年多前的藍海市場變成現在

的紅海市場。現有廠商或想進入的新創公司，都必須尋找商業創意或技術上的突破口，否則很難和現有的領導商競爭。但是在新興起的加密貨幣、數位資產管理、非同質化代幣、甚至於 Web3 等領域，由於目前大勢尚未底定，抑或是觀念和架構都還未完全成形，這些領域仍然大有可為，具有無窮的潛在商機可能性等待開發。

電商》先燒錢才可能大獲全勝，贏者可以全拿

2020 年新冠肺炎疫情使電商滲透率大幅提升，現在已少有國家在 10% 以下了。表 1 就是由市調機構 Insider Intelligence 所統計，2021 年全球 10 大電商之國。電商是典型「贏者全拿」的產業，能靠電商的規模化進行大幅度的變現，每家電商都會發展成無所不在的龐大企業集團，一併提供金融支付、廣告、線上遊戲、外賣、快遞等附屬子集團；而這些衍生出來的子集團副業，其實都比電商本身還賺錢。

電商的缺點是若想要在最後能脫穎而出，都需要事先長期不間斷地投注天文數字的資本支出持續燒錢。在世界各地的領導電商大致都已底定後，所有電商的投資人現在最重視的焦點已轉向廠商要如何盈利。能像阿里巴巴一上市就有獲利，每年持續大幅度盈利達 10 年者根本沒有。亞馬遜近 10 多年來一直都是靠雲端部門的獲利輸血給電商部門，它的國際電商部門直到 2004 年的營業

表1 中國電商交易額規模居全球之冠
──2021年全球10大電商之國的年交易額

排名	國別	2020年 （10億美元）	2021年 （10億美元）	年成長率 （％）
1	中　國	2,296.95	2,779.31	21.0
2	美　國	794.50	843.15	6.1
3	英　國	180.39	169.02	-6.3
4	日　本	141.26	144.08	2.0
5	南　韓	110.60	120.56	9.0
6	德　國	96.86	101.51	4.8
7	法　國	73.80	80.00	8.4
8	印　度	55.35	67.53	22.0
9	加拿大	39.22	44.12	12.5
10	西班牙	36.40	37.12	2.0

資料來源：Insider Intelligence

利潤才首次擺脫虧損，但2014年到2021年，除了2020年外又是年年虧損。

　　對於電商企業而言，能在跨境業務取得成功才能算是真正的成功，沒有例外。問題是經營跨境電商業務非常困難，「在家萬事易，出門萬事難！」法規、本地化的人才、資金、後勤、物流、招商、運輸成本樣樣都是很大的挑戰，其中尤以法規為甚。因為法規是企業自己不能控制的因素，可以在1天內就使企業誕生或滅亡。而且電商是現代的零售業，能掌握一國的民生必需品，太過敏感，

表2 全球前5大電商中有3家是中國企業

2020年排名	2019年排名	企業名稱	美股代碼	國別	2020年交易額（10億美元）
1	1	阿里巴巴	BABA	中　國	1,145
2	2	亞馬遜	AMZN	美　國	575
3	3	京　東	JD	中　國	379
4	4	拼多多	PDD	中　國	242
5	9	Shopify	SHOP	加拿大	120
6	7	電子灣	EBAY	美　國	100
7	10	美　團	MPNGF	中　國	71
8	12	沃爾瑪	WMT	美　國	64
9	8	優　步	UBER	美　國	58
10	13	樂　天	RKUNY	日　本	42
11	5	智遊網	EXPE	美　國	37
12	6	繽　客	BKNG	美　國	35
13	11	愛彼迎	ABNB	美　國	24

資料來源：聯合國貿易和發展會議

因此各國政府都會無所不用其極地限制外國電商在本國經營，設定各式各樣的障礙，使企業知難而退。例如新加坡商冬海（美股代碼：SE）的電商部門蝦皮購物，近幾年在全球都在瘋狂地進行擴張，而且在大部分國家的擴張營運都很成功，但面臨的最大挑戰就是當地法規和非商業因素的干擾。蝦皮在巴西和印尼，都遭遇當地政府對跨境經營電商，以及貨物進口提升關稅的貿易障礙，造

——2020年全球13大電商排行榜國別

2019年交易額 （10億美元）	2018年交易額 （10億美元）	2020年交易額年成長率 （％）	2019年交易額年成長率 （％）
954	866	20.1	10.2
417	344	38.0	21.0
302	253	25.4	19.1
146	71	65.9	104.4
61	41	95.6	48.7
86	90	17.0	-4.8
57	43	24.6	33.0
37	25	9.0	47.0
65	50	-10.9	30.5
34	30	24.2	13.6
108	100	-65.9	8.2
96	93	-63.3	4.0
38	29	-37.1	29.3

成營運成本的上升，使其面對本地競爭者更加不利。而台灣和印度則是以抗中的政治因素，以中國騰訊「曾經是」其最大股東為由，進行營運上的干擾或刻意阻擋。

在表 2 由聯合國貿易和發展會議（UNCTAD）所發布的全球 13 大電商排行

榜，可以看到前 5 名中，除了第 2 名的亞馬遜和第 5 名的 Shopify 外，其餘都是中國廠商，可見中國電商市場規模之驚人。這個結論呼應表 1 來自 Insider Intelligence 的報告。另一項要注意的是，大部分電商的年交易額成長率都很高，前 5 名年成長幾乎都在 20% 以上，這也說明電商產業距離市場完全飽和尚有一大段距離。

半導體》處於成長趨勢，但仍受景氣循環影響

根據高德納諮詢公司（Gartner）的報告，全球晶片銷售額 2021 年同比增長約 25%，達到創紀錄的 5,835 億美元。格芯（美股代碼：GFS）執行長湯姆・考爾菲爾德（Tom Caulfield）在接受記者採訪時說：「這個行業用了 50 年時間，才發展成一個規模達 5,000 億美元的產業。我認為這個數字只需再 8 年到 10 年就能達到 1 兆美元。」這也印證 Counterpoint 在 2022 年 2 月時發布的最新報告，由於 5G、物聯網、雲端運算、高效能運算、汽車晶片和其他領域的需求增加，預計到 2030 年半導體行業收入將達到 1 兆美元。疫情爆發的 2020 年和 2021 年的 2 年裡，全球市值增長前 15 家企業中有 4 家是半導體公司；市值增長前 100 家公司中，則有 12 家半導體公司上榜。

如圖 1，根據科技市調機構 IC Insights 在 2022 年 1 月發表研究報告，電子裝置使用的半導體愈來愈多，是半導體產業平均年成長高於電子裝置的原因。

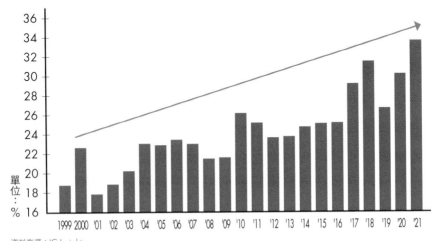

圖1 半導體產值占全球電子裝置產值比重逐年攀高

——電子裝置中半導體產值金額占比

單位：％

1999 2000 '01 '02 '03 '04 '05 '06 '07 '08 '09 '10 '11 '12 '13 '14 '15 '16 '17 '18 '19 '20 '21

資料來源：IC Insights

隨著全球手機、汽車、及個人電腦出貨量的成長，在電子裝置使用半導體增加的帶動下，2021年電子裝置的半導體產值金額占比達到33.2%，創下歷史新高紀錄。半導體業具有以下特點：

1.無晶圓廠的大型晶片設計企業常是優秀投資標的

半導體無所不在，大型無晶圓廠的晶片設計業者通常都會是很好的投資標的。因為無晶圓廠的晶片設計業者利潤率都非常高，甚至有一些還不會輸給完

全不需廠房、生產設備、沒有存貨壓力的軟體業者。特別是存在很久的無晶圓廠晶片業者通常都具有領域的壟斷性，取代不易，而且都是能帶來可靠股利回報的「現金牛」（Cash Cow），各領域龍頭股幾乎一定會發放股利，而且股利還不低。

半導體在科技產業界算是較為特別的產業，因為進入門檻較軟體或硬體終端裝置廠商高很多，加上有獨立且封閉的完整上下游產業供應鏈，因此只要能存活下來的半導體企業，都具有一定的競爭力和利潤。

而且半導體客戶除非有解決不了的特殊理由，產品一旦用了某顆晶片，幾乎不會再換；因為晶片之間的搭配、效能最佳化、測試是極大的工程，沒有人會自找麻煩隨意更換某顆晶片，把多年累積的這些功夫從頭再來一遍。也就是說，這是另一種型態的訂閱制，也是為何晶片設計業者可以擁有很高利潤和具有一定護城河的根本成因。

這個產業不像軟體業，租個辦公室寫程式明天就能開工，努力找客戶就能靠少數幾個天才支撐起一家上市企業。無晶圓廠的晶片設計公司（它們是半導體行業中，最像一般軟體公司的領域），要把辦公室裡面設計出來的晶片拿到市場上出售，光靠幾位天資聰穎，能力高強的工程師是辦不到的。因為從上游到下游，需要先購買晶片設計的專用軟體，取得相關的晶片專利授權，到此只能

算是完成晶片設計流程的初步階段而已。

接下來，晶片設計好，還要找晶片代工廠，進行「流片」（Tape out）——也就是試著把設計出來的東西，拿去按晶圓廠生產的流程，按照晶片生產的工序流程完整地走一遍，試著模擬晶片的生產流程，並實際試著生產出幾片晶圓的樣片，驗證所設計的晶片功能是否正確無誤。確定一切都可行後，再進行大規模量產。

而晶圓代工廠則需要興建要價百億美元以上的工廠，找晶片材料商、設備商，把生產出來的晶片拿給封裝測試廠進行測試，最後再進行切割封裝，包裝後上通路出貨，才會是我們所看到實際晶片的樣子。

2. 半導體業多採設計與生產專業分工

為了讓大家對半導體行業有進一步的認識，我將半導體業的分工示意表整理如表 3。第 1 欄是半導體產業的主要領域；第 2 欄是該領域的主要業務；第 3 欄則是該領域領導商的美股代碼或非美股交易代碼。

半導體業經過這 30 年、40 年的發展，已經逐漸走向垂直分工形式。最主要的變革就是大部分半導體公司，不再擁有自己的晶片生產工廠，而是把耗去龐大資本支出的晶片生產，委由專業的晶圓代工廠來負責，因此現在大部分半

導體晶片公司都把營運焦點放在晶片的設計上。少數半導體晶片公司仍有自己的工廠，主要基於以下原因：

①**儲存類晶片**：包括記憶體，NAND 和 NOR 快閃記憶體儲存晶片，因為這類型儲存類晶片的製程和常見的邏輯晶片差異太大，而且市場需求的量過於龐大，因此所有儲存類晶片的公司，一定會由自己的工廠進行生產。

②**成本考量**：並不是所有晶片都需要最新、最先進的製程來生產，而且先進製程代工費高昂；因此有些半導體業者若自己有長期穩定的供貨需求、具競爭力的產品，那麼考量產品出貨時程的可控性、再加上成本因素，就會自建晶圓廠來生廠。其中又以德州儀器（美股代碼：TXN）為代表，這家公司成立的年代比英特爾還早，是數位訊號處理（DSP）的領導商，以及汽車半導體晶片的主要供應商，它在全球擁有 11 座自己的晶片廠，80% 的晶片都是自己生產。在最近 30 年、40 年的半導體晶圓代工分工浪潮裡，德州儀器不為所動，走自己的路，而事實也證明它的業務非常成功，這也是為何德州儀器 3 大財務利潤率都能遠遠高於半導體同業的主要原因。

③**產品機密的考量**：這又以英特爾和三星電子（韓股代碼：005930）為代表。英特爾雖然長期以來因產能不足，偶爾會找其他晶圓代工廠代工生產它的晶片，但是最核心和利潤最高的伺服器晶片，以及長期以來的主力核心產品──

表3 半導體產業可細分為10個領域
—— 半導體產業分工明細

領域	主要的業務	該領域領導廠商的美股代碼與其他國家廠商（代碼）
晶片設計專用軟體	晶片設計工具	CDNS、SNPS、SIEGY、ANSS、KEYS
處理器	電腦和手機的中央處理器、圖形處理器	INTC、NVDA、AAPL、AMD、ARM（SFTBY）
記憶體	記憶體和儲存晶片	三星電子（韓股：005930）、海力士（韓股：000660）、MU、TOSYY、WDC、INTC
通訊	數據機、有線和無線通訊晶片、衛星訊號處理器	QCOM、AVGO、聯發科（台股：2454）、三星電子（韓股：005930）、AAPL、海思、展銳（陸股：000938）、SWKS、QRVO、NXPI、INTC、中興通訊（陸股：000063）
車用晶片	微控制器、功率半導體、感應晶片	IFNNY、STM、ADI、NXPI、MCHP、ROHCY、ON、RNECY、TXN、SONY
類比晶片	電源控制、數位訊號處理、音訊、視訊	TXN、ADI、CRUS、戴樂格（RNECY）*、聯發科（台股：2454）、瑞昱（台股：2379）
晶圓代工	生產晶片	TSM、三星電子（韓股：005930）、UMC、GFS、中芯（港股：0981）、INTC
半導體設備	半導體設備	ASML、AMAT、LRCX、KLA、北方華創（陸股：002371）、上海微電子（陸股：688981）、中微（陸股：688012）
封裝測試	晶片的封裝和測試	ASX、AMKR、長電（陸股：600584）
半導體材料	半導體材料	DD、Tokyo Ohka Kogyo（日股：4186）、SOMMY、JSCPY、TOELY、SUOPY、環球晶（台股：6488）、AJINY、FUJIY、住友（日股：4203）

註：* 戴樂格在 2021 年已被瑞薩（Renesas Electronics）收購，RNECY 為瑞薩的美股代碼　　資料來源：作者整理

個人電腦的中央處理器，卻在任何情形下，即使碰到技術瓶頸或產能可能導致產品出貨時程延期，英特爾都從來不考慮過外包生產。而三星電子自己是全球最大的記憶體晶片出貨商，加上自家三星集團有手機和各式電子終端產品，對各類型晶片的需求龐大，三星電子也會自己開發各種晶片和半導體商競爭，在產品機密和成本的多重考量下，大多會由自己的晶片廠生產。

3.大型半導體公司產品與客戶多樣化，優於小型公司

半導體客戶多樣性特別很重要，尤其是對小型企業而言。因為小型半導體廠通常只有一項主力產品，如果單一客戶對公司營收占比太大，對股價走向會非常不利。例如仰賴蘋果的 Imagination（被金凱橋資本收購後下市）、思睿邏輯（美股代碼：CRUS）、戴樂格（已被瑞薩（美股代碼：RNECY）併購），都曾經分別因為蘋果單季 iPhone 的營收不如預期，或是傳出蘋果要開發屬於自己的晶片來取代，造成股價嚴重的傷害。當年英特爾旗下的通訊數據機（Modem）部門，也因為得利於蘋果和高通在專利上的爭執，營收幾乎只靠蘋果一家主要的客戶，當高通和蘋果在專利訴訟上達成協議後，等於斷炊，最後只能把自己低價賣給蘋果。

大型半導體公司因為客戶和產品都較多樣化，除非整個半導體產業不景氣，對單一客戶或某項產品類別所帶來的衝擊承受度，會明顯優於小型半導體公司，這也是為何大型半導體公司會是較好投資標的的原因。

　　投資人應該把焦點放在其中競爭力和利潤比較高的那一群業者身上，可以從本文的表 3 開始研究，並且牢記「有護城河的半導體企業，生命週期是科技股裡最長的。」

　　例如一般而言，類比型晶片所擁有的護城河較寬、競爭力較強，包括音訊或影像編解碼器（Codec）、電源供應、訊號處理、電源管理（PMIC）、IGBT（絕緣閘極雙極性電晶體）等。比起常見的數位型晶片（一般使用者看到的晶片大多都屬於這一類），類比型晶片的進入門檻較高，因為需要獨特的演算法、多年技術的調校，和其他常見搭配產品的適應協調性，中間有太多非量化的經驗值，不是 3 年、5 年的新進公司就能做出來的。

　　更簡單的過濾方式是「毛利率高者優先」，只要查看各類型公司的毛利率數字就能知道了。至於面板、通用型記憶體、封裝測試和印刷電路板等業者的毛利率都很低，相對而言比較不是好的投資標的。

4.半導體為現代大宗商品，產品利潤易受景氣影響

　　表 4 是由 IC Insights 所調查，2021 年和 2020 年全球年銷售額超過 100 億美元的半導體企業的年銷售額，以及年成長率的排行榜。表 4 中各家廠商的半導體銷售統計是晶片和光學感測元件這 2 部分加總算出來的，例如第 6 欄、第 7 欄裡的數字分別是 2020 年晶片、2020 年光學感測元件的銷售額，兩者

表4 三星電子、英特爾、台積電年銷售額全球排名前3

2021年排名	2020年排名	公司名稱	美股代碼	國別	2020年晶片（百萬美元）
1	2	三星電子	韓股：005930	南韓	58,555
2	1	英特爾	INTC	美國	76,328
3	3	台積電	TSM	台灣	45,572
4	4	海力士	韓股：000660	南韓	26,094
5	5	美光	MU	美國	22,542
6	6	高通	QCOM	美國	19,357
7	8	輝達	NVDA	美國	14,659
8	7	博通	AVGO	美國	15,941
9	12	聯發科	台股：2454	台灣	10,985
10	9	德州儀器	TXN	美國	12,731
11	15	超微	AMD	美國	9,763
12	11	英飛凌	IFNNY	歐洲	7,542
13	10	蘋果	AAPL	美國	11,440
14	14	意法	STM	歐洲	6,804
15	13	鎧俠	未上市	日本	10,553
16	17	恩智浦	NXPI	歐洲	7,582
17	19	亞德諾	ADI	美國	7,722
合計					364,170

資料來源：IC Insights

相加會得到該廠商在 8 欄裡 2020 年半導體的銷售額。

2022 年 4 月時，白宮公布晶片短缺導致美國 2021 年的 GDP 短少了 1 個

——全球年銷售額超過100億美元半導體企業排行榜

2020年 光學感測元件 （百萬美元）	2020年 半導體 （百萬美元）	2021年 晶片 （百萬美元）	2021年 光學感測元件 （百萬美元）	2021年 半導體 （百萬美元）	年成長率 （％）
3,298	61,853	78,850	4,235	83,085	34
0	76,328	75,550	0	75,550	-1
0	45,572	56,633	0	56,633	24
981	27,075	35,628	1,639	37,267	38
0	22,542	30,087	0	30,087	33
0	19,357	29,136	0	29,136	51
0	14,659	23,026	0	23,026	57
1,803	17,744	18,864	2,099	20,963	18
0	10,985	17,551	0	17,551	60
843	13,574	15,889	1,015	16,904	25
0	9,763	16,108	0	16,108	65
3,683	11,225	9,113	4,503	13,616	21
0	11,440	13,430	0	13,430	17
3,374	10,178	8,400	4,174	12,574	24
0	10,553	12,132	0	12,132	15
809	8,391	9,711	1,004	10,715	28
405	8,127	9,575	504	10,079	24
15,196	379,366	459,683	19,173	478,856	26

百分點（美國 2021 年 GDP 成長率是 5.7%）。美國製造商的關鍵晶圓庫存已降至只能支撐 5 天——而幾年前這數字為 40 天。過去 2 年因半導體景氣由 2019 年年底的谷底恢復，再加上疫情居家辦公的助力，半導體產業享受了過

去 20 年來未見的產業全面大爆發。但是投資人都忘了半導體是現代的大宗商品，特別是通用型、沒有特色的面板和記憶體，產業利潤就會受景氣影響起伏，大好大壞。

自有半導體以來，一直是只要景氣好，大小廠商就瘋狂擴充產能。但大型有影響力的半導體廠從建廠到商業投產通常需要 3 年至 5 年，耗去大量資本的投入，完成後通常都正好碰上半導體的景氣低谷。投資人是健忘的，2020 年下半年以來都陶醉在半導體繁榮的股價大漲當中，忘了不久前的 2018 年到 2019 年這 2 年間，半導體業才經歷全面的不景氣，所有半導體股票陷入大熊市，其中不少還下跌超過 50%，這是投資半導體業要格外留意的地方。

3-3

電動車產業》趨勢明確
但車廠並非優秀投資標的

　　各國政府愈來愈重視環境保護議題，其中，電動車被公認是未來最重要的趨勢之一，投資人也無法忽視這股趨勢帶來的投資機會。

　　根據 Canalys 數據顯示，2021 年全球電動汽車的銷量為 650 萬輛，比 2020 年增長 109%，但全球汽車市場總銷售量僅增長 4%，其中：

　　◎中國的電動車銷量超過 320 萬輛，占全球電動車銷量的一半，比 2020 年增加約 200 萬輛。五菱宏光 MiniEV 是 2021 年中國市場最暢銷的電動車型，特斯拉旗下的 Model Y 和 Model 3 則分居 2、3 名。電動汽車占中國新車銷量的 15%，是 2020 年的 2 倍以上。

　　◎歐洲市場共銷售 230 萬輛電動汽車，占新車銷量的 19%。

　　◎雖然需求仍在增長，但 2021 年美國電動車銷售量約為 53 萬 5,000 輛。電動車市場滲透率僅約 4%。

表1 特斯拉電動車出貨數量為全球之冠
——2021年全球10大電動車生產商和交付車輛的數目

車廠（代碼）	交付車輛數（輛）
特斯拉（美股代碼：TSLA）	936,172
比亞迪（美股代碼：BYDDY）	593,878
上汽通用五菱（港股代碼：00305）	456,123
福　斯（美股代碼：VWAGY）	319,735
寶　馬（美股代碼：BMWYY）	276,037
賓　士（美股代碼：DDAIF）	228,144
上海汽車（陸股代碼：600104）	226,963
富　豪（美股代碼：VLVLY）	189,115
奧　迪（美股代碼：VWAGY）	171,371
現　代（美股代碼：HYMTF）	159,343

資料來源：Statista

　　表 1 則是 Statista 所統計 2021 年全球 10 大電動車生產商和交付車輛的數目，可看到特斯拉的電動車交付數量居於全球之冠。

全球各國將禁售燃油車，電動車成必然趨勢

　　我將全球主要國家禁售燃油車和油電混合車時程整理如表 2，可以看出，電動車會在不遠的未來完全取代現在的燃油汽車，這是確定會發生的現在進行式。而美國總統拜登（Joe Biden）更承諾要在 2030 年，讓美國銷售新車有一

表2 **全球多國將在2024～2040年禁售燃油車**
——各國禁售燃油車和油電混合車時程

時程	國家／城市
2024年	義大利羅馬
2025年	荷蘭、挪威、希臘雅典、法國巴黎、西班牙馬德里、墨西哥市
2027年	奧地利
2030年	英國、瑞典、愛爾蘭、冰島、丹麥、比利時布魯塞爾、印度、美國華盛頓州、美國夏威夷州、日本東京、以色列、斯洛維尼亞
2035年	歐盟、中國、日本、南韓、加拿大、美國加州和其他16個州、泰國、哥倫比亞
2040年	印尼、美國紐約市、美國舊金山、埃及、斯里蘭卡

半為電動車。台灣 2018 年原已制定 2035 年禁售燃油車，卻在 2019 年宣布暫緩。不僅如此，全球主要傳統車廠也已制定電動車的長期生產計畫和目標，以及電動車何時要超越燃油車的時程。中國車廠比亞迪（美股代碼：BYDDY）在 2022 年 4 月甚至還率風氣之先，宣布停產燃油車的明確時程；福斯（美股代碼：VWAGY）旗下的奧迪也宣布 2026 年將停售燃油引擎，包含汽油與柴油車都將停止，連油電車也要放棄；福斯旗下的保時捷也宣布未來 10 年將全面走向電動化，僅剩經典款 911 跑車堅守燃油引擎。

由於電動車是全新，而且一切尚在發展中的產業，因此也會衍生出龐大的周邊相關子產業，例如汽車用的電池、油電混合、光學雷達、輔助駕駛系統、固

態電池、燃料電池、汽車晶片、各種礦物——這些和電動車相關的產業新科技和產業，目前都還在快速地演化進步中，時常半年後就有完全不同的規格或新科技出現，跟不上的廠商就有可能被淘汰出局，落得血本無歸的下場。

電池是電動車的心臟，生產電池比生產汽車更賺錢

因為電動車沒有傳統車的引擎，而且電動車消費者多為較年輕的族群，他們對連網需求、娛樂、安全等要求都遠高於傳統車，造成使用的汽車專屬晶片比傳統車多了 2 倍到 4 倍。其中，電池更占電動車成本的 1/3 以上，等於是電動車的核心。因為電池的技術直接影響電池的能量密度，電池儲存的能量密度愈高，電動車的行駛里程數就愈高。

根據《科技新報》摘譯自 CB Insight 研究報告的報導指出，2011 年時，電動車的續航力中位數只有 108 公里，但到了 2020 年已成長到 400 公里。以成本面來看，2011 年時，電池容量每度（kWh）價格是 800 美元，到 2020 年只剩下 137 美元。這 2 項因素推動電動車更能擔當起一般日常使用的任務。

但電池技術的決定因素中，最重要的是車用電池組成的材料，這些材料則都是稀有礦物，這使得擁有相關稀有礦產的國家因為電動車的發展，擁有無人能

表3 寧德時代動力電池全球市占率最高
——2021年全球動力電池企業排行榜

排名	廠商	2020年裝機量（GWh）	2021年裝機量（GWh）	增長率（％）	2021年市占率（％）	市占率變化（％）
1	寧德時代	36.2	96.7	167.5	32.6	8.0
2	LG新能源	34.3	60.2	75.5	20.3	3.1
3	松　下	27.0	36.1	33.5	12.2	-6.2
4	比亞迪	9.8	26.3	167.7	8.8	2.1
5	SK ON	8.1	16.7	107.5	5.6	0.1
6	三星SDI	8.5	13.2	56.0	4.5	-1.3
7	中創新航	3.4	7.9	130.5	2.7	0.4
8	國軒高科	2.4	6.4	161.3	2.1	0.4
9	遠景動力	3.9	4.2	7.8	1.4	-1.3
10	蜂巢能源	0.6	3.1	430.8	1.0	0.6
	其他	12.5	26.0	107.1	8.8	0.3
	合計	146.8	296.8	144.5	100.0	0.0

資料來源：中國市場學會

及的產業優勢。而且電池無論產能或技術，目前排名前 2 位的國家是中國和南韓，這對中國和南韓現有的傳統汽車產業轉型有莫大的助益，更重要的是已經掌握住電動車產業發展的關鍵核心競爭力。

　　表 3 是中國市場學會所發布的 2021 年全球動力電池企業最新排名，其中寧

德時代（陸股代碼：300750）連續 5 年登頂世界第 1；前 10 大廠商中，中國占 6 席、南韓 3 席、日本只有松下（美股代碼：PCRFY）進榜。

寧德時代 2021 年營收為人民幣 1,303 億 5,500 萬元、淨利 159 億 3,100 萬元，鋰電池銷量 133.41GWh。以營收而言，首次超越人民幣 1,016 億元的吉利汽車（美股代碼：GELYF）和人民幣 1,127 億元的比亞迪汽車業務，與長城汽車（美股代碼：GWLLF）的人民幣 1,364 億元也相差無幾。寧德時代的淨利人民幣 159 億 3,100 元更是超過了這 3 大汽車廠的淨利總和，這證明生產電池比生產汽車更賺錢。

表 4 則是中國市場學會所發布，寧德時代在主要電動車廠客戶的市占率分布表，它也是最大客戶特斯拉的主要供應商，顯見其產業優勢地位。

電池的技術也影響了充電和儲能技術。備受矚目的雙向充電技術，就是可讓電動車的電能也能反饋給電網，例如電動車可趁夜間電費及用電離峰時充電、白天電費及用電高峰時向電網提供電力。

福特（美股代碼：F）和通用（美股代碼：GM）2 家美國主要的車商，都已經和太平洋燃氣電力公司（美股代碼：PCG）合作，計畫使旗下的電動汽車能夠在停電或電網故障時為家庭供電。而特斯拉更早已是這方面的專家，除了販

表4　寧德時代為特斯拉電動車電池主要供應商
——寧德時代在主要電動車廠的客戶市占率

排名	車企客戶	裝機量（GWh）	占寧德時代出貨量比率（%）	寧德時代電池在該車企占比（%）
1	特斯拉	14.61	17.5	69.4
2	蔚來汽車	7.13	8.5	100.0
3	小鵬汽車	6.23	7.5	80.8
4	上　汽	4.41	5.3	96.7
5	吉　利	4.22	5.0	80.4
6	一汽大眾	4.10	4.9	100.0
7	理想汽車	3.80	4.5	100.0
8	東風汽車	3.00	3.6	53.5
9	宇通客車	2.70	3.2	95.4
10	上汽大眾	2.60	3.1	100.0

資料來源：中國市場學會

售太陽能屋瓦，也早已進軍為企業和國家進行充電和儲能的服務。

電動車是未來的趨勢，這點是無庸置疑的。電動車本身比較像是電子裝置和傳統汽車的混合體，這點和傳統汽車有很大的不同。若再計入近年為人高度期望的自動駕駛，以及資訊娛樂、連網、和無人駕駛計程車等相關領域的未來可能的發展潛力和無限商機，導致投資人瘋狂地競相投入這些相關的領域，希望能搶在眾人之前，先一步占據有利的產業先行優勢。

但是，電動車還是車，對資本市場而言，汽車工業有許多不光彩的過去，這點大部分投資人都忘記了。汽車是典型的投入資金和產出不成正比，而且需要大量人工和天文數字的定期資本投入的產業，這點在過去百年已經是不爭的事實，未來也一定還是如此。而且汽車產業要盈利賺錢非常困難，即使少數能活下來的倖存者，利潤也不會太高，這也是巴菲特反對蘋果公司投入電動車，而且表明他不會投資特斯拉的主要原因。最終，能夠勝出的廠商不會太多，這都是汽車行業的常識。因此現有投入電動車的業者，「絕大部分」未來都會被淘汰出局，這點是所有電動車投資人首先要有的心理準備。

3-4

醫療保健產業》美國GDP占比第1 生技製藥為產業龍頭

根據美國官方機構醫療保險和醫療補助服務中心（CMS）的統計，醫療產業是美國 GDP 占比排行首位的產業，在 2020 年占比高達 19.7%。根據 Statista 統計數據也得到相同的數字 19.7%。相較而言，時常占據財經新聞版面的科技產業也才 9.3%。

美國的醫療產業異常龐大，而且和台灣這種小型國家，或是歐洲以社會福利為施政重心國家的全民健保有很大的不同。美國沒有全民健保制度，為了吸引民間企業投入，所有醫療相關收費都非常高昂，並不是一般百姓所能負擔得起的。基本上，沒有工作，就沒能力投保，因為保費實在貴得離譜。但是從另一個角度而言，的確促進了很多先進的生技製藥、健保、醫療器材、醫療設施，以及相關領域的進步和研發。

生技製藥》每年在美股上市企業家數僅次於科技業

生技製藥可說是醫療產業裡的各個子領域裡的龍頭板塊，每年在美股上市的

股票數目，除了科技股是最大的一群來源外，生技製藥則是排名第 2 的來源。圖 1 是 2017 年至 2022 年第 1 季為止，由市調機構 Evaluate Vantage 所統計，每個季度生技製藥行業在歐美股市（其實幾乎都在美股）上市的企業數目和籌資金額統計趨勢圖。若和 2-1 圖 1 的 1999 年到 2021 年間美股歷年上市的企業總數統計圖比較，生技製藥上市數目約占每年上市案總數 20% 左右。

美國最尖端的生物科技和製藥，決定了全世界人類對疾病的控制。我在前一本書《超級成長股投資法則》2-1 的 103 頁中介紹過，生技製藥大致上又可分為以化學成分為主的小分子製藥和以蛋白質為主的大分子製藥。40 年、50 年前，幾乎所有發明用來解救人類生命的藥品，包括更早期的所有抗生素，都屬於小分子製藥。主要原理是經過無數實驗室和病理臨床驗證，是否能有效控制各種疾病的症狀，因此就某種程度而言，是屬於消極和嘗試的方式。

但 30 多年前在生技界興起的大分子製藥，則改以較為積極主動的方式，針對疾病的成因和病灶，研發各種能根本對抗或消滅病因的生物蛋白質，注入人體後，直接根除、對抗、或緩解各種疾病。

其中的代表就是安進（美股代碼：AMGN）這家公司，有興趣的讀者可參考《生技時代的新管理》這本書對安進和大分子製藥的深入探討，這本書是市面上寫給一般投資人閱讀、關於大分子製藥及生技製藥上市企業介紹寫得較好

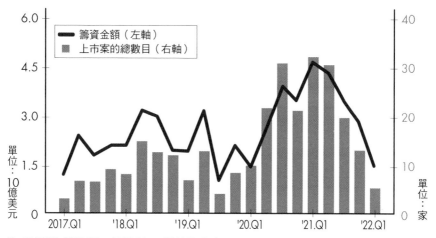

圖1 歐美股市2017年以來每季都有生技製藥廠上市
——歐美股市生技製藥上市家數和籌資金額

註：統計時間為 2017.Q1～2022.Q1　　資料來源：Evaluate Vantage

的一本書。

研發新藥到順利上市，需耗費龐大時間與資金成本

　　不論是大分子或小分子製藥，所有生技製藥上市企業的成功模式幾乎如出一轍。都是先成立名不見經傳的小生化實驗室，一開始總是利用創辦人的人脈引入專業的生技產業個人投資人；有了明確的研究方向和初步商業發展方向後，開始招募最基本的生化專家，並引入大筆的創投公司資金，進行嚴格的初期必

要實驗，以確定鎖定研發的幾項初期產品未來是否有市場，而且要確定目前公司的大方向是對的，這是絕對必要的步驟。因為藥品從一開始鎖定的疾病、歷經完整 3 階段的臨床試驗、食品藥物管理局（FDA）審核通過、到解決專利問題、最後上市讓患者服用，需要漫長的時間和龐大資金、人力、資源的投入，沒有 10 年以上的光陰和數十億美元的投入，不可能達成。

一旦初期的動物實驗證實在實驗室裡研發中的藥品有效，就必須向 FDA 正式申請立案，進入法令所嚴格規定的完整 3 階段實驗和必要的人體試驗，最後還必須進入數目樣本數較大的實際病患臨床實驗，以及接受 FDA 對實驗結果的審查。在確定每一期的實驗達到要求後，才能前進到下一個階段。一旦艱難的 3 期臨床實驗完成，拿到 FDA 正式放行的藥證，也才能說完成了大部分的工作。

但是接下來要解決的是上市所需面臨的專利官司。拿到 FDA 正式放行的上市藥證，和能不能上市讓病患使用是兩回事，中間的差別主要是專利。因為大型藥商為了保護自己現有的利益，會使出渾身解數，對任何新冒出頭的潛在競爭藥品，都會祭出專利法律訴訟。幾乎所有藥品都須經過漫長的法律戰，弭平各種可能的專利訴訟，才有可能在市場上販售。這也是許多知名藥品明明已取得 FDA 的藥證，但還是有病患等不到救命藥品的根本原因。

生技製藥業有個特性，只要推出的藥品是大眾引領期盼、市場很大的產品，

雖然研發會很困難，仍會吸引許多廠商前仆後繼地投入。因為簡單的大家都發明出來了，例如阿茲海默症目前還沒有百分之百療效的藥品，百健（美股代碼：BIIB）在 2021 年被 FDA 核可上市、1 年藥價訂在每人 5 萬 6,000 美元的阿茲海默症新藥 Aduhelm 充滿爭議，上市後臨床醫師開藥率出奇的低；據 FactSet（美股代碼：FDS）的統計，獲准上市後的第 1 個季度銷售額僅 30 萬美元，遠遠不及預估的 1,200 萬美元。多家知名的領頭醫院拒絕採用，具影響力的專業醫療委員會也投票否決該藥效力，而醫療保險業者也在等待聯邦醫療保險發布的承保條件，才會做出是否納保的決定。

受歡迎的暢銷藥品通常可以造就一家生技製藥業巨擘的誕生，因為潛在市場和利益非常驚人，每年營收都是以百億美元計算的（詳見表 1），例如安進就是以治療糖尿病的大分子藥起家；另一個著名的例子是吉利德（美股代碼：GILD），它是以超高治癒率的首個市面上 C 型肝炎特效藥起家的。

暢銷藥品問世，將創造資本市場奇蹟

一旦公司有了產品，獲利穩定，大部分藥品公司為了符合資本市場投資人每年都要有相當成長的期望，往往會透過併購相同領域中研發新藥已有初步成果的公司，來增加產品線、擴大營收。

另一種方式，就是對自己既有的上市藥品繼續進行研究，最有效和回收最高

的方式就是另外找出現有藥品的新適應症，也就是發現既有上市藥品對其他疾病的療效。不論何種方式，都是具規模的藥品上市公司一定會採取的生存方式。

由於一款受歡迎的藥品的推出，就可以創造資本市場上的奇蹟，誕生出一家生技製藥業的巨擘——現在投資人就可以了解投資生技製藥業的回報有多驚人了，以及生技製藥是產出 10 倍股第 3 大行業的原因（僅次於區域銀行業和應用軟體業），這也是投資這個行業的迷人之處。

不過，我還是要提醒讀者，一般科技業離大多數人很近，因為日常生活都會碰到，若肯下苦功研讀相關資料，在不算長的時間內應該都能夠了解（少數半導體公司除外）。但是大部分投資人都不具備生技製藥業的能力圈，很難做出正確的投資判斷，除非生技製藥業是你的專業領域或有相當的把握，否則切莫一股腦地投入。

生技製藥業新上市企業的生存率，比一般公司低太多了（藥品研發不出來，把錢燒光後，多數公司只能下市，少數有點研發成績者會幸運的被大藥商併購），即使生存下來，股價大部分時間是沒有表現的。

而 FDA 任何審核意見和專利官司的進展，都會使股價在 1 天內上漲或下跌數十個百分點。這一點很重要，投資人要牢記在心。

表1 新冠肺炎疫苗復必泰為全球最暢銷藥品
——2021年全球前10大暢銷藥品

藥品名	中文藥名	適應症	收入 （億美元）	企業 （美股代碼）
Comirnaty	復必泰	新冠肺炎	367.81	輝瑞（PFE）、拜恩泰科（BNTX）
Humira	復邁	類風濕性關節炎等	209.96	艾伯維（ABBV）
Spikevax	莫德納 COVID-19疫苗	新冠肺炎	180.00	莫德納（MRNA）
Keytruda	吉舒達	癌症	171.86	默克（MRK）
Revlimid	瑞復美	多發性骨髓瘤	128.21	必治妥施貴寶（BMY）
Eliquis	艾必克凝	抗凝藥	107.62	必治妥施貴寶（BMY）、輝瑞（PFE）
Imbruvica	伊布替尼	癌症	97.77	嬌生（JNJ）、艾伯維（ABBV）
Eylea	采視明	糖尿病性 黃斑水腫等	93.85	再生元（REGN）、拜耳（BAYRY）
Stelara	喜達諾	銀屑病	91.34	嬌生（JNJ）、三菱田邊（MTZPY）
Biktarvy	吉他韋	愛滋病	86.24	吉利德（GILD）

註：復必泰在台灣被普遍簡稱為 BNT 疫苗　　資料來源：各家企業 2021 年財報

除了新冠疫苗，腫瘤和免疫用藥為跨國藥企營收主力

　　由表 1 的 2021 年全球前 10 大暢銷藥品排行榜就可以知道，輝瑞（美股代碼：PFE）就憑它和拜恩泰科（美股代碼：BNTX）合作的復必泰（Comirnaty）

這一款新冠疫苗，在 2021 年晉升為藥王，擠下了本應該第 8 年蟬聯的復邁（Humira）。根據艾伯維（美股代碼：ABBV）財報顯示，2021 年復邁仍舊突破年銷售 200 億美元大關，狂收 209 億 9,600 萬美元，年增 3.5%。此外，加上併購愛力根（Allergan）得來的業務爆發，艾伯維在 2021 年實現營收增幅達 23%，總計為 561 億 9,700 萬美元，而復邁就占了近一半。

從各家大藥廠發布的財報來看，還有多款藥物離排行榜（百億美元）又更近了一步。嬌生（美股代碼：JNJ）和艾伯維的伊布替尼（Imbruvica）則以 97 億 7,700 萬美元的銷售額，成為最有希望進入排行榜的藥品。

表 1 中有 6 款藥品 2021 年營收跨越百億美元的銷售里程碑，在 2020 年僅有 3 款藥物，其中復邁和新冠疫苗復必泰則突破 200 億美元大關；嬌生和艾伯維的暢銷抗癌藥伊布替尼，則達到年銷售 97 億 7,700 萬美元的里程碑。但除了新冠業務以外，過去 1 年，腫瘤和免疫領域依舊是跨國藥企的營收主力，艾伯維的復邁，便是免疫領域當之無愧的第 1 名。而在腫瘤領域，必治妥施貴寶（美股代碼：BMY）的 3 大支柱 Revlimid、Opdivo、Pomalyst 則總共貢獻了 236 億美元的營收，占其腫瘤業務總銷售額 301 億美元的 78.4%，必治妥施貴寶也憑此業績，登上腫瘤藥界之王的寶座。

伊布替尼於 2013 年年底獲審通過，是全球首款上市的 BTK 抑制劑，由艾伯

維與嬌生聯合開發和商業化，艾伯維擁有美國市場銷售的權利，嬌生則擁有美國以外市場銷售的權利。截至 2022 年 3 月為止，它在 6 個疾病領域獲得 11 項適應症的批准，同時也是治療華氏巨球蛋白血症和慢性移植物抗宿主病的唯一藥物。而對於艾伯維來說，隨著復邁的美國市場獨占期將在 2023 年 1 月結束，伊布替尼將是拯救其免於陷入困境的救命稻草之一。2021 年 9 月份，艾伯維在美國聯邦法院勝訴，保住了伊布替尼的專利。此外，艾伯維也擁有 IL-23 抗體 Skyrizi、JAK 抑制劑 Rinvoq 來填補失去復邁的營收大洞，加上它還有收購愛力根後所獲得的產品的支援。艾伯維在 2021 年度的財報中指出，Skyrizi 和 Rinvoq 在 2025 年經調整後的銷售總額將可以超過 150 億美元。

我也在表 2 為大家整理出 2021 年全球營收排名前 10 名的藥商。此表的重點是，大部分入榜的藥商，幾乎都只是靠 1 項全球暢銷的藥品，就能長期霸占全球營收排名前 10 名的藥商榜，這是生物科技製藥業和其他產業極為不同的一大特點。依靠新冠疫苗復必泰，輝瑞在 2021 年上升 7 個名次，重回了第 1 名寶座，並且以 812 億 8,800 萬美元的營收，向著千億美元挺進，同比增長高達 95%。其中復必泰貢獻 367 億 8,100 萬美元的營收，加上新冠口服藥物帕克洛韋德（Paxlovid）的 7,500 萬美元銷售額，輝瑞的新冠業務一共貢獻 368 億 5,700 萬美元的營收，占其年度總營收的 45.34%。

要知道，2020 年疫情的影響還讓輝瑞前 3 季營收下跌 22.6%，最終跌出

全球製藥排名前 5 名。短短 1 年，情勢就獲得逆轉。2020 年，全球製藥營收前 3 名是諾華（美股代碼：NVS）、艾伯維和嬌生，2021 年諾華已從全球第 1 名滑落至第 3 名。嬌生製藥業務則憑藉 Stelara（烏司奴單抗）、Darzalex（達雷妥尤單抗）、依布替尼等幾款產品，以及新冠疫苗 Ad26.COV2.S 的推動，爬上全球排行榜第 2 名的位置，達到年營收 520 億 8,000 萬美元，年增 14.3% 的成就。

輝瑞憑新冠疫苗，躍升為全球營收最高的藥商

生技業無疑地受惠於 2020 年開始的新冠肺炎疫情，德國拜恩泰科和美國莫德納（美股代碼：MRNA），還有中國的科興中維（陸股代碼：688136）和國藥（美股代碼：SHTDY），這 4 家生技製藥公司，在疫情爆發前，全球根本沒有多少人耳聞過。但疫情使它們的產品成為當紅炸子雞，當然也使這些公司的營收和股價呈現火箭式的爆發，大舉獲得露臉的機會。

根據德國總體經濟與景氣研究所（IMK）和基爾世界經濟研究所（IfW）的估計，拜恩泰科一家公司就貢獻了德國全年 GDP 成長的 0.5%。德國 2021 年的 GDP 成長率也才 2.5%，拜恩泰科就占了 1/5。另據《衛報》的報導，2021 年的前 9 個月，拜恩泰就向德國各級政府繳納了 32 億歐元的稅款。不僅如此，拜恩泰科新冠疫苗主要的授權合作廠商輝瑞，估計 2022 年公司的營收會再創新高，因為新冠疫苗、藥物將貢獻公司超過半數的營收；2021 年獲

表2 **輝瑞、嬌生、諾華為全球營收前3大的藥商**

──2021年全球營收前10大藥商

公司	美股代碼	營收（億美元）	年成長率（％）
輝　瑞	PFE	812.88	95.0
嬌　生	JNJ	520.80	14.3
諾　華	NVS	516.26	6.0
羅　氏	RHHBY	494.96	3.1
必治妥施貴寶	BMY	463.85	9.0
賽諾菲	SNY	432.02	7.1
艾伯維	ABBV	420.26	21.6
默　克	MRK	427.54	17.0
阿斯斯特捷利康	AZN	374.17	41.0
葛蘭素史克	GSK	331.60	7.0

資料來源：各家企業 2021 年財報

利則增加了 1 倍多，高達 220 億美元。

　　2020 年冒出的疫情把全球搞得天翻地覆，但開發出有效疫苗、療法和檢測試劑的相關公司，則獲得豐厚的財務報酬，只不過它們也正煩惱能否維持這種成長動能。《華爾街日報》彙整各藥廠的財報，發現輝瑞和莫德納等公司的新冠疫苗和相關療法，於 2021 年合計賺進至少 790 億美元營收。診斷類產品的銷售也很強勁，亞培（美股代碼：ABT）在 2021 年新冠檢測品的銷售額就達 77 億美元。

從各家發布的 2021 年財報來看，全球製藥營收前 10 名的跨國藥企中，其中 5 家都在 2021 年推出新冠疫苗、新冠中和抗體，或是相關的新冠治療藥物，並對公司的年營收產生極大的助益。

如表 3 所顯示的 2021 年全球藥商新冠藥物的營收。2021 年，新冠疫苗和藥物一上市，就改變了全球製藥營收前 10 位的名次。其中，輝瑞可謂是在這波疫情中逆天改命的絕佳例子；輝瑞的復必泰晉升為新的「藥王」，擠下原本應該蟬聯第 8 年王座的復邁。嬌生的新冠疫苗 Ad26.COV2.S 也貢獻 23 億 8,500 萬美元的營收。同樣受益於新冠疫苗和藥物的還有阿斯特捷利康（美股代碼：AZN），財報顯示新冠疫苗已經成為它 2021 年的第 2 暢銷品，儘管在上市期間，這款 AZ 疫苗副作用的新聞滿天飛，但似乎絲毫不影響銷量。

2021 年，阿斯特捷利康全球總營收 374 億美元，年增 41%，除去新冠疫苗的營收為 334 億美元，年增 26%。按此數據計算，阿斯特捷利康新冠疫苗 2021 年銷售額為 40 億美元，僅次於其明星肺癌藥物泰瑞沙，該藥品在 2021 年全年營收為 50 億美元，年增 13%。

不過，一些面對新型變種病毒較無效力的藥品銷售已開始下滑，例如禮來（美股代碼：LLY）和再生元（美股代碼：REGN）等藥廠的藥品，一些療法也可能被新的抗病毒口服藥所取代。檢測試劑製造商已開始對未來銷售預測採取較謹

表3 輝瑞復必泰為銷售額最高的新冠藥物
——2021年全球藥商新冠藥物營收

公司	美股代碼	藥品名稱	藥品種類	營收（億美元）	合計（億美元）
輝瑞	PFE	復必泰	新冠疫苗	367.81	368.57
		帕克洛韋德	新冠口服藥物	0.75	
再生元	REGN	REGEN-COV	中和抗體	75.74	75.74
吉利德	GILD	瑞德西韋	治療藥物	55.65	55.65
阿斯特捷利康	AZN	Vaxzevria	新冠疫苗	39.81	41.16
		Evusheld	預防藥物	1.35	
羅氏	RHHBY	Ronapreve	中和抗體	17.44	55.55
		Actemra	治療藥物	38.11	
禮來	LLY	Etesevimab + Bamlanivimab	中和抗體	22.39	33.54
		Olumiant	治療藥物	11.15	
嬌生	JNJ	Ad26.COV2.S	新冠疫苗	23.85	23.85
葛蘭素史克	GSK	Xevudy	中和抗體	12.45	12.45
默克	MRK	Molnupiravir	口服藥物	9.52	9.52

註：部分藥品名稱未有正式中文譯名　　資料來源：各家企業 2021 年財報

慎的態度，因為隨著確診數趨緩，需求已變得難以預料。奧密克戎（Omicron）變種病毒疫情的逐漸消退，已讓美國新冠檢測試劑的需求下滑。

同時，並非所有新冠產品的銷售都能獲利豐厚。葛蘭素史克（美股代碼：GSK）的抗體療法 Xevudy 是少數能有效對抗奧密克戎的療法，因此一直廣受

歡迎，但葛蘭素史克卻警告這項療法的成功將拖累獲利成長，因為這對藥廠而言是低利潤產品。而阿斯特捷利康的新冠疫苗當初在疫情緊急狀態下，承諾會虧本販售這款疫苗，疫苗發明人放棄專利收入，因此該藥廠並未從這款疫苗上賺到藥商以往合理的利潤。而且阿斯特捷利康已經表示，從長遠來看，現在新冠疫苗供給過剩，民眾傾向使用 mRNA 技術的拜恩泰科和莫德納（美股代碼：MRNA）疫苗作為加強劑，未來可能不會繼續從事新冠疫苗的業務。

醫療器材設備》新創業者開發出5類新領域

醫療器材設備在醫療產業的行業中產值很大，相對於生技製藥，業務對一般人而言較容易了解，也是容易誕生 10 倍股的領域。即便如此，還是要提醒投資人，醫療器材設備雖不像生技製藥那般艱澀，也並沒有大部分人都不懂的硬知識要克服，但還是需要一定程度以上的醫學專門知識要研讀。而且，所有醫療器材設備上市前，都需要 FDA 和各國醫事主管機構的認證合格才能夠上市。

和生技製藥相同的是，有不少醫療器材設備上市新創企業，有可能靠一款重要和受市場歡迎的突破型醫療器材，就可以一路成長，發展成一家大型的醫療器材上市公司。和生技製藥相同的是，重要的醫療器材設備都有專利的保護這種硬護城河，營收和利潤相較而言較為穩定。如果是大型生技製藥和醫療器材企業，都一定會固定配發股利。在這個領域有老牌的上市公司，也有較新的後

表4 美敦力為全球醫療設備龍頭
——2021年全球10大醫療器材設備公司

排名	名稱	美股代碼	2021年營收（億美元）	2020年營收（億美元）	年營收成長率（％）
1	美敦力	MDT	301.2	289.1	4.19
2	亞培	ABT	300.1	225.9	32.85
3	嬌生	JNJ	271.0	229.6	18.03
4	西門子醫療	SMMNY	207.0	169.3	22.27
5	碧迪醫療	BDX	202.5	171.8	17.87
6	皇家飛利浦	RYLPF	200.9	223.0	-9.91
7	奇異	GE	177.3	180.1	-1.55
8	卡地納健康	CAH	167.0	154.4	8.16
9	史賽克	SYK	166.7	116.7	42.84
10	百特	BAX	124.5	116.7	6.68

資料來源：各家企業 2021 年財報

起之秀。

表 4 就是我所整理，由各家企業 2021 年財報為資料來源，以各公司在 2021 年的年營收為標準，所整理出全球 10 大醫療器材設備公司列表。

當然表 4 中的公司都很大，而且大部分都存在幾十年了，各自擁有特定的領域，新創公司在它們的地盤都很難討到便宜。但是近十多年來的醫療器材設備

新創公司也很聰明，都會避開這些大型公司，選擇一些較新的領域或利基市場尋求突破，其中不少領域還真的取得不錯的成效。以下就是一些醫療器材設備新創業者從事的新領域：

1. **新一代多種病理基因定序檢測**：可以藉由取得少量的檢體或血液，就可以進行某一相關領域的病理檢驗。這個領域現在被稱為精準醫療，因為可以早期幫人發現自己是否為某項疾病的高危險群，因美納（美股代碼：ILMN）就是這個行業長期以來的領導廠商。特別要提醒的是，天底下並不存在有能力只採一次檢體，就有辦法進行數十項或上百項病理檢驗的病理基因檢測儀器，所有病理檢測都需要有足夠多的檢體量才能進行，而且被用過的檢體也無法重複被使用。

2. **特定疾病專用的醫療器材**：例如糖尿病洗腎機構專用的器材、糖尿病友每日檢測血糖用的居家隨身無須手指採血的血糖儀 DexCom（美股代碼：DXCM）、高血壓量測、微型心臟幫浦的 Abiomed（美股代碼：ABMD）等。

3. **手術機器人**：不在醫療業的朋友可能不知道，沒有一種手術機器人可以進行所有類型的手術，一般的手術機器人公司只會專注在某個領域的手術，例如專精於骨科手術的史賽克（美股代碼：SYK）。較知名或較大型的手術機器人，則可能可以被 FDA 批准進行多種不同疾病領域的手術，像直覺手術（Intuitive

Surgical，美股代碼：ISRG）達文西手術機器人，官方文件記載能進行 10 種類型的手術，就已經算是最多才多藝的手術機器人了。

4. **延壽**：包括各種抗老化的研究、已被艾伯維收購生產肉毒桿菌的愛力根、或是現在最火紅的女性凍卵服務的領導商 Progeny（美股代碼：PGNY）等。

5. **非侵入型的醫療器材設備**：醫療器材領域中尚包括較為軟性，但一樣是獲利豐厚的醫美產業。包含大家熟知的非侵入式美容的 InMode（美股代碼：INMD），甚至於齒顎矯正隱型牙套的製造商艾利（美股代碼：ALGN），都能成為快速飆漲的 10 倍股。

醫療保險》為美國民眾重要支出項目

台灣的全民健保制度，是一項值得向世人炫耀的社會福利和成就。台灣國家相對小，考量因素相對單純；美國沒有全民健保，民眾必須自行花費鉅款，自行找市場上的醫療保險公司承保。對每位美國民眾而言，醫療保險公司是民眾很大的支出項目，為非常重要的行業，是人人都必須打交道的公司，更是所有人找工作時考量的主要因素之一。醫療保險公司會視其醫療保險承保範圍，提供各種不同的等級和費率，因為醫療保險收費高昂，較好的雇主會提供納保範圍較健全的健保方案以吸引優秀人才為其效力，而作為此行業代表的聯合健康

保險（美股代碼：UNH），就是美國最大的醫療保險公司。

除了大大小小的醫療保險公司外，市場上也出現許多幫民眾節省保費，或是依個人財力提供貸款，提供不同方案供民眾能在不同醫療保險公司間移轉等常見的一些服務；甚至於和一般的財務管理或保險公司進行合作，為客戶進行跨產業的服務。總之，美國的醫療保險業很發達，收費高昂，法令多如牛毛且複雜難懂，但也因此催生出許多靠醫療保險而誕生的新創公司，是民眾解決這項頭痛而每人必備的服務。其中，最具代表性的廠商就是Healthequity（美股代碼：HQY）。

醫療資訊科技》著眼科技巨頭與新創軟體公司

醫療資訊科技因為並不牽涉到實際的醫療行為，因此近 10 年來有些領域已吸引大型科技巨頭的投入，例如蘋果、字母和微軟就是其中 3 家最為積極的企業，其中又以蘋果結合它的 Apple Watch 和 iPhone 所整合的許多免費運動、睡眠呼吸頻率、體溫偵測、健康資料、跌倒偵測、血氧濃度、心率檢查、甚至是心電圖等方面的初步健檢功能最為成功。

此外，也有不少軟體新創公司鎖定醫療健康的領域，結合自己原本的軟體、網路或行動通訊專業，和現有的醫療健康領域廠商或從業人員進行合作，這個

新領域現在被稱為「醫療資訊科技」。例如有專門為醫療從業人員設計的社群網路 Doximity（美股代碼：DOCS）、生技業雲端客戶關係管理及系統整合方案的 Veeva（美股代碼：VEEV）、門診和掛號系統的 Phreesia（美股代碼：PHR）、醫療問診數位化的微妙通訊（Nuance Communications，已被微軟收購），以及協助研發新藥的超級電腦。另外，各大科技領導商也都相繼投入，而且已有不錯表現的人工智慧自動判讀病患電腦斷層掃描、核磁共振成像、或是 X 光片等，其中公認又以字母旗下的 DeepMind 的技術最為領先。

另一個就是已經存在很多年的遠距醫療，代表廠商有 Teladoc（美股代碼：TDOC）、American Well（美股代碼：AMWL）和 MDLive。由於新冠肺炎疫情的關係，再加上手機、網路、頻寬的進步，使得遠距看診，或是取得醫療諮詢變得更為普及。

因為大型科技巨擘持續進入醫療資訊科技這個領域，除非擁有獨特令其他廠商無法抗衡的護城河和醫療產業的智慧財產或專利，否則在醫療資訊科技這一個領域，想和掌握現有智慧財產或專利的既有醫療大廠，或是各方面資源都很充沛的科技巨擘競爭，長期而言有太多的類似案例證明，小型新創公司並不容易冒出頭。

民生產業》不易受景氣影響 用3標準篩出潛在10倍股

民生產業包括食衣住行育樂，主要可以被分為必需消費品和非必需消費品這2大產業。必需消費品主要是食品飲料行業和居家及個人用品業，因為其定義是人們維持基本生活的必需品，因此涵蓋的企業數目會比較少，在過去 30 年僅產生 76 檔 10 倍股。和非必需消費品相比，雖然數目會較少，但是必需消費品的特性是人們永遠都需要它們，其業務並不會因為受到經濟景氣或股市崩盤的影響，這一點很重要。

非必需消費品在過去 30 年分別產生 248 檔 10 倍股，這很合理，因為它也是廣義的民生必需品，差別只在於不上餐廳可以自己煮、不開車可以走路、沒房子可以睡路邊、不穿衣服只是會比較冷但不會立即致命。但人們必須喝水和吃東西才能活下去，這就是必需和非必需之間的根本差異。

非必需消費品在人們收入欠佳的不景氣時期，因為縮衣節食過日子，這些非必要支出會立即被降低甚至取消。日子過不下去時，誰有空去想休閒度假村、買奢侈品、逛百貨公司或添購新行頭？

民生產業成為 10 倍股的機率的確是比科技股低，但也並非毫無機會。但像民生產業是所有人都具備的能力圈，這類股票變成 10 倍股也是有可能的，比如耐吉（Nike，美股代碼：NKE）和星巴克（Starbucks，美股代碼：SBUX）就是民生產業 10 倍股的代表。投資人可以用以下 3 大標準快速過濾，篩選出較有可能成為 10 倍股的民生企業：

標準1》產業或公司的市場要夠大

我們要找的是被「所有人」需要的產業。民生類產業有個特性，它是被所有人需要的產業，而且只要脫穎而出，持續盈利性和潛在市場比科技業大得多了，有很多例子都可以持續成長成為百年以上的藍籌股，例如可口可樂、高露潔 - 棕欖（美股代碼：CL）和寶僑（美股代碼：PG）。而耐吉和星巴克這 2 家企業在民生產業中，如果和可口可樂、高露潔 - 棕欖、寶僑相比，都還很年輕。在長期的持續性這一點上面，民生類產業會遠優於科技業。

標準2》擁有顛覆性的方案能解決現有的問題

安德瑪（Under Armour，美股代碼：UAA）就是一個挑戰耐吉失敗的例子。它上市後曾有過一段風光的歲月，也曾經對耐吉形成一定程度的威脅，失敗主因是所有產品線和耐吉幾乎重疊。以耐吉半世紀以來建立的品牌優勢，要擊敗

耐吉的困難度實在太高。

和安德瑪幾乎是同時崛起的加拿大廠商露露檸檬（美股代碼：LULU）就成功變成 1 檔 10 倍股。主要原因是，露露檸檬巧妙地找出行業龍頭耐吉並不在行的女性、瑜伽，以及新一代的行銷方式，為整個行業開創出一片全新的領域。Chapter 5 會再為大家詳細介紹露露檸檬這家公司。

標準3》食品飲料和衣著服飾永遠都會有龐大商機

在民生產業中尋找 10 倍股，從「食品飲料」和「衣著服飾」這 2 大區塊著手會相對容易些，原因是這兩者是人類基本的需求，擁有巨大的消費市場。人們在生活水準提升後，對於維生最基本的食品和衣著的要求也會隨著提高，因為全球有近 80 億張嘴巴一日三餐需要照應。對口味的要求，以及對衣著服飾流行趨勢的追求，自然會創造出新的商機，造成食品飲料和衣著服飾行業皆能輕易創造出 10 倍股。

食品飲料又比衣著服飾更佳，因為前者是必需品。例如能推出符合人們對新口味能量飲料需求的紅牛能量飲料和怪物飲料（美股代碼：MNST）、客製個人口味速食的奇波雷墨西哥燒烤（美股代碼：CMG）。不過，這 2 大產業也有個麻煩之處：必須能挨過消費流行和口味的善變，能撐過多年的洗禮，10

倍股當然就會水到渠成。

　　所有人都具備在民生消費產業上的常識，因此這是所有投資人都能發揮的產業。民生產業的特點是入門的門檻相對低，能生存至今的公司，都經過幾十年的嚴格淘汰賽的過濾，擁有一定的客戶忠誠度。家戶日常用品的高露潔-棕欖和寶僑甚至上市都超過百年以上，它們未來要突然倒閉不太可能。而且民生消費產業的股票在營運穩定後，幾乎都會配發股利，尤其民生必需品不會有景氣好壞的問題，它們都是「現金牛」，有能力配發現金股利持續回饋投資人。

留意零售業4大演變趨勢

　　零售業是人類最古老的行業，電商說穿了就是現代的零售業。大家不要小看零售業，它是美國僱用員工人數排行前 3 大的行業之一；若計入相關的運輸和流通貨運，則是美國僱用員工人數最大的產業。實體零售商並沒有消失，存活下來者反而價值愈來愈高，而這些存活下來的實體零售業近年有幾項重大演變：

趨勢1》獨特經營方式者，有機會走出一片天

　　最典型的就是好市多（Costco，美股代碼：COST），原因無他，因為敵手無法複製它的獨特商業模式，而且擁有驚人的客戶忠誠度。傳統的沃爾瑪（Walmart，美股代碼：WMT）對它莫可奈何也就算了，就連亞馬遜也撼動

不了，而且它仍在以野草之勢蔓延全球，5-4會再詳細介紹好市多。

趨勢2》快速流通的1美元折扣零售店，商機不可小覷

它們是以量和高速現金周轉取勝，以特定族群為目標的各種折扣零售店，在非都會區仍有龐大的擴展空間。這是一個大家看不上眼，但其實商機很大的市場。例如最有名的TJX（美股代碼：TJX）、Dollar General（美股代碼：DG）、美元樹（Dollar Tree，美股代碼：DLTR）、Five Below（美股代碼：FIVE）。看一下這些公司的股價，應該都會驚訝於它們近10年的股價表現。

趨勢3》通路展示和專業零售不會消失，也不太可能成為10倍股

人們購買高價品、專業或特殊的產品，還是需要零售商的現場展示或示範如何使用才會放心，這點未來也不會改變，例如百思買（Best Buy，美股代碼：BBY）就是電子產品零售的受惠股。沃爾瑪以店面數的規模，在某些地方還是有優勢，因為許多人們仍是喜歡實際看到商品才會掏錢，且緊急購物需求還是存在。但要期待它未來變成10倍股就是不切實際了。

趨勢4》走高價路線者幾乎不可能生存下去

崛起於上世紀1960年代和1970年代人口往郊區移動，大型購物中心改變人們的消費習慣，零售業代表杰西潘尼（美股代碼：BAM）和梅西百貨（美股代碼：M），近10年來都被電商打得幾乎破產而不支倒地。

　　除了電商化的程度決定所有零售相關企業的股價表現和業績外，另一個明顯的演變是零售商的規模愈來愈大，對通路的掌控權也愈來愈大。舉個例子，根據支付巨頭 WorldPay 調查數據，信用卡交易在 2020 年占北美電子商務支出的 1/3。2021 年 11 月，亞馬遜宣布在英國取消威士卡的支付選項，當天威士和萬士達（Mastercard，美股代碼：MA）股價 1 天內就分別暴跌 6.5% 和 5%，也造成 PayPal（美股代碼：PYPL）股價跌破 200 美元。威士的財務長則立即向媒體表示，會解決和亞馬遜之間手續費用的爭議。

　　以前是威士和萬士達比較強勢，亞馬遜不得不低頭，因為消費者的支付選項很少。但經過 10 多年金融科技業者所推出各種更方便的支付方式，信用卡在全球線上電商的支付比率，已下降到占全部線上支付金額的 1/3 而已；再加上近 2 年新冒出來的先享受後付款（BNPL）服務，讓亞馬遜不必再看威士和萬士達的臉色，膽敢取消威士卡在英國亞馬遜網站上的支付選項，不過，這其實也只不過是威迫威士和萬士達調降手續費的其中一種手段罷了。

工業產業》擁有堅強護城河適合長期投資者

工業產業在過去 30 年分別產生 271 檔 10 倍股，是誕生 10 倍股最多的產業。代表美國當代產業主力的道瓊工業平均指數，在 1896 年設立時的 12 檔成分股全都是工業製造股，這反映了當時美股主要產業就是工業。

聯合愛迪生（美股代碼：ED）是現存美股上市最久的一家企業，30 年前美股的市值王奇異電器，都是典型的工業股。即使在 50 年至 70 年前，工業製造仍是全球的主要產業。雖然很多人把它們歸為過時的產業，但其實不然，工業股仍是驅動人們生活最基礎的產業，它們影響力並未消失，只是股價爆發力沒有新一代科技產業來得凶猛罷了。

多檔工業股從事相同生意逾半世紀，業務穩定

特別要提出的是，傳統工業這個產業的變動不像科技產業一日數變，很多企業從事相同生意動輒超過半個世紀（50 年前的工程與建築、農業機械、卡車鐵路、航空公司的營運方式和現在幾乎一樣），幾乎每一家較具規模的上市工

業股都是該領域的領導廠商之一，在特定領域裡能生存久遠的上市企業，都有堅實的護城河。這也是為什麼工業類別裡的特殊工業機械行業，會在近 30 年間產生多達 51 檔 10 倍股，僅次於區域型銀行、生技製藥和應用軟體行業。

而且幾十年，甚至近百年來，不論世界如何改變，科技如何進步，工業股的競爭力都沒什麼變化，例如飛機製造業，百年來沒有發生根本的變化，導致美國傾全國之力支持的波音（美股代碼：BA），以及歐盟全力支持的空巴（美股代碼：EADSY），長期壟斷商業民航機製造行業。在可見的未來，除了中國的中國商飛（COMAC）在未來有能力挑戰外，根本看不到任何敵手。

由於飛機製造業實在太過龐大，上、中、下游的供應鏈廠商數量極為驚人，也造就許多上市公司。2020 年年初波音 737 MAX 停產以來，就有超過 600 家以上的大型零件供應商面臨虧損，當時美國財政部長梅努欽（Steven Mnuchin）就透露事情的嚴重性——波音是美國最大出口商之一，737 MAX 危機可能導致美國全國的 GDP 削減多達 0.5 個百分點，從 3% 下修至約 2.5%。波克夏於 2016 年花 321 億美元收購的飛機零件與能源生產設備製造商精密鑄件（Precision Castparts），就是很典型的其中一家大型供應商。巴菲特在隔年 2021 年 2 月時，坦承當時他看走眼買貴了，讓公司損失了 100 億美元。巴菲特所指的就是波音 737 MAX 的停產危機，再加上 2020 年新冠肺炎疫情席捲全球，民眾搭機需求銳減，航空業重挫，連帶也影響精密鑄件的營收。

近年來注重製造流程的自動化，提高生產效率

其實前述的飛機製造業，就是屬於工業產業下的飛機製造和國防行業典型的縮影。在工業股裡面，有許多類似的行業（例如工具機和大型機具等），上、中、下游的供應鏈廠商數目龐大，許多人賴以為生，具規模的企業少則存在數十年，多則近百年。

這些公司的營運會隨時代逐步改進，但基本上本業並不會有根本的變化，而且其中不論公司規模的大小，有許多是該領域長期的壟斷或寡占者，只不過因為它們市值不大、業務乏味單調、工作環境不佳、年輕一代避之唯恐不及，因此多數人不會有興趣想知道——因為太過平凡無奇，無法吸引媒體報導，自然也少有投資人會注意。除非是在該領域工作、能力圈所及，或是特殊原因關注，否則很難會發現工業領域的成長股。

工業股也是一般人口中的傳統產業和製造業。但身為投資人要記住的是：傳統產業並不等於落伍或不賺錢，這一點很重要。而且工業類股的股價，長期而言會隨美國經濟而穩定地向上成長，波動比科技股小多了，多數歷史悠久的工業股都會發放豐厚的現金股利，其實是長期投資者不錯的選擇。以巴菲特的投資原則來說，工業股這些特性就符合他基本的過濾標準。如果一家公司做相同的事已經幾十年了，業務都很穩定，利潤也很好；那接下來幾十年繼續做相同

| 表1 | | | |

表1 全球10大工業自動化公司中出現4檔10倍股
──2020年全球10大工業自動化公司

企業名稱	美股代碼	業務領域	國家
西門子	SIEGY	電子電機、多元化工業集團	德國
瑞典奇異布朗-博韋里*	ABB	電力和自動化	瑞士
艾默生電氣	EMR	多元化工業集團	美國
洛克威爾*	ROK	工業自動化	美國
施耐德	SBGSY	能源效率管理	法國
橫河電機	YOKEY	測量、工業自動化	日本
三 菱	MIELY	電機及電子	日本
奇 異*	GE	多元化工業集團	美國
丹納赫*	DHR	綜合企業	美國
漢威聯合	HON	電子、工程和航太	美國

註：* 為 10 倍股　　資料來源：Plant Automation Technology

的事，不僅出差錯的機率很低，投資人對公司未來的展望和預估也會更準確。

　　工業類雖然是很傳統的製造業，相較科技業並沒有顛覆性的改變，近些年較明顯的改變主要是製造流程的自動化，以提升生產的效率。表 1 是來自 Plant Automation Technology，2020 年所列出的全球 10 大工業自動化公司。其中瑞典奇異布朗 - 博韋里、洛克威爾、奇異、丹納赫也都出現在本書的 10 倍股名單當中。

基礎原物料、能源產業》
綠能當道使前景愈趨悲觀

　　基礎原物料產業在過去 30 年產生 96 檔 10 倍股。這個產業最大特性是——基礎原物料是經濟學教科書所定義的大宗物資,在所有產業中最容易受到景氣影響。而大宗物資裡每項主要原物料(例如貴金屬)都會有對應的期貨交易市場,會直接影響股市裡對應的該項原物料公司的股價。

　　基礎原物料產業在經濟景氣好的時候,或是該項基礎原物料突然短缺,就能賺進大把鈔票;可是在承平時期,特別是景氣由盛轉衰進入谷底時,都必須勒緊褲帶過日子。

　　大部分基礎原物料產業的企業都是工業類股企業的上游廠商,基本上它們可以被視為一個很大的供應鏈系統,因此投資人也可以藉由觀察其下游的工業類股企業客戶,預測基礎原物料產業的動態。

　　例如近年手機和電動車的興起,關鍵的電池與合金就需要大量的工業金屬,就讓許多基礎原物料產業企業的股價鹹魚翻生。

能源》只有鑽探領域可能產生10倍股

　　能源行業在過去 30 年只產生 64 檔 10 倍股。但是大家要了解，在金融海嘯前的 10 年間，全球幾大石油能源廠商，幾乎是那段期間全球市值排行榜的前幾名，而這種情形未來可能不會再發生。因為綠能是不可逆的趨勢，綜合油氣行業的大型石油能源廠商未來前景肯定受影響。但要提醒大家的是：石油作為石化原料的用途還是不會改變，因為目前這部分還看不到任何的替代方案。

　　能源產業能成為 10 倍股者主要是小型探勘商，因為石油提煉商和礦業相同，都是以超級規模取勝的遊戲，根本輪不到小廠商們插手，當然也不可能有 10 倍股冒出頭的機會。沙烏地阿拉伯國家石油公司（Saudi Aramco，沙烏地阿拉伯股市代碼：2222）在 2019 年剛上市時是全球市值最大的企業，比蘋果公司的市值還高；美國上市石油公司埃克森美孚（美股代碼：XON）在 2008 年前還是全世界市值最高的企業。中國的中石化（美股代碼：SHI）、中石油（美股代碼：PTR）、中海油（港股代碼：0883）也是實力雄厚足堪比擬英國石油（美股代碼：BP）、殼牌（美股代碼：SHEL）、道達爾（美股代碼：TTE）、雪佛龍（美股代碼：CVX）、埃克森美孚的能源巨擘。

　　其中，中石油早在 2007 年就曾達到 1 兆美元市值，是當時全球市值最大的企業。礦業界的 3 大天王必和必拓（美股代碼：BHP）、力拓（美股代碼：

RIO）和淡水河谷（美股代碼：VALE）也不遑多讓，都是橫跨多國的巨無霸型超大企業。這些能源和礦業的超大型公司，壟斷全球的能源和礦業上、中、下游，整個產業鏈的探勘、市場、提煉、銷售、甚至供貨通路，規模大到影響全球能源和礦業期貨市場和現貨市場的價格。

能源業當中只有鑽探領域可能產生 10 倍股，這些油氣鑽探小型公司的存在和礦業小型公司很類似，都是期望能以較新的設備和技術，拿到股市投資人的資金，博取挖到石油或探得天然氣的可能性以一夕致富。

和礦業廠商們較大的不同處是，有不少石化能源業的探勘商會在美國 3 大交易所上市，主要是因為和礦商相比，它們背後很多都有大型石化業者的支持，財務上稍微好一點，這也是為何美國主要 3 大交易所願意接納它們的主因。但即使如此，在挖到石油和天然氣前，這些石化能源業的探勘商們，清一色都是 10 美元以下的雞蛋水餃股。財務很不健全，都在虧損中，風險比投資一般股票大太多了。

這些石油天然氣相關的產業未來前景實在堪慮，石油在 2007 年攀抵史上最高價後，曾是全球市值最高的石油巨擘股價再也回不去，整體產業也很難回到過去那段榮景了。主因是近年可再生能源，包括太陽能、風力、氫能源、水力、燃料電池等，成為各國政府法令和政策或稅法資助的對象，例如新世紀能源（美

股代碼：NEE）這家全球最大的可再生能源公司就是受惠者之一。

特別的是，歐盟已經在 2022 年正式修法，把以往各國綠色和平組織大力反對的核能發電改列為綠色能源，這一定會對各國能源產業的未來產生重大影響。但衝擊最大的應該是電動車的不可逆發展，因為現在燃油車是石油最大單一消耗來源之一，大家回頭看 3-3 表 2 全球主要國家禁售燃油車及油電混合車時程，就可以知道，除非再度發生大型戰爭導致石油供給短缺的情形，否則石油業要想再回到過去榮景，實屬不易。

例如 2022 年 2 月俄羅斯入侵烏克蘭，美國原油價格在 2022 年 3 月 4 日漲到 2008 年來的最高價位，週線漲幅更是歷來最大，反映油氣出口大國俄羅斯侵略烏克蘭戰況激烈，西方國家可能把制裁矛頭轉向俄國能源，加深供應顧慮。2022 年 3 月 7 日傳出美國討論禁止進口俄羅斯石油，消息一出，布蘭特原油期貨立即暴漲 18% 至 139.13 美元；歐洲天然氣價格立即大漲 20%，天然氣期貨價格更遽升 79% 到每兆瓦時（MWH）345 歐元。這就是大宗物資最典型的價格表現，會隨供需失衡暴起暴落，但在平時不會有太大利潤可言，因為全球石油都長一個樣，誰賣便宜，銷量就會好。

舊有的石油巨擘艾克森美孚，自從在 2008 年被蘋果奪走全球市值王座後，在 2020 年已被道瓊工業平均指數除名；荷蘭判決石油大廠殼牌須加碼減排，

2030 年減碳需達 45%。殼牌近年來已開始減產石油，將在 2050 年前達成淨零碳排，也早已依減碳量決定主管獎金。俄羅斯是傳統的石油生產大國，石油也是它們外匯收入的主要來源，在 2021 年已擬定新的石油戰略：「在石油時代結束前，要把地底下的石油全部抽乾，能賣的全賣。」全世界石化產業（主要是石油和天然氣）受到各國法規的持續監管緊縮，加上民眾的環保意識抬頭，前景愈來愈不樂觀。

基礎原物料》多數礦業股在店頭市場上市，風險極高

值得一提的是，基礎原物料產業中的礦業股，在百年前的伯納德·巴魯克（Bernard Baruch）和是川銀藏的年代，是當時的主流產業，也是股市裡致富的明星股。在沉寂幾十年後，現在風水輪流轉，礦業股前景正好和石油產業相反。澳大利亞的 Core Lithium 在 2022 年 3 月 1 日宣布與特斯拉達成協議，向特斯拉供應鋰輝石，使其股價在 2 天內（兩地有時差）上漲 27%（詳見圖 1）。請注意，Core Lithium 的股價才 0.96 澳幣，市值才 16 億 5,000 萬澳幣。

Mining.com 在 2021 年 4 月統計，全球排名前 10 的礦業公司市值比 1 年前增加 6,360 多億美元（詳見表 1）。因為大部分的綠色能源和高科技產品，不論太陽能、能源、燃料電池、各種電子裝置和電動車的電池，到太空衛星、手機、飛彈、飛機都需要有貴金屬，甚至是稀土金屬才能運作，使全球主要金

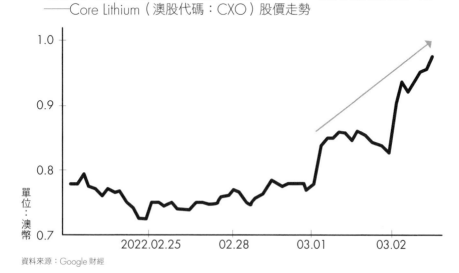

圖1 Core Lithium供應特斯拉鋰輝石，股價飆漲27%
——Core Lithium（澳股代碼：CXO）股價走勢

單位：澳幣

資料來源：Google 財經

屬價格在近 10 年來暴漲數倍至數十倍，有些還不止百倍，連帶使礦商的股價沾了不少光。

美國由於生產成本高，加上環保法規太嚴格，以及為保留國內資源而訂出法令刻意禁止，造成大部分在美股上市的這類礦業型企業大多來自海外，又以加拿大及南非企業為最大宗。即使是當今的股市，還是沒有人能夠否認，小型礦業公司一旦挖到珍貴金屬，是有可能令投資人一夜致富的，這也是我在本書整

表1 **全球最大礦業公司為澳洲必和必拓集團**
——全球市值排名前10名的礦業公司

排名	Company	企業名稱	美股代碼或他國股市代碼	國家	主要業務	市值（10億美元）	市值年成長率（％）
1	BHP Group	必和必拓集團	BHP	澳大利亞	多元化	173.27	94.4
2	Rio Tinto	力拓	RIO	澳大利亞	多元化	135.53	61.6
3	Vale	淡水河谷	VALE	巴西	多元化	89.23	109.5
4	Anglo American	英美資源集團	NGLOY	英國	多元化	53.38	116.6
5	Southern Copper	南方銅業	SCCO	美國	銅	52.47	141.0
6	Glencore	嘉能可	GLNCY	瑞士	多元化	52.18	148.8
7	Norilsk Nickel	諾里爾斯克鎳	NILSY	俄羅斯	多元化	49.33	29.5
8	Newmont Goldcorp	紐蒙特黃金公司	NEM	美國	金	48.22	31.8
9	Freeport-McMORan	費利浦·麥克莫蘭銅金	FCX	美國	銅	48.01	390.2
10	Fortescue Metals	福特斯庫金屬	FSUGY	澳大利亞	鐵礦	46.53	148.6

註：1. 資料日期為 2021.03.31；2.「多元化」指該公司開採業務廣泛，並未集中於特定礦產　　資料來源：Mining.com

理出過去 5 年、10 年、20 年、30 年產生的 10 倍股中,有許多礦業股的原因。

　　時至今日,一如美國本土的一堆規定,再加上環保意識高漲、人力成本和對規模化生產利潤的要求,礦業公司有逐漸往少數國家、開發中國家,以及規模化等不得不如此發展的趨勢。而世界上多數的已知礦源,都已掌握在少數幾家歐美大型跨國礦商手上——例如必和必拓、力拓及淡水河谷等。但這些大型礦業公司是典型的景氣循環股,企業營運也已經成熟,一般投資人投資這幾家公司很難賺得上錢。這也導致小型礦商們挖空心思往人煙罕至的國家或極地地區(例如非洲、西伯利亞、加拿大)去探勘稀有珍貴的金屬。期望能靠著現代化探勘技術、加上部分的運氣成分、還有投資人的資金,一舉成功如願。

　　要提醒投資人的是,絕大多數人不具備礦業的知識和背景,如果你是抱著賭一把的心態,資金多半有去無回。而且這一類的礦業公司,在成功採到礦前,根本連營收都沒有,美國 3 大交易所都不會接受它們上市,因此多數礦業公司都在店頭市場上市,市值都很迷你,股價都在個位數,甚至絕大多數都是 1 美元~ 2 美元或 1 美元以下的價位,風險之高不容忽視。

金融、不動產、公用事業》
較難創造高報酬率

金融服務產業在過去 30 年分別產生 224 檔 10 倍股，其中區域型銀行就占 105 檔。以行業區分，過去 30 年區域型銀行是產生最多 10 倍股的行業。金融服務產業除了銀行外，還包括產險與意外險、信貸服務、資產管理、資本市場、財務數據和證券交易所等行業，其中後面這 4 大行業，也就是一般人常統稱的華爾街，而「資本市場」字面上較難理解，實際上這行業是包含獨立的投資銀行、證券經紀商、造市商、交易所等。華爾街金融服務業最大的特性是都靠佣金和手續費賺錢，因此只要股市活絡，它們就能賺進大把銀子。

信貸服務的最典型代表，就是擁有強大護城河的信用卡網路公司。美國信貸行業很發達，除了信用卡外，還有房貸、車貸、信用貸款、消費者貸款、中小企業融資貸款等；這些在台灣只允許傳統銀行經營的業務，其實在美國都已開放非銀行的業者經營，例如賣車的大型車商就有自己的車貸部門，協助買不起車的買家完成交易。再加上網路和科技的進步，各種線上貸款或金融科技業者提供的相關服務，簡直是令人目不暇給。關於信用卡網路公司，請參見我的上一本書《超級成長股投資法則》中的 2-3 第 97 頁～第 99 頁的討論。

保險業主要靠的是利差和保戶的續約率，只要不要發生事先無法預知的911恐攻或卡崔娜等級颶風的重大天災而導致當年度賠本，這個行業做的是無本的生意，而且還有大把預收的閒錢可以運用。它的好處是，先收取的保費可以拿來投入股市、房地產、私募基金、甚至是風險投資，因此所有保險公司其實都是投資大戶，因為它們有大量的預收費用可以運用，波克夏就是最著名的代表。但美股其實有很多被稱為「小波克夏」的金融控股公司，股價都很高，很多也不進行股票分割，其實這類公司做的都是投資業務。其中最著名的就是馬克爾（Markel，美股代碼：MKL）、楓信金融控股（Fairfax Financial，美股代碼：FRFHF）、亞勒蓋尼（Alleghany，美股代碼：Y）這3家企業。

金融服務》銀行股具備4項特性

區域型銀行和一般人熟知的摩根大通（美股代碼：JPM）或美國銀行（美股代碼：BAC）等綜合性大型銀行有很大的不同，投資前要特別注意。綜合性大型銀行能執行的不只是一般的個人及企業存放款及外匯，它們通常都擁有投資銀行、交易、資產管理等部門，這才是利潤較高的賺錢業務。

美國有約 4,500 家以上的各種銀行，而且美國的銀行分級複雜，規模和業務差異很大，不像台灣只有 38 家本土加上外商銀行。銀行股非常特別，具有以下的特性：

1. 需要執照才能經營：是所有行業中受法規影響較大的行業，但廣義的金融行業成長幅度會比其他行業小。

2. 和經濟景氣完全連動：利率只要調高，所有銀行股一定大漲，因為銀行主要是靠利差盈利，百年來未曾改變。

3. 銀行本身毫無生產力：除了賺取利差和手續費外（因為特許執照授予它這項權利），最多就是再利用其他附加服務（例如理財），沒有其他的謀生本領。銀行沒有別的本事，是無法產出產品的行業。

4. 大部分股市估值方式對銀行股都不適用：換個方式來說，銀行股的估值在股市裡面是獨樹一格的一群。如果你下定決心要投入銀行股，必須丟掉你之前學到的許多估值方式，例如銀行股特別注重資產負債表。

由於上述特性，銀行股的股價漲勢都比其他產業低，但好處也是股價較穩定，而且大型銀行股發放的股利都不低。其中要特別注意的是以消費金融為主業的銀行，不論規模多大，歷史多悠久，近年來都面臨同樣的危機——銀行的消費金融業務，近10年來幾乎都被新崛起的金融科技企業搶光了。面對金融科技企業，銀行在消費金融業務方面缺乏優勢，只是營運成本超高的子單位而已，前景一片黯淡。沒有人會期望銀行股會大漲，在大部分的時間裡，銀行股表現

都會跑輸大盤。基本上只有 2 種人會大量持有銀行股，作為投資組合主要持股：

1. 能力圈在銀行業，例如巴菲特。

2. 希望領股利，且個性無法承受股價大幅波動的極度保守投資人。這裡的波動指的是下跌，畢竟沒有人會指望銀行股的股價漲跌可以超越大盤，中外皆然，沒有例外。

不動產》投資REITs享有穩定現金流收益

不動產這個產業在過去 30 年產生 50 檔 10 倍股，主要是不動產服務和房地產投資信託基金（REITs）2 大行業，尤其是各類型的房地產投資信託基金產生 38 檔 10 倍股。因為美國對房地產投資信託基金有專門的立法，對這個行業有許多利多，因此美國的房地產投資信託基金非常發達；業者投資的範圍非常廣，包括工業型、專業、住宅、零售型、辦公室、多元化、醫療設施、飯店旅館、以及抵押等專注於不同市場的房地產投資信託基金。不僅分類齊全，也有很多業者的規模龐大，是跨國經營的房地產投資信託基金，因此就某種程度而言，算是風險分散的資產投資組合。

比較重要的是，美國法規規定 REITs 的 90% 以上盈餘必須分配給證券持有人，許多 REITs 投資者的目的就是每季都能有不錯的固定現金流收入。甚至也

有 REITs 是採取按月發放現金股利，這對無固定工作者、退休族，或是需要現金流的非營利機構而言，會是很好的投資選擇。

公用事業》股價牛皮，10倍股數目最少

公用事業在過去 30 年產生 22 檔 10 倍股。公用事業是保守型投資人和退休族最佳的投資標的，為最典型的防禦類股，股價波動性非常低，即使在 10 年一遇的大崩盤，也都跌得較輕。這是因為不論景氣好壞，公用事業的營運幾乎不會有任何影響，營收不可能會有大幅度的波動。也正因為如此，股價不可能有較大的漲幅，導致公用事業產生的 10 倍股是所有產業裡面最少的。

水、電、瓦斯等公用事業有法律的保障，需要執照才能營運，因此通常都不會有競爭者。正因營運需要申請執照，執照效期通常都會至少 10 年（視個別行業或地區會有不同），因此公用事業不僅可以確保長期利潤，而且獲利率和用戶數字都是公開可查閱並受到公眾監督，投資人可以藉此快速算出精確的現金流。這些特性使得公用事業股都會配發現金股利，且平均而言是所有行業裡發放水準較高的一群。

公用事業目前主要的發展方向是在綠色能源和資源的再利用上，比如以下的一些領域：

1. **再生能源**：其中又以太陽能發電和風力發電為兩大主力，最著名的企業就是我在前面 3-7 和我的《超級成長股投資法則》一書的第 32 頁提過的新世紀能源這家全球最大的可再生能源公司最具代表性。

2. **廢水處理再利用**：最著名的就是美國自來水廠公司（American Water Works，美股代碼：AWK）。

3. **廢棄物的循環再利用**：這個領域的壟斷廠商就是我在《超級成長股投資法則》一書的 120 ～ 121 頁提過的美國前兩大廢棄物回收處理業者 Waste Management（美股代碼：WM）和 Republic Services（美股代碼：RSG）。

4. **新一代及微型化的核能發電**：新的核能技術發展能使小型商業核能發電成真，再加上簡化反應爐結構、反應堆愈來愈小、使用非鈾燃料、減少冷卻水的依賴，以及更高的安全性；其中最著名的代表公司就是比爾·蓋茲擔任董事長的核能技術公司 TerraPower。而且我們在 3-7 提過，歐盟已經在 2022 年正式修法，把核能發電改列為綠色能源，更是核能發電的一大利多。

SEC 已在 2022 年規定上市企業必須強制揭露企業綠色能源的使用情形，因此對於上述的這些相關領域內的企業將會是一項很大的利多。

選股初步過濾
可先排除3領域

本書列出的 10 倍股多達 1,597 檔，共有 11 種產業分類和上百種行業，若不想一一研究，我會建議先排除掉以下 3 類比較艱澀難懂的領域：

領域1》金融服務

由於一般人對於銀行業、保險等金融服務產業，較沒有足夠深入的能力圈知識能進行投資判斷。即使你了解這些產業，但本書提到的都是美國企業，這些銀行、保險、金融產業都具有地區性，必須對美國複雜的金融相關法規很了解才行。光美國就有近 4,500 家以上的各種銀行，台灣總共也才 38 家而已，就可以知道箇中差異有多大了。

領域2》生技製藥

醫療保健領域也非常專業，美國產值最大的單一產業是醫療保健產業。以廣義的涵蓋面而言，以金融服務、醫療保健來說，根據美國商務部旗下

SelectUSA 的資料，2020 年金融產業占美國 GDP 的 7.4%，醫療保健產業占比 19.7%，而且醫療保健產業仍持續在成長。醫療保健產業上市企業當然很多，產生的 10 倍股也不在少數，起碼除了科技股外，就屬這個領域每年上市企業數目最多。

但要注意的是，大部分醫療保健產業裡的新上市股票都是生技製藥，又都沒有產品，能有第 1 期的 1 項、2 項初步實驗成果就算很了不起了。以公司數目而言，它們是醫療保健產業中的最大宗，但是存活率都「非常非常非常低」，因此風險很大，有點小成就的就是被併購；大部分是把上市拿到的錢，花個幾年燒完，結局多是破產或下市。

領域3》油氣探勘、礦業

另外，也請先排除能源產業中的石油天然氣探勘業，以及基礎原物料產業中的礦業股這 2 大行業。再次強調，一般人都缺乏這方面的能力圈知識，也無力做出正確的投資判斷。若只是單純想抱著賭一把，冀望所投資的企業哪天能挖到石油或是採到黃金、鑽石，股價一夕一飛沖天，讓自己得以就此退休⋯⋯，只能奉勸你，這種發財夢的實現機率微乎其微，不如把錢拿去買樂透。

如果排除上述幾個領域，以及一般人實在很難懂的產業，就可以一口氣過濾

掉非常多公司。其他產業大致上而言，比較不艱澀難懂，讀者可再根據自己的專業、投資心得、能力圈，選擇自己較有把握的產業及公司下手，這會是比較好的初步過濾策略。當然，如果上述我建議避開的產業正好在你的能力圈範圍內，那就另當別論了；你反而應該善用你的能力圈，而不是研究其他能力圈外的領域，否則恐怕適得其反。

投資策略

想擁有10倍股
只需要「買對」和「長抱」

　　雖然股市投資不會有必勝的數學公式，但是衡諸過去的經驗、美股的歷史、再加上附錄 5 的統計結果，我們還是可以從中找出一些 10 倍股的共同特徵，對於投資人未來擁有屬於自己的 10 倍股，絕對會有相當大的幫助。許多投資人四處打探明牌，汲汲營營於發展出自認為「發現新大陸」的公式，捨近求遠放著正在發展中的股票不投資，寧願自作聰明去買雞蛋水餃股，甚至於店頭市場的垃圾股，認為股價便宜的股票成為 10 倍股的機率才高，或是不明就裡地投入前景不明剛上市的新創公司，結果往往會以失敗收場。

「創意」對投資一點用處都沒有

　　由於「倖存者偏差」，他人的成功經驗不一定能 100% 地完全複製。然而我們可以觀察到所有史上最成功的投資大師們，他們的投資方式都大同小異，具有無數的共通點，他們幾乎不可能像科學界一樣發明出全新獨創的投資方法，所採用的基本投資方式都很簡單扼要。為什麼會有這種現象？因為「創意」這 2 個字在股市投資這條路上，基本上是一點用處都沒有。但是多數投資人並不

會好好思考這件事，這就是投資大師們和一般投資人最大的差別。

那如何才能擁有 10 倍股呢？說穿了就只需做好「買對」和「長抱」這 2 件事，很平凡，並沒有其他特殊、偉大的學問。在 Chapter 2 曾提過，我對於這份過去 30 年 10 倍股名單主要的發現是，「大部分」美股投資人熟知的許多股票，「只要買入不要賣掉，在過去 30 年期間，它們絕大部分都可能成為 10 倍股。」名單中的大部分股票的確都是值得持有的好股票，大家熟知的美股上市企業都在這份名單裡，在你買進後，接著要做的事，就是按兵不動，願意給它合理足夠的時間，讓這些企業為你賺錢。

在深入討論「買對」和「長抱」這 2 件事之前，我們先來談一下「漂亮50」（Nifty-Fifty）。

1960 年代末和 1970 年代初期期間，美股有所謂的漂亮 50，由當時在紐約證券交易所上市最知名的 50 家大型藍籌股所組成（詳見附錄 3），共通特點是長期持續的盈利增長和高本益比。這些公司平均本益比在 1972 年時約45.2 倍，遠遠超過當時標普 500 指數的 19.2 倍。其中，寶麗萊（已下市）的本益比甚至高達 90.7 倍。

1973 年到 1974 年間美股崩盤，漂亮 50 全面大跌，使當時的投資人損失

惨重。這 50 年來也有許多人重複檢討漂亮 50，絕大多數都是持非常負面的看法；但有另外一種截然不同的聲音。在對 1972 年至 2001 年期間這 50 檔漂亮 50 股票的研究中，當年主張人之一的傑諾米・席格爾（Jeremy Siegel，《散戶投資正典》（Stocks for the Long Run）一書的作者）進行後續多年的研究後得出結論，儘管當年漂亮 50 普遍具有不合理的大幅溢價和高估值，但許多股票最終被證明是值得進行價值的押注。正如霍華德・馬克斯（Marks Howard）在 2021 年寫給客戶的備忘錄裡所指出：「漂亮 50 中真正持續的成長型股票——其中大約一半，即使從崩盤前的高點衡量，也獲得了合理的回報，這表明從長遠來看，對於一種稀有品種來說，非常高的估值是合理的。」

我們來看實際的數字如何？如果投資人在 1972 年年底買入，持有至 2001 年年底不動，漂亮 50 中還是有 18 檔股票的長期年化報酬率，能打敗同期標普 500 指數的總報酬率 12.01%（計入股利再投資）。舉這個當年聲名狼藉的例子是要凸顯一件事——漂亮 50 的股票大多是好股票，問題是投資人付了太高的價格，就成了不明智的投資行為。即便如此，以高昂的不合理溢價買進，只要投資人堅持長期持有，即使買在最高估值崩盤前的 1972 年，30 年後還是可以取得很好的報酬。

另外，請注意這份 1972 年的漂亮 50 名單，只有 3 家公司下市，這比平均值低很多——這一點很重要，因為美股上市企業的壽命比大家所想像的短很

多。根據勤業眾信資料，標普 500 指數中的公司於上個世紀 60 年代，在指數裡的平均存活壽命為 32 年，但現在只有 24 年。如果你想進行長期投資的股票，幾年後下市了，那血汗錢就打水漂了。當年名列漂亮 50 名單的企業大部分是很優秀的上市企業，多年以後股票變成壁紙的機率比平均值低很多。

長期持有的難度比買對股票更高

多數投資人仍直覺認為，買對會比長期持有困難，我的看法則完全不同。長期持有和買對這 2 項要件對 10 倍股的產生缺一不可，兩者都很困難。但和買對相比，對多數投資人來說，長期持有的困難度其實高很多。

現代人持有股票的時間愈來愈短，生活的節奏愈來愈快，普遍缺乏耐心，任何事情都希望趕緊看到結果。相信許多人都聽過這段故事，10 多年前亞馬遜創辦人傑夫・貝佐斯打了通電話詢問巴菲特：「為什麼你的投資原理如此簡單易懂，但世上卻很少人願意遵守而致富呢？」巴菲特告訴貝佐斯：「因為多數人不願意慢慢變富有。」這恰好是成功投資的致命傷之一。巴菲特就曾說過：「成功的投資需要時間、紀律、和耐心。無論天賦或努力多麼偉大，有些事情就是需要時間。」

如果在 1885 年 5 月 26 日，道瓊工業平均指數第 1 次發布成分股時開始買

進（當時只有 12 檔股票，指數 62.76 點），共花費 1 萬美元平均買入每一檔成分個股，至今經過 136 年，期間不包括股利的平均年化報酬率為 5.46%。雖然中間有幾家企業被併購、下市、汰換成分股，到 2021 年年底時，投資資產仍會達 14 億 5,664 萬美元。

這是不含股利的數據，這段期間若計入股利的所得將會是更為驚人的 33 億 6,142 萬 9,700 美元！這個數字是什麼概念呢？根據《富比世》（Forbes）雜誌在 2020 年 10 月所公布的台灣富豪榜，可以排上全台富豪第 10 名，取代大立光（3008）創辦人林耀英 29 億美元的身家財產。

讀者一定會說，136 年的道瓊工業平均指數，時間太長了，不切實際。那好，我們換個比較實際可行的案例，改投資標普 500 指數。若在 1970 年標普 500 指數誕生那年，投入 1 萬美元投資追蹤標普 500 指數的 ETF，到 2021 年年底時，包括股利的平均年化報酬率為 11.06%，經過 52 年（請注意，這和每個人進入社會工作到真正退休的時間相仿），含股利的所得將會是 234 萬美元，一樣非常驚人！

52 年還是太長？那改投資 30 年，含股利報酬率有 20.91 倍、不含股利為 11.43 倍。即使只投資 10 年含股利報酬率有 4.64 倍、不含股利為 3.79 倍。我將這些試算結果列在表 1 中，表中顯示長期投資追蹤標普 500 指數的 ETF，

表1 標普500指數ETF是不折不扣的10倍股
──標普500指數ETF回溯不同期間的投資報酬率

投資總年數	不含股利總報酬（倍）	含股利總報酬（倍）	通膨購買力（倍）
52	51.78	236.68	6.98
50	46.69	199.45	6.48
40	38.89	107.13	2.81
30	11.43	20.91	1.93
20	4.15	6.15	1.51
10	3.79	4.64	1.18
5	2.31	2.34	1.11
1	1.27	1.29	1.05

註：美元通膨購買力是指美元在不同時間的實質購買力　　資料來源：usinflationcalculator.com、granitefirm.com/tools/

以2021年年底為準，回溯不同期間的投資報酬率，最後一欄是美元通膨購買力。可以清楚看到投資大盤ETF這種傻瓜投資法，產生的驚人複利力量，不僅能打敗通膨對購買力的侵蝕，還能讓資產獲得大幅成長。

如果認為買對實在太困難，擔心持有萬劫不復的股票，那麼專注於投資追蹤大盤的ETF會是最明智且簡單的選擇。請仔細看看表1，標普500指數ETF可說是1檔不折不扣的10倍股，自2021年回溯30年，投資每1元可以成長為11.43元，若計入股利則是20.91元，更是1檔20倍股。除非美國這個國家崩潰，否則永遠不需要擔心選股問題。

要注意，在這段期間，除了等待，投資人其他什麼事都不用做，就能得到這樣的報酬！唯一要解決的就是要能度過多年來股市出現的所有大型震盪，這才是最具挑戰的部分，這也是我認為長期持有比買對更困難的原因。讓我們來看看過去近百年來，美國股市經歷了哪些重大的變故：

1. **大型系統性利空**：以美國道瓊工業平均指數而言，成立至今這 136 年，經歷的市場考驗包括 1914 年～ 1918 年的第一次世界大戰，股市下跌後並一度關閉了近 4 個月；1929 年～ 1933 年的大蕭條跌了 89%；第二次世界大戰、韓戰、兩次石油危機、越戰、1987 年黑色星期一單日跌去 22.61%……等。若再加上近 20 年所發生的網路泡沫、金融海嘯、新冠肺炎疫情，這些超級大利空，很少人能夠完全不為所動。

2. **產業或國家面臨的挑戰**：以上都還只是市場全面性的超大型系統性利空而已，每個產業也都會各自經歷類似的重大挑戰，或是突如其來的大熊市，這些都無法預期。近年較明顯的例子就是 2018 年下半年到 2019 年年中持續 1 年的半導體產業供需谷底，造成半導體股全面走跌 20% ～ 60%。而 2021 年整個年度因為中美兩國對中概股的監管，以及中國的共同富裕政策，造成所有中概股全面進入熊市，無一倖免。更慘的是 2021 年第 3 季開始，所有在過去 10 年一路表現優異的幾千檔成長股，在短短半年內，也都經歷由 2021 年的股價最高點跌去高達 50% ～ 90% 的熊市洗禮。

若再加上個別企業在營運過程中遭遇的大大小小挑戰，也會導致股價長期走弱，那麼投資人面對的考驗就更大了，而且投資任何企業都一定會碰到，無法倖免。即使目前市值高居全球第 1 和第 2 的蘋果和微軟，都曾經在攀抵現在的高峰前，各自經歷持續約 10 年的股價谷底。蘋果發生在 1987 年至 1996 年，股價跌去 50% 以上；而微軟在 2002 年到 2014 年間，股價跌去 30% 以上。基本上只有非常少數的投資人，遇到公司股價持續走低超過 10 年，還不會把手上的股票出清。

投資最困難的部分就是「堅持下來」，能挺過 2 次或 3 次前面所提各種重大挑戰的投資人就已經很少見了，絕大部分會選擇在其中的一場挑戰中出清持股，能留下來的肯定是鳳毛麟角。這也是靠投資股票能坐上世界首富者，只有巴菲特一人的最主要原因，沒有之一。

交易不宜過度頻繁，複利不能中斷

我提出買入並持有的建議，是要強烈對抗不必要的交易行為，這對投資無益甚至有害。交易次數的多寡和你的長期報酬，絕對是成反比。在大多數情況下，只有非常有遠見或頑固的投資者才能堅持他的觀點，因為後來被證明是表現優秀的股票，在它大部分的交易歷史裡，都會經歷多數人難以承受的逆境時期。這也是許多極為成功的投資人，會被一般人視為個性偏執的主要原因。

我在《超級成長股投資法則》1-1 裡提過，靠 1 檔股票累積到 700 萬美元的小祕書葛莉絲‧格羅納（Grace Groner）、加油站員工靠買股數十年累積 800 萬美元資產的瑞德（Ronald Read）、用 1,000 美元買股滾出 200 萬美元的小散戶葛瑞墨（Russ Gremel），這 3 個故事的共通性除了要選對股票外，另一大重點就是進行長期投資時，複利不能中斷。

　　我自己也在投資微軟時，獲得這項深刻的教訓，因為中間出清後再買回，造成只有 15 倍的報酬；這一來一回，我錯過了其間 4 倍漲幅，如果中間沒有出清，我現在微軟持股部位的總報酬將會是 60 倍（詳見 Chapter 1 的內容和 1-1 表 1）。人生多數事情最好都要親身經歷，印象才會深刻，人才會成長。但是賠錢這種事，從別人經驗中學習就好，犯不著要有親身體會。聰明人可以經過學習，獲得成長；但是平凡人，則是必須經歷失敗才會取得教訓。

4-2

投資具備耐心
才能穩穩抓住10倍股

只要你買進經過仔細過濾、研究的好股票後，長期堅守不要賣，都可能擁有自己的 10 倍股。

我相信每位投資人的投資生涯都和我有相同的經驗，或多或少會錯過幾檔令人扼腕的 10 倍股，錯失的原因總歸一句話，就是沒有長抱股票。你可以好好回想一下，是否也持有過 10 倍、20 倍、50 倍，甚至 100 倍的股票，而且通常還不止 1 檔。

人類天生有慣性，習慣一旦養成，就很難更正。投資行為也沒有不同，會錯過 1 檔，通常也會錯過 2 檔、5 檔，甚至超過 10 檔。

如果真是這樣，下多少工夫選股都沒有用，選對了又能如何？你還是會在成為 10 倍股之前就把它賣了。關鍵在於，多數投資人並不具備不隨波逐流的性情，不論買對過幾檔 10 倍股，卻無法長期投資堅持到底，臨老時都只能徒呼負負，終日回憶那些「曾經擁有過」的 10 倍股。

許多成功的投資可歸功於不積極的投資行為

現代人愈來愈沒有耐性，在想短期獲利的人性驅使下，對於所持有的股票若表現不如親友的持股或媒體吹捧的明牌，就會毫不思索地換股操作。這都是因為思慮不周，在買入股票前，並未進行過謹慎的考量。

著有《股市大亨》（Money Masters）系列，並訪問過許多成功投資人士的約翰・特雷恩（John Train）說過：「投資是一項細節的遊戲。」但這和人性相違背，人通常不耐煩，不喜歡花時間介入細節。而投資本身就是一件重視細節、重複性很高、而且枯燥乏味的事，不是讓你找樂子的事。請記住巴菲特說過的話：「我們許多成功的投資都可以歸功於不積極的投資行為；大部分投資人都無法抵抗誘惑，而不停地買進和賣出。」這些錯誤的投資行為，其實歸咎起來只有一個理由——沒有把投資視為「必須長期進行才有可能成功」的心理準備。巴菲特還做過一個比喻：「股票市場有一種非常有效的方式，將財富從不耐煩的人轉移到有耐心的人身上。」

為什麼標普 500 指數 ETF 明明是一檔 10 倍股，但許多「自認」聰明的人不願意投資大盤 ETF？一個很重要的理由是，他們認為投資大盤 ETF 是低智商的笨蛋行為，放著能發財的飆股和明牌不去買，為何要及早棄械投降，買入跟大盤報酬率一致的 ETF？（1970 年成立以來至 2021 年不含股利的年化報酬

率是 7.89%）並自作聰明地認為應該採取積極的投資策略，進行主動選股及頻繁交易，認為這樣才能獲取最大的超額報酬。而且投資大盤 ETF 沒有創意，太過無聊。這讓我想起《原子習慣》（Atomic Habits）一書中，令我印象深刻的一句話：「成功的最大威脅不是失敗，而是無聊。」然而我發現嫌棄投資大盤 ETF 的人，也不願意長時間進行基本研究，因為他們認為這種行為並不划算。

之所以在此處用長期投資追蹤大盤的 ETF 為例，主要用意是為了強調要收獲 10 倍股所必備「買對」和「長抱」這 2 項構成的要件裡，凸顯長抱的重要性。因為大盤 ETF 不需要選股，沒有買對的考量，問題已經被簡化只剩下「長抱」。

但我了解，大部分人在讀到這一段話時，第一個反應都會是：「我等不了那麼久。」當你有這種反應，那你真的不適合投資股票，因為 10 倍股不可能在一夜之間產生，最佳的 10 倍股通常也都需要幾年的孕育，更何況是絕大部分的 10 倍股或 20 倍股，沒有 5 年是很難出現的。一如 1-1 表 3 所顯示的，5 年內要產生 10 倍股，必須有 58.49% 的年化報酬率，若要求 3 年內要產生 10 倍股，則需要 115.44% 的年化報酬率，達成機率實在不高。若願意給 10 年的時間孕育，25.89% 年化報酬率的機率就高一些。2-2 表 2 則列出過去 30 年中，不同年限期間美股實際產生的 10 倍股的機率有多大。

3 年內要成為 10 倍股確實非常罕見！我自己的經驗也只有 2 檔。如圖 1

圖1 Shopify股價從2019年～2021年上漲9.3倍
──Shopify（美股代碼：SHOP）股價走勢

單位：美元

註：報酬率計算期間為 2018.12.28～2021.12.31　　資料來源：Google 財經

的 Shopify 從 2018 年 12 月 28 日至 2021 年 12 月 31 日的 3 年期間股價上漲了 9.3 倍（932.06%）；以及如圖 2 冬海從 2018 年 12 月 28 日至 2021 年 12 月 31 日的 3 年期間股價上漲了近 19 倍（1,891%）。我們會在 7-2 深入介紹 Shopify。

5 年內要達到 20 倍者，也不多見！我自己的經驗也只有 1 檔很接近。如圖 3 所顯示，Block（美股代碼：SQ）從 2015 年 11 月 20 日至 2020 年 12

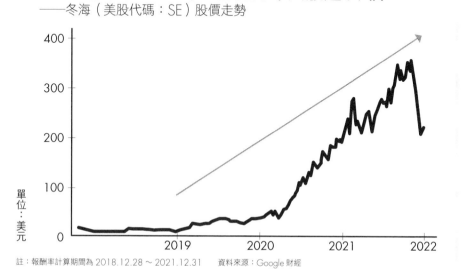

圖2 冬海股價從2019年～2021年大漲近19倍
——冬海（美股代碼：SE）股價走勢

註：報酬率計算期間為 2018.12.28 ～ 2021.12.31　　資料來源：Google 財經

月 31 日的 5 年期間股價上漲了近 16 倍（1,593%）。關於 Block 這家企業，我會在 5-7 有更進一步的介紹。

切勿猜測市場走向，擇時交易

巴菲特說過：「猜測市場，那是上帝在做的事。」投資者要做的事應該是被動地讓企業為你賺錢，優秀的企業會想辦法增加銷售額、淨利、股利來使股價

上漲，投資者只要坐著數鈔票就好。而不是自以為聰明地猜測股價、市場高低點或大盤趨勢來進行波段交易。

有人會爭辯說，在股票漲到最高點時賣掉，等股價再下跌，跌幅夠大時再買進，持有等它漲至高點再賣掉。如此反覆操作，賺得會比一開始在低點買入，持有多年後賣出的長期持有方式賺得多。這樣的立論看似合理而且聰明，其實似是而非。因為沒有人可以知道股票何時會漲或跌，尤其熊市時一片悲觀，過於專注於市場時機和股價，只會錯失購買機會。等到市場反彈覺得安全想入手時，股價往往已經超過你上次賣出時的價格了。

記住一句話：「買對什麼比何時買進重要。」投入大量的思考和研究來做出投資決定，然後採取行動謹慎的決定，即使你錯了也不會受到很大的傷害。選對了股票以後，買進後忘記它，長期持有，仍是最為有利可圖的投資方式。這樣可以使你專注於尋找適合購買的股票，而不是把心力花在沒有立論依據，也從未被證實可以為投資人帶來鉅富，純綷只是猜測的擇時和波段交易上。

代表擇時交易的當沖客的報酬如何呢？台股 2020 年到 2021 年這 2 年中，當沖交易量高達新台幣 54 兆元，但當沖客卻賠掉了 630 億元。2021 年全年度當沖成交量為 39 兆元，總收益金額為 690 億元，但扣掉證交稅與手續費的當沖成本約 1,142 億元，全年度當沖交易虧損的金額竟然高達 453 億元。這

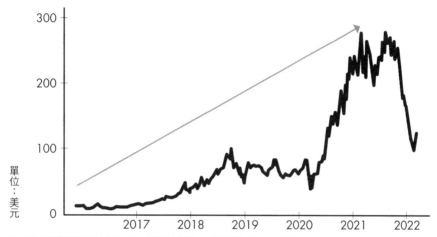

圖3 Block股價從2016年～2020年上漲近16倍
——Block（美股代碼：SQ）股價走勢圖

註：報酬率計算期間為 2015.11.20 ～ 2020.12.31　　資料來源：Google 財經

也是巴菲特會在 1989 年波克夏的股東信中說：「時間是優秀企業的朋友，平庸企業的敵人。你可能認為這個原則是顯而易見的，但我不得不艱難地學習這個道理——事實上，我還不得不反覆學習才行」的原因。

　　投資界名人查爾斯・艾利斯（Charles Ellis）說得更為貼切：「當波動來襲時，你必須在場。這就是為什麼市場擇時是一種真正邪惡的想法，千萬不要嘗試。」因為根本沒有人知道明天股市會發生什麼事，一如伯納德・巴魯克所說：「不

要嘗試想買到最低點，賣到最高點，沒有人有辦法做到這一點，除了騙子。」比爾・米勒在他 40 年投資生涯中最後一封給投資人的信中就提醒：「我們需要相信的是『時間』，而不是『時機』，這才是在股市致富的關鍵。」他特別表示「選擇進入市場的時機十分愚蠢。」

學習在能力圈內投資

曾經短暫地擁有過 10 倍股的投資人，為什麼早早就脫手了呢？說到底，就是對持股沒有信心，因為買入某檔股票的理由，不外乎是親友介紹、媒體頭條、熱門飆股、名人持有或推薦的明牌，很少人是因為自己進行過深入的研究。結果就是根本對這家企業一無所知，只以股價短期波動作為是否繼續持有的判斷標準，一看到股票不再繼續上漲或持續下跌，就想鎖定獲利入袋為安。自己無法判斷股價為何下跌、合理的股價是多少、也沒有能力進行判斷。等到股價反彈後，只能後悔莫及。

要解決這個問題，最好的做法就是「在能力圈內投資」。能力圈包括你工作謀生的看家本領和日常興趣，因為不會花去太多額外的時間，效果最好。在每天的工作與生活中，自然會隨時更新自己專長領域的知識、閱讀相關產業的深入文章、行業領頭羊的動態、以及最近新竄起的產業新秀或突破性的創新技術。這些都不須耗費心神重新學習，你就能擁有勝於他人的優勢，重要的是能在關

鍵時刻獨立進行投資的判斷。

　　分享一個我在任職於某家跨國企業時的經驗。當時我在做手機和平板的客戶專案，和公司最主要客戶在排序該專案碰到的前幾大問題時，客戶表示必須解決「十分錢」（客戶對騰訊的暱稱，因為騰訊的英文名稱是 Tencent）的微信程式相容性問題，否則在中國市場的銷售會遇到強大的阻礙。

　　在中國，微信比手機或平板本身還重要，每支手機和平板一定會安裝這個國民軟體，一旦微信無法正常執行，手機和平板品質再好、其他功能再強、或是定價再便宜都沒有用。那是 2013 年年初，我第一次耳聞微信這個軟體，但工作纏身，沒把這件事放心上，竟沒有對騰訊進行後續深入地研究，錯失及早買入騰訊的機會，後來騰訊股價由 2013 年到 2021 年間漲了足足 10 倍。

　　我們在台灣，很難體會微信對中國人日常生活的重要性和不可或缺性。不只我犯了這個錯誤，騰訊也為蘋果上了一課。蘋果立場強硬地表示，App Store 不能為微信的「打賞」功能開先例，堅持微信的打賞必須讓蘋果抽成 30% 才行。後來經銷商、蘋果中國當地的員工、在美國總公司的中國人，都勸蘋果應對微信網開一面。後來事情鬧大了，蘋果為此事派人實地到中國進行查訪，得出的結論是蘋果必須讓步，否則會嚴重影響 iPhone 在中國的銷售，結果迫使蘋果在 2017 年正式取消內容打賞抽成。請注意那是 2017 年，不是蘋果被法官裁

定支付方式官司敗訴的 2021 年！這個案例證明，是蘋果需要中國，不是中國需要蘋果。

　　這件事還凸顯了一個重點 —— 軟體應用的重要性超越單純的硬體。微博（Weibo，美股代碼：WB）一份對 85 萬 6,000 位中國人的調查顯示，有 94% 的蘋果手機使用者，會為了微信而改用其他廠牌的手機，只有 6% 的使用者堅持繼續使用無法下載微信的 iPhone。

4-3
採取集中投資策略
有望賺取超額報酬

人類的所有行為，端賴人體各項心理和生理的複雜協調合作才能產生作用。其中一項特性就是很難同時做許多事，也就是無法兼顧太多的目標。

手指頭只有 10 隻，大部分企業主管所直接管理的人員都是個位數，飛機塔台雷達航管人員只會同時導引 2 架到 3 架飛機，一般情形下我們的對話都是 2 個人，而看書時則是 1 個人。

注意到了沒有，為什麼都是個位數？而且愈需要專注時數目愈低。這不是巧合，這是受限於人類的行為能力，我們的記憶力很有限，就像人們開車時必須全神貫注一樣，出車禍最大的原因永遠都是因為注意力不集中所導致。

持股數目並非愈多愈好

根據實際統計調查和研究，以下是投資組合中所包括股票的檔數和標準差（非系統風險，代表股價的波動率）間的關係：

◎2013年英國券商統計資料，投資人在組合裡平均擁有的股票數目為4檔。

◎ 1968 年時由約翰‧埃文斯（John Evans）及史蒂芬‧阿徹（Stephen Archer）的研究結論是，隨機選取 15 檔股票建立的投資組合之風險，並不會大於整體市場風險。

◎埃爾頓（Elton）和格魯伯（Gruber）在 1977 年的研究報告，以減少市場波動而言，投資人只需在股票投資組合中有 4 檔股票，就可以獲得 71% 的多元化收益。1980 年代和 1990 年代相似的許多後續研究和調查。也得出普遍的共識是：投資組合中有 8 檔到 20 檔股票就足夠了。從圖 1 可看到，投資組合裡的股票檔數超過 20 檔以上，波動風險的差距就會愈來愈小並趨於一致。

◎ 根 據《投 資 分 析 與 組 合 管 理 》（Investment Analysis and Portfolio Management）一書指出，單一投資組合裡若持有 12 檔到 18 檔個股，即可發揮最大的投資分散效益，約可達到 90% 的效果。

◎晨星（Morningstar，美股代碼：MORN）投資管理熊先生（James Xiong）的研究，當投資組合數量從單一個股上升至 5 檔股票之時，標準差會顯著下滑；投資組合數量 10 檔股票以上，標準差下滑的程度就不再明顯（詳見圖 2）。

圖1 持有20檔與1000檔股票，波動風險差距極小
——投資組合股票數目與標準差變化

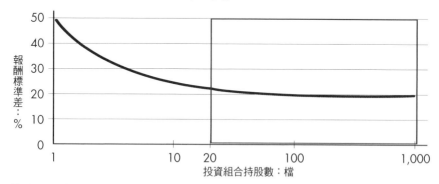

註：標準差為根據投資組合報酬率計算出的波動程度，標準差愈大代表該組合的每月報酬率與平均報酬率差距愈大，反之則愈小　資料來源：stockopedia.com

圖2 持股逾10檔對降低波動已無明顯效果
——投資組合持股數與標準差關係

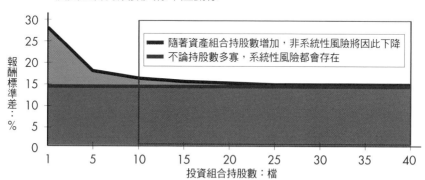

資料來源：晨星

投資組合應集中的3大理由

大部分人會反對集中投資的主要理由都是：沒有投資組合的風險意識，萬一個股出現大幅度的變化，可能會導致滅頂之災，因此投資人必須要分散投資，增加持股數目或資產類別，這樣就能稀釋投資組合中個股或特定資產類別的風險。這些意見實在似是而非，採取集中投資，有幾個很重要的理由：

理由1》真正風險來自不了解投資標的

對投資而言，真正的風險來自於對投資標的的不了解，這也是要在能力圈內投資的主要原因。每個人的能力圈有限，這也和人類的行為能力牴觸，不可能同時熟悉太多產業或資產類別。不在能力圈內的投資標的，不可能深入了解，更無法在關鍵時刻做出較佳的投資判斷，最後會影響持股的信心和報酬。

在投資的世界裡，簡單永遠勝過複雜。增加持股數目，分散投資不同的產業或資產類別，通常會使你的投資決策過程複雜化，所需時間也愈久。如果想要每一檔都認真研究，那麼數目愈多，研究成本愈高，即使同一個產業裡太多的企業也無法時時關注、照料，更何況投資不同的資產類別（例如房市、股市、外匯、債券）。

1個人基本上就不可能同時熟悉多種不同資產類別，若對投資標的不夠熟悉，

持股風險就會上升，注定不可能是個成功的投資。

理由2》主動投資卻要過度分散，不如直接投資大盤

增加持股數目，分散投資不同的產業或是資產類別，會導致績效的平庸化，最後績效一定會趨近於市場大盤，而且通常的結果是會比市場大盤低，因為要付出摩擦成本。就實際報酬而言，還不如改投資追蹤市場大盤的 ETF。這也是為何美銀長年追蹤的數據報告指出，美國有 75% 基金經理人績效會落後大盤的主要原因（當然還有其他原因）。

根據晨星在 2021 年統計數據，主動式美股基金績效逾 85% 落後大盤；標普道瓊指數公司（美股代碼：SPGI）的報告顯示，2021 年超過 79% 的主動型共同基金經理人操盤表現，不如標準普爾 500 指數和道瓊工業平均指數。主動投資就是為了贏得超越大盤的超額報酬，若要獲得與大盤相同報酬，那麼被動投資會更適合你。

理由3》周轉率提高會增加摩擦成本

太過分散的投資組合通常會伴隨著較高的周轉率，結果就是報酬消失於每次買賣的價差間。這些不必要的花費最後都會流向財富管理業者，這也是為什麼財富管理業者會舉雙手雙腳，千方百計地提倡要分散投資了（這是他們主要的收入來源）。

巴菲特曾在他 1999 年的文章中估計，美國投資人每年支付的摩擦成本約為 1,300 億美元；相較之下，全球 500 大企業前 1 年也總共才賺了 3,340 億美元，摩擦成本占比將近 40%，可想而知這筆金額有多大了。

　　《快閃大對決：一場華爾街起義》（Flash Boys:A Wall Street Revolt）一書指出，華爾街 1 年光是從投資人身上就賺走 110 億美元的手續費。請注意，摩擦成本包括看得見的手續費、佣金、交易稅、管理費、還有看不見的費用、再加上你所耗費的心力，巴菲特的 1,300 億美元指的是摩擦成本。

　　如果有反對者不同意我的看法，並提出：「集中持股者如何保證組合的總報酬會高於市場大盤？」我會這樣回答：

　　◎市場永遠不存在「保證」或「確定」這種字眼，股票市場唯一能確定的就是它的高度不確定性。

　　◎世界上永遠不存在「高報酬且安全」的投資產品。

　　◎「分散投資不可能產生超額報酬，但集中投資是可能的。」

　　◎人性常不願意面對現實，如果對自己主動選股沒有把握或有任何疑慮（例

如反對集中投資者），但又想靠股市累積財富者，就應該面對現實。如果自己沒能力選到能產生超額報酬的股票，也不需要懷疑產生超額報酬的可能性。誠摯奉勸對集中持股投資方式和報酬真的懷有高度疑慮者，都應該乖乖地去投資追蹤市場大盤的 ETF。

成功投資貴在「精」，不在多

成功的投資人幾乎都是集中投資者。彼得·林區是就我所知，唯一 1 位不是採取集中投資卻很成功的知名投資人，因為他是基金經理，必須如此。但別忘了彼得·林區對散戶投資人的投資建議是應該要集中投資。因為能通過成功投資人篩選標準的股票通常不會很多，藉此能提高命中率，當然也會因此錯過某些優秀的股票，但是最後決定買入者，報酬率一般而言都會很高。

這也是為何蒙格會說：「好的投資非常『罕見』，當這種一生罕見的投資機會出現時，你就得押注你手上的所有籌碼。」有多罕見？過去 30 年期間，美股在不設定任何條件下，有 7.23% 的股票能成為百倍股（詳見 2-2 的表 3），但如果經過我們在 Chapter 2 的過濾排除各種不合理的情形後，只會剩下 2.51%，共 296 檔（詳見附錄 5「30 年最大回報」欄位）。再以最嚴格的統計方式計算，則只有 1.23% 的股票，145 檔實際上能成為百倍股（詳見附錄 5「30 年回報」欄位）。若各位查一下附錄 5，找出這些百倍股，一般人都聽

過的機率應該不太大。

分散投資妄想以數量取勝，問題是在股票市場上以及商業史上，能稱得上優秀到足以上漲超過百倍的企業本來就「非常罕見」，2家到3家就會使你非常富有。絕大部分的企業都不可能為你帶來超額報酬，沒有超額報酬就不可能令你賺大錢。

一個以數量取勝的投資組合中，不可能含括市場上非常罕見的企業，因為根本就沒有那麼多非常罕見的企業可供你選擇，這是小學生都懂的基本邏輯。即使選入幾家非常罕見的企業，整體報酬也將會被組合中絕大部分的平庸企業大幅拉低。

非常罕見的企業，都一定能為你帶來至少百倍以上的報酬，實在不必太多檔，在你整個投資生涯中，只需要2檔到3檔這種非常罕見的企業，你一定就能致富和提早退休。

大部分投資人都煩惱找不到許多好股票，因此很難賺上大錢，這種看法並不正確，因為你根本不必找到「許多」好股票，但花時間搞清楚你打算投資的企業，進行基本面的大量研究，則是絕對必要的──因為符合罕見且優秀條件的企業（也就是百倍股）本來就非常少。

　　若你決定集中投資，那麼你在少數幾檔持股上所投入的辛苦錢應該很龐大，更需要在把資金押注進去前，盡所有可能把要投資的企業徹頭徹尾弄清楚，態度要無比慎重才行，成功的投資貴在「精」、不在多。投資想要成功，巴菲特就說過：「你得了解一家企業，沒有別的辦法。」

分散投資很難有超額報酬

　　巴菲特對風險的定義是：「風險來自於不知道自己在做什麼。」他甚至還說：「分散是無知的保護，如果你知道你在做什麼，分散就沒什麼意義。」他曾告誡大學新鮮人：「投資人應該要抱著一生只有 20 次股票投資機會的心態來投資，這樣你每次選股都將會無比地慎重。」

　　正如巴菲特在 1993 年波克夏股東信中總結：「我們相信如果採用投資組合集中化的策略，它應該可以有降低風險的效果。但前提是投資者得先徹底研究過一家企業，對它的經濟競爭力在購買之前必須要有信心才行。」「如果你是一個懂產業的投資人，能夠理解商業經濟學，並能找到 5 家到 10 家價格合理，且具有重要長期競爭優勢的公司，那麼傳統的多元化對你來說毫無意義。」

　　這也是為什麼巴菲特幾乎每年都會一再強調，一般人應該要採取的投資方式，是長期持續買入追蹤市場大盤的 ETF。因為多數人都無法（例如懶惰、偏見、

沒有能力、不願意、沒有時間、個性不適合等）透過自行選股，取得高於市場的報酬。

巴菲特大力提倡能力圈內的投資，其中一大理由就是可以提高投資的成功率。每個人的能力圈都只會在有限的範圍內，強迫自己在能力圈內投資，可以確保投資人在關鍵的投資判斷時間點，擁有優於其他投資人的正確判斷能力（這點非常重要），藉此可以提升持股的信心和報酬。

蒙格說得更為直接：「認為擁有 100 檔股票比擁有 5 檔股票能讓你成為更好投資者的想法，絕對是一件很荒唐的事。」他更進一步地說：「我更願意持有 2 檔、3 檔股票，我認為我對這些股票有所了解，並且我認為我在哪些方面具有優勢。」他甚至說：「我認為支持投資多元化的人，我稱之為多慘化（截至 2021 年年底，蒙格的個人投資組合裡主要就真的只有 3 檔股票：波克夏、好市多、喜馬拉雅資本（未上市））。」

分散投資很難有超額報酬，因為你在決定採用分散投資時就已「自動放棄」賺大錢的可能性了。理論和實務上皆不可能，因為基本的邏輯就不合理。正如蒙格所言：「想要有超額報酬，又想使用分散投資組合，這根本上就很荒謬。」就像一般人都想要同時具備安全、穩健，又想要有高報酬的投資標的一樣荒謬（1-4 提過 2018 年台灣修訂公布的《信託業法》第 31 條規定：「信託業不

得承諾擔保本金或最低收益率」）。

　　除非你一開始就只想要平庸的報酬，那這樣還不如買追蹤大盤的 ETF，還能確保不錯的報酬並省去一堆麻煩事。因為投資組合愈分散，效果就愈貼近市場大盤。

投資組合再平衡恐削弱複利威力

所有和投資組合有關的策略，身為投資人，都必須花時間想清楚。因為就長期而言，它們會決定你的投資總績效，投資人不可不慎。投資人長期被灌輸的「投資組合再平衡」觀念，主要進行的方式有以下幾種：

1. **定期進行投資組合再平衡**：也就是每隔固定的時間（例如 1 年或半年），賣出投資組合中表現好的標的，加碼買入投資組合中表現較差的標的。

2. **標的再平衡**：每隔固定的時間，賣出投資組合中表現較好的某個領域（例如科技股）的標的，加碼投資組合中表現較差的某個領域（例如醫療保健股）的標的。

3. **不同資產類型的定期再平衡**：每隔固定的時間，進行股債的再平衡（比如股債比設為 6：4，或是以 100 減去投資人年齡作為組合中股票的百分比，而因為高齡化，近年 100 已被改為 120）。也就是如果期間的股票或債券上漲超過事先設定的比率，就藉由賣出超過一定比率者，加碼比率下降者。

提倡投資組合再平衡者的3種説法

主張投資組合再平衡者的説法如下：

説法1》市場會輪漲、類股會輪動、表現較差的標的會起死回生、漲太多的標的接著一定會下跌

就像提倡波段操作者一樣，這2種看法都毫無事實或科學的根據，純粹只是對市場的想像、期望或猜測。市場比你我想像的複雜，股價的波動不可能有公式可遵循。

説法2》分散投資才能減低風險，漲太多的股票會占掉投資組合太高的比率，實在危險

這種看法實在似是而非。一如蒙格的名言：「高品質的優秀企業，股價通常高不可攀。」有競爭力的股票漲幅本來就比平庸的股票大得多，就像是工作能力好的員工，原本就值得更高的薪水。堅持賣掉表現較好的股票、反而強迫自己買進表現較差的股票，就如同「拔掉鮮花為雜草澆水」舉措般的不合理。

説法3》股票波動劇烈，必須配置債券並定期再平衡

這種倡議的立論是認為集中資金於股市，萬一碰到崩盤就會招致重大的損失，因此必須配置債券降低波動。然而不論主張採用6：4或100減掉投資人

年紀的股債比所組成的投資組合，債券比率都太高。

　　試想，一個組合中含有比率近半是注定報酬很低的投資標的，如何能在長期後保障投資人的生活？優秀的債券（國債或投資等級的公司債）長期報酬率極低，連通膨都抵抗不了（平時很多人或許會對這種看法存疑，但 2021 年開始反轉，蔓延全球，改寫 40 年前紀錄的超高通膨率，所有的人立刻就能體會了），報酬高的債券有違約的可能性，即使沒違約，它們的報酬還是差股票一大截。過去 20 年標普 500 指數計入股利的長期年化報酬率是 9.431%，但以 2022 年 9 月 12 日為例，美國 20 年期的國債投資報酬率也才只有 3.76%！

　　再者，定期再平衡的倡議，則是典型地鼓勵散戶的羊群心態、短視近利的做法，且容易造成短期進出，以及增加交易的摩擦成本，唯一有利的是財富管理業者。

　　犧牲超額報酬以換取低波動，明顯不合理，這種說法只是用來糊弄思慮不周的投資人。否則把投資組合內容全換成幾乎不會波動的全貨幣基金豈不更好？請注意，「投資組合談的都是長期報酬」，任何投資資產都有風險，股市長期走勢是向上的，股市也不可能天天崩盤，不需要因噎廢食。長期投資自然會消除股票的高度波動的這項不利因子。簡言之，我認為投資股市並不需要做任何的再平衡，因為會使得長期投資產生複利的威力消失。

投資組合再平衡可以說是「劣幣逐良幣」

巴菲特為了引用彼得·林區在《彼得林區選股戰略》（One Up On Wall Street）一書中的名言：「拔花為雜草澆水。」來說明投資組合再平衡的不合理性，還特意打了通電話給彼得·林區，尋求他的同意引用這句話。投資人不妨想一想，在投資的深奧世界，你的精明程度，能高過巴菲特再加上彼得·林區，這 2 位已獲世人認可的投資大師相加近 200 年所累積的投資智慧嗎？

投資組合的再平衡，根本是一種「劣幣逐良幣的不合邏輯投資行為。」如果市場和你過往的報酬已經證明現有的投資判斷是對的了，為什麼要放棄已經獲得市場驗證成功的投資判斷，改變策略去投資被市場證明報酬較差的標的呢？

過度交易將增加不必要的摩擦成本

你不須要有過人的智商，只須要回想一下，是哪些人在提倡投資再平衡的？最初發明這套說詞和提倡最力者就是財富管理業者、扮演財富管理業啦啦隊的財經名嘴、或是象牙塔裡的財務金融學者。

當然他們必須編織出一套美麗和看似合理的說詞，否則投資人怎麼會被說服呢？最好的方式，就是發明一套看似合理的所謂理論，向投資人展示他們精心

修改或片面的統計資料，再找所謂的專家解釋，最後利用銷售人員的舌燦蓮花的話術進行心理戰，不斷地洗腦——這是華爾街標準的商業推廣模式。

資本主義的社會下，任何的行為都有商業目的。你只要把這些事想清楚，答案就出來了。投資組合再平衡只會讓你付出不必要的佣金和心力，唯一獲利者是賺取你佣金和手續費的華爾街業者。

不要對世俗約定、群眾早有定見、大部分人都同意的看法或做法，視為理所當然地全盤接受。在股市投資的世界，群眾代表的是大盤。除非你一開始就打定決心，不想要有超額報酬，只想尋求平庸的報酬，我想很少人會作此想吧！況且即使如此，群眾們最後取得的報酬，並不會是大盤的報酬，因為扣除摩擦成本，會比你想像的大盤報酬少很多。

傑森・茲威格（Jason Zweig）統計 1991 年到 2004 年間，共同基金業者的平均報酬是 7.4%，但最後真正落入客戶口袋裡的只有 5.9%！約翰・柏格（John Bogle）指出，1984 年至 2004 年間，頂級股票共同基金的平均報酬是 9.9%，但客戶只獲得了 6.6%！中間的差距就是摩擦成本。如果你買追蹤大盤的 ETF，不僅平均報酬會比基金業者好，也省下這些摩擦成本；最重要的是——你根本不需要進行任何的投資再平衡。切記，「在投資世界裡，讓你覺得舒服的東西很少會獲利。」

Chapter

5

個股解析

改變供需的「破壞性創新」成為10倍股誕生關鍵

10倍股為何能成為10倍股？形成的原因不外乎以下幾項：

1. **擁有強大的護城河**：具有強大的護城河再加上夠大的潛在市場，只要給企業時間，10倍股都是水到渠成的事。關於護城河，請參見我在《超級成長股投資法則》一書2-2、2-3、2-4的詳細說明。

2. **破壞性的創新**：破壞性創新會帶來新業務，這是一般人最容易理解的成因。

3. **供需的大幅變化**：大部分的大宗物資或傳統產業都是屬於這種成因。

4. **全球或系統性的事件**：這也很容易理解，包括新冠肺炎疫情、戰爭、金融海嘯、網路泡沫、所有的股市大崩盤等。值得注意的是這種成因沒有持續性，無法每年重複地為企業帶來獲利。

5. **資本操作**：最顯著的例子就是許多在店頭市場上市的股票、超小型股、雞

蛋水餃股、垃圾股等上市企業股票的暴漲和劇跌。這些股票具有市值小、低股價、低流動性、平均成交量很低、對外流通股數少、沒有即時報價等共通特性，因此容易成為不當價格炒作者的目標，導致股價極大幅度地暴漲和劇跌。在有心人士的操作下，使股票在短期間內很容易就能巨幅震盪，形成驚人的價差。

除了店頭市場上市的股票、超小型股、雞蛋水餃股、垃圾股等一般人不會持有的股票外，即使是大型股或穩定股，資本操作也是影響股價的主要因素。因為大部分讀者都不是很了解資本操作，我們會在 Chapter 6 再進行詳細地討論。

破壞性創新包含6項成因

10 倍股形成的原因主要是「破壞性的創新會帶來供需的大幅變化」。儘管供需是經濟的基本原理，但沒有破壞性的創新就不能帶來差異化，沒有差異化就無法區分優劣，也無法創造新的市場。破壞性創新的成因包括：

1. 新的商業模式：例如行動運算、訂閱制、軟體即服務的出現，改變整個軟體行業。

2. 新技術：技術只要能商業化，獲得市場接受，一定具有無限的商業利益。但真正是全新的發明並成功商業化者寥寥無幾，極為罕見。能商業化且成功獲

利者，通常不是該領域技術的最原始發明者，而是技術的改良者或整合者，這方面最成功且最著名的就是蘋果公司。

3. **供應鏈關係的重塑**：例如全球化的製造大幅降低成本、讓企業增加供應商的選擇。最成功的例子就是耐吉、蘋果、沃爾瑪的全球供應鏈，讓商品普及化和平價化。

4. **速度**：有能力早日將產品推出到市場者，都能搶占市場的灘頭堡，取得先行者的優勢，擁有話語權、定價的權力。最重要的是，容易變成該領域的規格制定者，決定行業未來的走向，當然會對後進者形成壓迫或建立進入障礙。

5. **價格**：任何商品只要能夠大量製造後，一定能造成價格的破壞，因為基於相同功能的買賣行為，無法差異化，最後的決定因素一定是建立在比價效應上，而最終能攫取該行業大部分利潤者，通常就是擁有雄厚資源規模化成功的業者。所有大宗物資業都屬於這一類，包括石油、家電、個人電腦、記憶體、面板、農產品、基本原物料、以及公用事業、大眾運輸服務等。

6. **人才的整合**：美國透過人才的簽證制度，矽谷無限的創業引擎，結合全世界最活躍的風險投資業，再加上美股在估值、多樣性、規模的優勢，讓全世界所有最優秀的人才都齊聚美國，使美國自第二次世界大戰後在各個產業都能成

為世界的領導者、美國的廠商能跨國經營，獲取所有產業的大部分利益。

最好的商業經營模式就是能提供壟斷式平台

前述的 6 大原因，都可能形成破壞性的創新，徹底翻轉既有的市場。不論是何種成因，一般而言，破壞性創新形成後，都能造成以下的結果：

1. 命運完全掌握在企業自己手中。

2. 至少可以使市場倍數地線性成長，優秀者甚至可達到冪次方甚至是指數型爆發性成長（詳見「補充知識」圖 1 關於線性增長、冪次方增長、指數增長的比較和說明），讓企業未來有無限成長的空間。

3. 以經濟學的基本供需來看，是市場有求於企業，使企業占據有利的地位。

4. 利潤豐厚，通常具有漲價的權力。

最具代表性的例子就是微軟與蘋果建立的壟斷式平台。微軟創辦人比爾‧蓋茲（Bill Gates）曾經為平台下過如此定義：「平台是指使用它的每個人的經濟價值，超過創建此平台企業的經濟價值。」這家企業是否具有屬於自己、明顯強大的獨特生態系統？如果答案是肯定的，讓客人沒有選擇，且企業還擁有隨時漲價的權力，那就證明這個平台的商業壟斷能力。壟斷式的平台型企業具有自動集客式的能力，能主動吸引客戶上門，不必投入廣告或營銷資金，就能自

動發揮群聚和網路的效應，並為公司帶來龐大的利潤。

　　最好的商業經營模式就是能提供一個壟斷式平台，不必隨客戶的增長，再進行等比例的資本投入。這樣的商業經營模式可以具有相對較低的資本投資、取得較高的回報、而且還具有高度的企業業務規模延展性，目前的網路科技巨擘都具有這項特徵。

　　例如字母的 Google 搜尋引擎，只要開發相同的一段程式代碼，全球幾十億的網際網路使用者重複使用的就是相同的一段程式代碼。電商巨頭亞馬遜不論有多少買家和賣家，都是使用同一個網站下單出貨，買賣家愈多，亞馬遜能取得的分潤就能等比上升。蘋果的 App Store 和字母的 Google Play 行動程式商店，不論有多少程式上架，使用的都是同一套系統，但抽取的佣金卻是隨程式的下載銷售數量等比例計價。

　　平台具有無限的延展性（尤其在現今的網路時代，這點特別重要），不必為不同客戶量身訂做，資本投入可以很容易被高度規模化，取得驚人的投資回報。這也是這些科技巨擘為何營收、利潤和市值規模都能一再突破史上新高，不會有極限的根本原因。

　　本章接下來將藉由一些最著名的企業發展案例，來說明我所討論的破壞性創

補充知識 **冪次方、指數型增長會隨時間向上陡升**

線性增長隨時間表示的趨勢圖是一條向上的直線，會隨時間穩定平滑地「直線」上升。指數增長或冪次方增長隨時間表示的趨勢圖，則是一條向上彎曲的「拋物線」，會隨時間向上陡升，不會是直線。

而指數增長的幅度，隨時間的增加，會比冪次方增長陡升的幅度更為劇烈。三者的典型數學表示方程式為 f（x,y），x為時間、y為底數基礎。以下就是3種增長方式在經過3年後的簡單範例演算值，假設底數基礎值為10。圖1是這3種增長方式的典型走勢圖形示範。

1.線性增長：f（x,y）＝x*y＝10*3，10＋10＋10＝10*3＝30

2.冪次方增長：f（x,y）＝x^y＝10^3，10的3次方＝10^3＝1,000

3.指數增長：f（x,y）＝y^x＝3^10，3的10次方＝3^10＝59,049

圖1 指數增長幅度隨時間增加更為劇烈
——3種增長方式的典型走勢

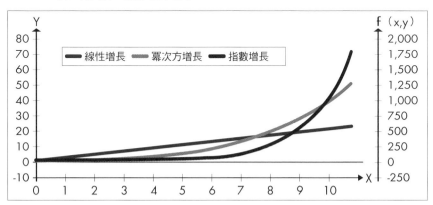

資料來源：Wikimedia

新是如何能帶來新的業務；以及這些成功的企業如何把握了自身的優勢，成功翻轉現有市場，為自己帶進可觀的利潤。成功不能 100% 地完全地被複製，但是藉由這些成功企業走過的道路所具有的共通性，再加上投資人自身投入的研究和判斷，可以幫助投資人發掘未來的 10 倍股。坦伯頓基金創始人約翰・坦伯頓（John Marks Templeton）曾表示：「成功有跡可循。」投資要成功沒有公式，但是有方法；我們要自己找出方法，而不是靠明牌。

5-2

露露檸檬》抓住女性健身風潮 專注瑜伽服飾大獲全勝

服飾業供應鏈經歷幾百年的發展，其實已經是非常成熟完善的傳統產業，要想依賴技術突破來獲取長久的立足之地，並非易事。

我們在 3-5 簡單提過，露露檸檬選擇「女性」、「瑜伽服飾」這 2 個體育休閒服飾行業為突破口，正是行業領導商耐吉最不在行的領域，並抓住新一代女性的健身風潮而大獲成功。露露檸檬自 1999 年創立到 2007 年上市，再到 2022 年突破 500 億美元的市值，達到這樣的成績，同業第 2 大廠商愛迪達（Adidas，美股代碼：ADDYY）用了 70 年，而露露檸檬只用了 23 年。

在露露檸檬之前的瑜伽服，普遍存在舒適感差、排汗性差、不夠貼身等問題，露露檸檬解決了這些問題，讓使用者穿上後可展現出瑜伽健身後傲人的健身成果，凸顯出腿部和臀部曲線，讓品牌迅速暴紅，改變了瑜伽服只是室內練習服和低價的定位。

由於在它之前的大部分品牌都專注於運動性能，缺乏時尚感；而露露檸檬商

品除了舒適及修身，還改變運動褲顏色單調的問題，融入各種顏色和圖紋，讓使用場景不再侷限於健身房，吸引很多不練瑜伽的女生也注意到這個品牌，藉此擴展到非瑜伽健身的市場，成為另一種時尚的流行和生活方式的標誌。

女裝產品占營收約7成，品牌經營相當成功

露露檸檬上市前曾委託第三方公司調查，發現僅 25% 的購買者是特意購買用來作為瑜伽運動的服飾，其餘購買者看中的是產品時尚性，可用於平日穿著搭配。這家公司還透過品牌大使積極參與社區活動，投入與消費者建立持久的情感連結。2018 財年到 2020 財年，公司在女裝產品的淨收入占總收入的比重均在 70% 左右，可見品牌經營有多麼成功。

露露檸檬創辦人奇普・威爾遜（Chip Wilson）很早就給出公司主要客群的清晰定位，他描繪的用戶畫像是：「1 位 32 歲、年收入 10 萬美元的單身女性，有自己的公寓，熱中時尚也熱愛運動，每天在忙碌之餘會花上 1 個半小時健身，願意花 100 美元購買 1 件瑜伽褲。」現在看來，簡直是一位先知。

露露檸檬成功取得超高定價權的祕訣，值得所有新興品牌借鑒。其中，包括社群運營、產品研發創新、直接銷售給終端客戶的模式，構成了它暴紅的基礎邏輯。當一個國家或地區的生活和消費水準提升之後，藉由瑜伽這種具有熱

烈生命力的運動，結合新一代女性定位的品牌將會有很大的上升潛力。而且露露檸檬還擁有服裝零售業最高的坪效，直營店每平方公尺年銷售額高達 1 萬 7,000 美元，這在全美零售業中排名第 4，僅次於蘋果、墨菲加油站（美股代碼：MUSA）、蒂芬妮（Tiffany，已被路易·威登（Louis Vuitton）併購，美股代碼：LVMUY），同業安德瑪和耐吉均不及它的 1/3。

直覺手術》擁4200項專利
長期寡占手術機器人市場

醫療手術機器人出現之前，外科微創手術主要是利用腹腔鏡，醫師本身巧手的靈活程度及開刀當天的精神狀態，都會影響病患傷口的大小、未來的恢復、甚至是手術的成功機率。手術機器人出現後，基本上解決了上述的這些難題。

直覺手術（Intuitive Surgical，美股代碼：ISRG）可視為醫療手術機器人行業的蘋果公司，這家公司所推出的達文西醫療手術機器人，應該是最多才多藝的手術機器人，根據該公司文件正式的記載，2000 年以來被 FDA 核准可以施行的手術類型至少就有 10 大類。截至 2021 年為止，總共擁有超過 4,200 項美國和外國專利的使用許可，並已提交超過 2,100 項美國和外國專利申請。這要歸功於公司在成立時，就是一個以科技為導向的公司，極為注重專利；若沒有專利的保護，產品立刻會被仿冒。

運用「刮鬍刀片商業模式」獲利

達文西醫療手術機器人，最便宜的一台至少要 150 萬美元。這看來就已經

很好賺了，不是嗎？但直覺手術生財有道，達文西醫療手術機器人賣出去後，光是安裝費用一次就要近 20 萬美元，還有後續的訓練、每次手術、保養、耗材等，都要收錢，這可就厲害了，醫院使用一台機器人，估計每年要支付 50 萬美元。尤其是它所有耗材被設計成只能用一次，開完一次刀，全部都得換新的，這就是吉列刮鬍刀令人欽羨的「刮鬍刀片商業模式」（Razor and blade business model），也就是公司的營收來源，主要是靠較低價格但需時常替換的刀片的經常性收入，而非高價卻只有單次收入的刀具的一次性收入。

2021 年直覺手術的總營收中，有高達 75% 來自這些可重複發生的經常性收入。這種商業模式和軟體業近年興起的 SaaS 廠商訂閱模式很類似，具有平台轉換成本的護城河、長期穩定容易預測的現金流、細水長流等特性，是投資人最喜歡的企業類型。直覺手術的競爭對手都是醫療界存在已久的老前輩，個個都來頭不小，擁有近乎無限的資源和充沛的醫療界人脈，每個人都對這家公司的成就虎視眈眈，但都拿它莫可奈何。到 2021 年年底為止，全球已經安裝了 6,749 台達文西醫療手術機器人，總共進行過 1,010 萬次的達文西醫療手術。根據 BIS Research 的調查，直覺手術在醫療手術機器人市場的市占高達 80%，足見該公司產品受歡迎的程度。

人生病了，刀還是得開，因此基本上不會受到經濟景氣的影響。而且全球各國人口老化是不可逆的趨勢，年長者需要進行的手術只會多不會少，長期的潛

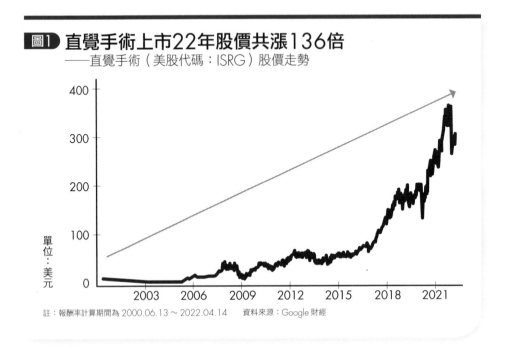

圖1 直覺手術上市22年股價共漲136倍
—— 直覺手術（美股代碼：ISRG）股價走勢

單位：美元

400
300
200
100
0

2003　2006　2009　2012　2015　2018　2021

註：報酬率計算期間為 2000.06.13 ～ 2022.04.14　　資料來源：Google 財經

在市場只會隨時間愈來愈大。直覺手術從上市以來，分別於 2017 年及 2021 年進行股票分割，2 次都是 1 股拆 3 股的分割。從 2000 年 6 月 13 日上市至 2022 年 4 月 14 日，股價上漲 1 萬 3,678%，是 1 檔百倍股，換算成年化投資報酬率是驚人的25.27%！同期間標普500指數年化報酬率僅5.17%。大家看一下它的股價走勢圖，幾乎是完美的向上曲線（詳見圖 1）！

5-4

好市多》以客戶利益為導向
獨特銷售模式成零售業翹楚

每家企業都會把「以客為尊」這句話掛嘴邊，甚至寫進呈報給SEC的年報裡，但是真正可以落實，且讓顧客明顯感受到的企業其實很少，而好市多絕對是其中之一。所有的消費者購物都必須入會，繳交年費，會員費與營收比約 2%，幾乎等於淨利潤率。2021 年會員費收入為 38 億 7,700 萬美元，占其淨收入的 77.43%。

也就是說，如果不收會員費，淨利潤率就等於 0，它就是完全不賺錢的！這種獨特的商業模式，在商業界其實很少見，但是好市多卻經營得很成功。

截至 2021 年年底，好市多全球會員人數達到 1 億 1,310 萬人，其中付費會員 6,170 萬人、金星會員為 3,610 萬人、商業會員為 2,560 萬人。2022 年第 2 季商業會員占付費會員更上升為 42.7%，而銷售額則占總銷售額的 70.9%。截至 2022 年第 2 季，全球續訂率繼續上升至 89.6%，美國和加拿大地區為 92%。會員可以獲得銷售額 2% 的紅利獎勵和其他產品的優惠政策。回饋金最高每年獎勵 1,000 美元，2021 年平均每個付費會員貢獻的商品淨

銷售額為 3,112 美元。

好市多的聯合創始人兼長年的執行長詹姆斯·辛格（James Sinegal），長期在一間沒有裝潢像庫房的小辦公室裡工作，自己接待外賓，沒有祕書。他認為倉庫中任何商品的售價都不應超過成本的 14% 至 15%，同業沃爾瑪是 24%、目標百貨（Target Corporation，美股代碼：TGT）則是 29%。因為較高的商品定價會導致客戶失去信任（根據 2021 年度財報，好市多的毛利率為 11.13%）。

根據 ACSI 滿意度評分，好市多的客戶滿意度常年位居第 1。摩根大通 2017 年調查數據顯示，好市多的價格僅為亞馬遜旗下全食（Whole Foods）的 42%；此外，對 100 種產品的抽樣調查顯示，好市多的價格平均比全食低 20%。2011 年，好市多的財務長理查德·加蘭蒂（Richard Galanti）在一份報告中表示：「從歷史上來看，人們總是問，誰是你最難對付的競爭對手？我認為是執行長詹姆斯。」

好市多整個公司都信奉不需多餘的裝飾的政策，專注為客戶帶來價值。平均只會銷售 3,000 至 4,000 項產品，而沃爾瑪有 12 萬至 14 萬項，亞馬遜則高達 6 億件商品。甚至如果是市面上廠商的貨品性價比或品質不佳，好市多索性推出自有品牌科克蘭（Kirkland Signature）商品來取代；科克蘭品牌商品的

售價比市場同類商品低 20% 至 30%，2011 年科克蘭品牌商品的營收已占好市多年營收的 31%。好市多透過為顧客先篩選不必要或賣不好的商品，同類商品幾乎只會留下最暢銷的品項。

販售較少的項目有許多好處：較少的供應商管理、門市展示易於安排、和供應商議價時有較大的折扣幅度、減少客戶購買時決定的速度、增加購買意願、而且能提高存貨的周轉率。

本業利潤率及貨品銷售速度，皆明顯優於同業

而確保費用率低的根本原因在於營運管理，20 多年來，好市多的銷售、一般和行政費用（SG&A）始終維持在 10% 左右，是同行的一半不到。2021 年好市多的坪效是每平方公尺 1 萬 7,985 美元，遠高於同業的水準。沃爾瑪為 5,838 美元、沃爾瑪旗下的山姆會員店是 9,337 美元、BJ 批發俱樂部（美股代碼：BJ）8,833 美元、目標百貨是 4,310 美元。

近 20 年來，好市多的存貨周轉天數穩定維持在 30 天～ 32 天左右，這數字低於同業平均；對比同業，沃爾瑪是 42 天、BJ 批發俱樂部 35 天、目標百貨 58 天。較少的存貨周轉天數是指是公司售出存貨的天數較短，顯示公司具備高效能的庫存管理能力，以及良好的銷售成績。由於好市多周轉快，貨物通

常在給供應商付款之前就被出售，有利於現金流的增加。

　　請注意好市多的原名是好市多倉庫，有 70% 的商品會先送到區域物流集運點，合併後集中運轉，30% 的商品則直接送到門市。它直接把供貨商進貨來的整捆貨品放上貨架，賣場就是個有冷氣和收銀台的倉庫，這樣可以省去倉儲成本、進出貨時間、也不必煩惱賣場的格局規畫、拆箱、分裝，而且可以刺激銷售量。沒有廣告預算，員工離職率只有 5%，每年商品遭竊的比率為 0.1% 至 0.15%，同業平均值則為 3% 以上。

　　好市多還具有超高的自有物業比例、交叉轉運配送、低廣告促銷的經營管理模式，使得其在員工、折舊及攤銷、倉儲運輸、營銷費用率上可以分別比同行減少約 4%、3%、2%、1% 的費用，這些措施加在一起，使公司的整體營業費用率可以比同業低 10 個百分點，造成多年來，好市多在同業中奇低的營業費用率，大幅提升公司的競爭力，表 1 就是好市多和競爭廠商在營業費用率和營業利潤率的比較。

　　從 1997 年起就是好市多董事會成員的蒙格曾表示，好市多有一項亞馬遜並不具備的獨特元素——公司文化。「這點非常重要！」蒙格在回應後來關於評估公司文化在投資決策中的重要性的詢問時說。「令人驚訝的是，像好市多這樣的公司取得成功的部分原因。一家幾十年前成立的小公司，可以那樣迅速發

表1 好市多營業費用率明顯低於競爭對手

——好市多（美股代碼：COST）與同業的營業費用率、營業利潤率比較

項目	好市多	沃爾瑪	BJ批發俱樂部	目標百貨
營業費用率（％）	9.22	20.57	14.64	20.73
營業利潤率（％）	9.16	4.53	3.83	8.55

資料來源：各公司財報

展壯大，部分原因是文化，它們創造了一種強烈的文化，對成本和質量等，以及效率和榮譽等一切美好事物的狂熱。當然，這一切都奏效了。因此，當然文化非常重要。」

　　好市多目前是全球第 3 大零售商，美國第一大連鎖會員制倉儲量販零售商，30 年來營收成長了 14 倍，業績成長了 21 倍。作為會員制倉儲連鎖超市的開創者，1992 到 2021 的財年期間，公司年度總營收從 141 億美元增長到 1,959 億美元，複合成長率約 9.5％；會員費收入從 2 億 8,000 萬美元增長至 38 億 7,700 萬美元，成長了 14 倍，複合成長率約 9.5％；公司淨利潤也從 2.42 億美元增長至 50 億美元，成長近 21 倍，複合成長率約 11％。

　　好市多是極其少數除了會每季發放現金股利外，三不五時還會不定期額外加發大額現金股利的上市企業，股票回購方面也不落人後。

237

看看它的本益比，竟不會比亞馬遜差到哪裡去！它不是科技公司，電商部門營收只占 7%，比亞馬遜差多了，更沒有雲端運算部門這種「現金牛」部門能產生大量的盈餘可以挹注公司的營運，它只是個很傳統的實體通路零售業，卻能享有比大多數科技公司還高的 49.59 倍本益比（2021 年 12 月 10 日統計值）！

好市多業績表現突出，前景依舊看好，但它應該也是美股裡面數一數二股價非常昂貴的企業，它令人咋舌的市場估值超過大部分科技業的股票，而且近 10 年來的股市崩盤、市場大幅修正，或是新冠肺炎疫情，似乎都對其股價沒有大幅度地影響。在股市風平浪靜時，它的股價會因為業績表現優秀而一直上漲；但遇到系統性風險，大家都在下跌時，它也幾乎不受影響，才會造成了估值一直上升。

5-5

埃森哲》科技界的麥肯錫
全球500大公司多為長期客戶

埃森哲是全世界最大的科技諮詢顧問公司,常被稱為「科技界的麥肯錫」（McKinsey,全球規模最大的企業管理顧問公司）,而且成立至今 30 多年來一直沒有同等級的競爭對手,因此它在資本市場的估值一直很高,甚至還經常超越 2 家軟體巨擘——微軟和字母。

埃森哲公司的業務橫跨企業重組、業務流程規畫、核心業務外包、最新科技的引進等,但它的核心價值主要還是偏重於實作和落實。相較於大多數人所知道的麥肯錫或波士頓集團（Boston Consulting Group）這 2 大顧問公司,則是偏重於策略規畫,這兩者通常不負責落實和真正的流程實作。比如導入專案,找顧問團隊逐一重新變更和設計公司的流程,這就是埃森哲的工作。

埃森哲是歐美大型企業眾所皆知的公司,因為它有可能是企業最後救命的稻草。埃森哲無時不刻都在透過併購小型新創更新自身的實力,有能力隨時為客戶實現最新最先進的科技和流程,因為這是大型企業僱用埃森哲做專案的主要目的。基本上埃森哲只做全球前 500 大企業的專案,因為它的要價很高,中

小企業根本負擔不起，台灣只有台積電是其長期客戶；美國國家數位貨幣的長期專案就由它統包，這充分證明這家公司的能耐和影響力。

沒有同等級的競爭對手，具漲價能力

埃森哲這家企業有個很大的特性，名列財富 500 大排行榜的企業幾乎都是它的長期客戶，2021 財年公司的前 100 大客戶中有 98 家合作超過 10 年。至今因為沒有同等級的競爭對手，具有漲價的能力；且所有的營收都是多年簽約的長期客戶，因此不受短期經濟不景氣的衝擊。以 2017 年到 2021 年的過去 5 年為例，它的淨利和自由現金流（Free Cash Flow，FCF）的平均年化成長率分別為 14.14% 和 17.21%。以埃森哲 2,000 多億美元市值而言，這是很不容易的數字。

埃森哲和母公司分拆前，集團本身是當時 5 大會計師事務所，嚴控成本和風險，堅持維持在各產業的毛利率。由於顧問的薪酬非常高，2021 年的淨利率只有 11.85%，這是行業的特性所造成的。在此要強調，無論何種行業，都要用毛利率判斷公司營運優劣指標，因為若只比較營業利潤率和淨利率，會扭曲它實際上賺錢的能力。這家公司的組織部門設計和所聘用的員工都是以產業為導向，形成和客戶營運充分結合的共生關係。擁有數十年以上的產業知識，沒有任何公司能出其右，藉此也累積數十年的產業經驗，這才是它最核心的競爭

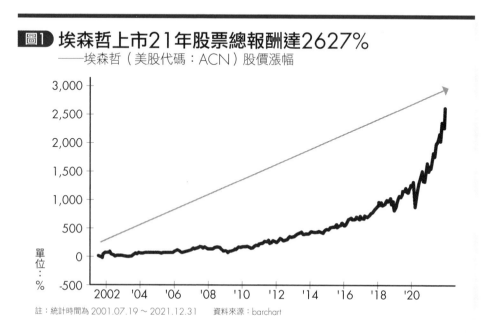

圖1 埃森哲上市21年股票總報酬達2627%
——埃森哲（美股代碼：ACN）股價漲幅

註：統計時間為 2001.07.19 ～ 2021.12.31　　資料來源：barchart

力來源，其他公司根本無法複製。它的顧問群在實務上的營運經驗，能夠為客戶帶來立即而且貼近實務內行的利益。

　　如圖1所看到的，埃森哲 2001 年上市到 2021 年年底，股價趨勢圖是向上一路攀升的完美線圖，而且股價波動很小，這 21 年來的股票總報酬率為 2,627.95%，換算為年化投資報酬率為 16.84%！同期間代表美股大盤的標普 500 指數年化報酬率只有 6.3% 而已。

輝達》業務持續創新
稱霸7大科技領域

在商場上的任何一個行業,要改變行業的遊戲規則是幾乎不可能的事,如果有企業真能辦到,那絕對是能發大財,為自己鋪平亮麗的企業前景。輝達正是電腦硬體界近 10 年來,極為罕見能成功改變行業「遊戲規則」的企業。

如果你問科技業和市場近年最熱門的投資領域是什麼?大多數人會給你以下的答案:網路遊戲／電競／遊戲機、人工智慧、雲端計算、大數據與數據中心、自動駕駛、加密貨幣、元宇宙等 7 大科技領域,而輝達就是在上述所有領域都擁有領先技術的科技巨擘(詳見表 1)。最重要的是,它幾乎被公認在這 7 大科技領域中都是領導的廠商,而不僅僅是追隨者而已。一家公司要同時涉足這7 大科技領域就已經不容易了,更何況還能同時成為領先者,受到華爾街的追捧也並非偶然。

取代英特爾在電腦硬體領域的龍頭地位

輝達在 1990 年代發明「獨立圖形處理器」(GPU)的電腦顯示概念,並被

表1 輝達各主要業務皆為該領域佼佼者

──輝達（美股代碼：NVDA）主要業務、營收占比與競爭對手

業務部門	主要產品、市占、成就、布局	2021財年營收占比（%）	主要競爭對手
遊戲和電競	遊戲和電競玩家必備的獨立顯示卡的市占80%以上	46.30	超微、英特爾
專業繪圖顯示	幾乎壟斷專業顯示產業的高階專業繪圖平台Quadro	7.84	超微
遊戲機	最火紅的任天堂遊戲機使用的正是它的平台	4.32	超微
雲端運算、人工智慧、大數據和資料中心	Grace CPU超級晶片、HGX和DGX高速運算、人工智慧、加速運算、資料中心運算平台DPU Bluefield、全球最小的人工智慧電腦 Jetson Nano	39.43	英特爾、超微
自駕車	以Tegra為基礎開發出Jetson，把行動運算、低功耗、專業影像處理、平行處理的專長成功運用到自駕車領域，推出Drive平台	2.10	英特爾、高通、特斯拉
加密貨幣	使GPU成為非專業ASIC晶片之外挖礦者的首選，並趁勢推出CMP（加密貨幣處理器）	0.20	超微、英特爾、挖礦機業者
元宇宙	Omniverse雲原生的元宇宙平台，提供逼真的渲染效果、音頻輸入／面部動畫輸出、驚人的視覺效果、RTX提供AI支援等功能	N/A	超微、微軟、埃匹克、Unity（美股代碼：U）、機器磚塊（美股代碼：RBLX）

註：N/A 表示無資料　　資料來源：輝達 2021 年財報、作者自行整理

業界廣泛採用。輝達的獨立圖形處理器大幅壟斷市場超過 3 年之後，需要尋找下一個收入來源；在 2011 年到 2014 年間手機和平板行業風起雲湧的移動設備戰國時代，輝達也嘗試過但失敗了。然而輝達的創辦人執行長黃仁勳卻表現出他不屈不撓的毅力，短短 2、3 年間，他重組團隊，正確判斷未來技術趨勢，將輝達最好、最基礎的 GPU 技術應用到人工智慧、雲端運算、大數據、數據中心、加密貨幣挖礦等不同領域，還將先前行動運算平台使用的低功耗技術，轉移到遊戲機和自動駕駛汽車領域（詳見表 1）。

相比之下，一直堅守同一硬體產品領域的英特爾和三星電子，卻遭遇重大的商業危機和挑戰，它們的共同點是，多年來的核心業務領域已不再是電腦硬體界領先的技術了，導致利潤逐年下降。組織龐大而僵化的企業官僚自滿，阻礙創新研發的步伐，導致新業務發展緩慢，缺乏自我反省能力（這幾句話是英特爾新任執行長派屈克‧格爾辛格（Patrick Paul Gelsinger）對英特爾近 20 年來為何會衰落的自我評語）。兩者都錯過過去 10 年行業主流轉型和雲端化的主要趨勢，以及軟體驅動科技產業的浪潮。

相比之下，輝達儘管在一度火爆的手機領域鎩羽而歸，而後仍能重新振作，不斷發展壯大；才不到 10 年，它已經成功取代英特爾在電腦硬體領域的市值和技術上的龍頭地位。資本市場也對這 3 家公司給予應有的回報，如圖 1 所示，到 2021 年 12 月 31 日為止，輝達股價在過去 5 年中上漲 1,024.26%、英

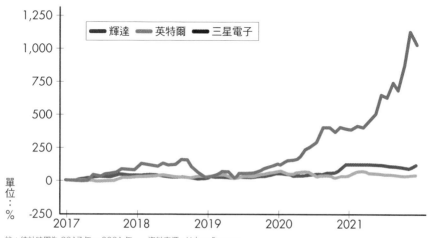

圖1 **輝達股價在2017年～2021年表現大勝英特爾**
——輝達、英特爾、三星電子股價漲幅

單位：%

註：統計時間為 2017 年～ 2021 年　　資料來源：Yahoo Finance

特爾上漲 34.43%、三星電子上漲 117.26%。輝達成為半導體行業全球的市值王，英特爾則不僅失去數十年半導體行業全球的市值王寶座，股價表現更是美股所有大型股中最差勁者。

　　輝達 2021 財年的年營收為 166 億 7,500 萬美元，與 2016 財年的 50 億 1,000 萬美元相比，5 年增長 232.83%。請注意，這是 5 年內的表現！輝達的成績，可以說是美股所有大型硬體上市公司中表現最令人驚豔的；而英特爾

在過去 20 年期間股價只上漲了 117.4%，是美股所有超過 2,000 億美元市值的企業中表現最差勁者。

　　在這些最熱門的科技領域，輝達展現非凡的領導力和驚人的成績，創造令人羨慕的利潤，顯見這家公司擁有驚人的競爭力，因為它正在改變整個科技產業的計算方式！也就是說，輝達藉由改變科技產業傳統的計算方式，重新制定了這個產業的遊戲和競爭的規則。改變產業的遊戲規則在任何產業都非常地困難，但輝達辦到了；這正是它為何能如此成功的根本原因。

5-7

Block》從付款裝置起家
建立中小企業金融生態圈

在科技界生態圈中，蘋果和微軟無疑是最成功的 2 大案例。蘋果形成高度的「果粉」忠誠度，讓競爭者難望其項背；而微軟 Windows 的生態圈，更讓 30 年來企業使用中的無數程式無法擺脫微軟的平台。

Block 就是一家從付款裝置起家，而後逐步壯大，成為擁有中小企業收銀付款生態圈的金融新創公司。這家公司於 2009 年成立，起初是發明出一項四方形（公司原名 Square 就是這樣來的）的小型硬體裝置，只要直接插入手機可以進行刷卡付款。在它上市之前我就注意到它，當時我對這樣的裝置和未來性產生高度興趣，因為我也有個台灣工程師朋友開發出類似功能的裝置。我在它剛上市時簡單做了一些功課，決定先觀望。當時的考量是，這純粹是一種硬體小裝置，雖然看似受歡迎且方便，但如果像我們在台灣的工程師，都能在工作之餘開發出類似功能的裝置，代表困難度不高，商業化的價值堪慮。

Block 於 2015 年以 9 美元股價上市，上市後如坐雲霄飛車般，股價上演過幾次大幅度劇烈的上下震盪。這段期間我持續留意它的發展，注意到它利用這

款裝置所累積的知名度和客戶，順勢推出供中小企業使用的收銀機台和軟體模擬的收銀付款程式，但我還是選擇繼續觀望。

2016 年開始，Block 除了一系列的行業軟體解決方案軟體，例如分別為零售業、為餐飲業設計的整套門店收銀付款軟硬體系統、iPad 上的收銀付款軟體。更重要的是，Block 還為這些產業的中小企業主，打造出針對每個產業的前後台軟體，包括收銀付款、進銷存、人事、會計、薪資發放、轉帳系統等。並開始透過併購小型軟體商，協助客戶強化營運資料分析，以及開辦客戶所迫切需要的金融信用服務。

這些發展，明確地顯示 Block 已創造出自己的潛在市場，並獲得大批中小企業主客戶的支持，而且利潤持續改善，證明公司的發展具有可持續性。此時我毅然決然地開始買進，雖然股價已經超過 20 美元，距離剛上市時已經上漲超過 1 倍，但我認為這樣的確認過程和等待是值得的——因為 Block 走到這一步，證明它經營出自己特有的中小企業的生態圈。

推出Cash行動程式，受年輕族群青睞

Block 的故事還不只如此，緊接著 Block 又推出名叫 Cash 的行動程式，讓行動裝置用戶在任何時間、任何地點，方便地進行轉帳；而且 Cash 行動程式還

四處和許多商家建立合作關係,讓 Cash 行動程式的用戶能在商家消費時享有
獨享的優惠集點,甚至於高於同業的直接現金回饋。

Cash 行動程式除了是美國較早期就支援比特幣交易的著名平台外,還開始
把已取得執照的數位銀行功能融入其中,真正發揮數位金融的便利特性。這項
發展表示 Block 已經同時擁有 2 大完全不同的生態圈。正因如此,證明我先前
選擇買進是正確的抉擇,此時我又再大舉加碼買入 Block。

除了中小企業商家的 Seller 生態系統,Block 又用 Cash 行動程式,攻占年輕
人和手機族群市場。Cash 行動程式的成功,對市場上已經存在的 PayPal 旗下
的 Venmo 行動程式造成壓力,因為兩者的客戶群重疊,功能相近,是直接的競
爭關係。Block 這家當初的小企業,從此可以和 PayPal 平起平坐,並列近年最
成功的金融新創行列;而且自動破除長期以來,市場上謠傳 Block 將被 PayPal
併購的傳聞,確定 Block 的產業地位。

收購先享後付業者Afterpay,攻進線上消費貸款市場

2021 年 8 月,Block 更以 290 億美元,收購「先享受後付款」3 大廠商之
一的 Afterpay,更強化它在新一代線上貸款的生態圈。先享受後付款的英文是
Buy Now, Pay Later,簡稱 BNPL,這樣的支付方式,免去過去信用卡或銀行

表1 Block跨足4大金融業務，消費者、中小企業通吃

——Block（美股代碼：SQ）主要業務與營運表現

部門名稱	主要業務	2021年的營運表現
Cash	**行動支付》**類似中國支付寶的超級金融程式，提供行動支付、轉帳、比特幣交易、股票交易、數位銀行……等服務	123億1,500萬美元，年成長106.35%
Square	**企業營運》**中小企業及商家的日常營運的前後端軟硬系統、硬體裝置、信用貸款和支付系統	51億9,300萬美元，年成長47.15%
Spiral	**加密貨幣》**只支援比特幣的交易，並致力推動開源專案讓比特幣成為全球首選的加密貨幣。而TBD則是專注於開發去中心化的比特幣交易平台	100億1,300萬美元，年成長119.02%
其他業務	不包括在以上3大部門的其他業務，例如串流音樂Tidal，以及許多進行中的專案	3,152萬美元

資料來源：Block

的信用審核，費用透明；改向商家而非消費者收手續費，以及比信用卡低很多的逾期金，也不會對未來的信用紀錄留下任何影響，屬於一種全新的金融新創業者的線上借貸方式，深受新一代年輕人的喜好，這一點和 Block 聚焦年輕人和顛覆現有金融體系的企業目標完全吻合。

而且 Block 除了可以結合 Afterpay 先享受後付款，以及 Cash 這個深受年輕人喜歡的行動理財程式之外，更可以和主打中小企業商家的 Seller 生態系統結合，讓中小企業商家不必再吃傳統銀行的閉門羹，也不必再有傳統信用卡的額度限制、信用背景審核的掣肘、或是可能的申請退件，讓中小企業商家有資金

可以周轉及擴大它們的生意。

　　從表 1 看得出來，Block 主要的業務版圖現在已經愈來愈清晰，全力朝向新一代的金融創新領域發展。創辦人看得很長遠，而且專門鎖定被傳統銀行，大型企業放棄或不屑一顧的中小企業商家、年輕人、甚至是學生，或是在數年前幾乎被所有人視為洪水猛獸的比特幣下工夫，找出突破口，並且及早進入，進行嘗試和整合。

　　隨著時間的推移，以及公司營收和財務各方面的表現而言，Block 的方向都是正確的，這一切也都反映在 Block 的股價走勢上，從 2015 年年底上市到 2021 年年底，Block 股價上漲 1,593%，也是我持股中，罕見只花 5 年就上漲 10 倍的股票。

特斯拉》軟體革命顛覆汽車產業 創造龐大商業帝國

特斯拉可以說是近 20 年,除了蘋果以外,在美股最具產業顛覆能力,也最值得投資人研究的案例。因為它幾乎結合了本書所會討論到的所有會成為 10 倍股的企業特徵,包括集天才、偏執、魅力、果斷、努力不懈、永不妥協於一身的創辦人馬斯克(Elon Musk)、顛覆汽車產業的電動車科技、產業整合的能力、龐大的商業帝國、資本籌措、政商關係,以及媒體的操作能力。

特斯拉2020年開始轉虧為盈,毛利率大幅改善

特斯拉目前是全球最大的電動車生產商,它的電動車生產已經具有規模化,這是身為典型製造業的汽車廠最困難的一步。截至 2022 年 7 月為止,特斯拉已量產的電動車超級工廠共有 4 座,包括美國加州、中國上海、美國德州和德國柏林;目前的年產能加州廠約為 65 萬輛、上海廠為 75 萬輛、德國廠 25 萬輛、美國德州廠則為 25 萬輛。

特斯拉在 2021 年交貨 93 萬 6,172 輛電動車,年增 89.21%。如圖 1,

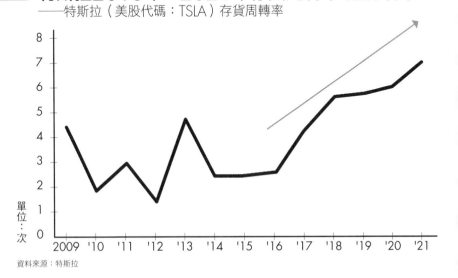

圖❶ 特斯拉2016年～2021年存貨周轉率明顯升高

——特斯拉（美股代碼：TSLA）存貨周轉率

單位：次

資料來源：特斯拉

過去 13 年公司周轉率平均值為 3.97 次／年，其中 2016 年～ 2021 年更有明顯升高趨勢，顯示銷售速度與日俱增。就連只聞樓梯響多年，一再推延上市時程的「電動皮卡」（Cybertruck），在 2021 年結束時的統計都已經拿到 120 萬輛訂單。Model 3 及 Model Y 這 2 款車型仍是特斯拉的銷售主力軍，2021 全年累計交付 93 萬 6,172 輛。根據美國選車重要指標之一的《JD Power》電動車研究顯示，Model 3 已經連續 2 年在高端電動車領域奪魁，成為消費者最滿意的電動車。特斯拉還不斷降低汽車的價格。以 Model 3 為例，

這款車從推出之後降價近 10 次，在中國的價格從最初的人民幣 35 萬元降到 2022 年年初的 25 萬元左右。

更不容易的是，特斯拉 2020 年開始轉虧為盈後，還能在短期內就取得 2 倍於主要競爭對手的毛利率，而且還持續在改進，這是很難得的成就。因為毛利率的大幅改善，通常只會發生在成熟的車廠，而特斯拉卻是一家仍在無限擴張中的企業。

汽車產業界最重要的財務指標是毛利率，而毛利率是決定汽車生產商能否在兼顧利潤和維持公司大規模生產，以及持續生存間取得平衡的關鍵。主要原因為汽車生產商是最典型的工業製造業，規模化優勢是決定生存和市占率的衡量指標。

根據特斯拉 2022 年第 1 季財報，毛利率是 32.9%（2021 年全年為 29.3%、2020 年是 25.6%）。據估計，特斯拉上海超級工廠的毛利率為 40%，而美國加州廠的毛利率為 20%。觀察主要競爭對手的毛利率，豐田（美股代碼：TM）為 19%、福斯為 17.5%、法拉利（美股代碼：RACE）和保時捷（美股代碼：POAHY）兩者約為 20%；而中國同業三大電動車商理想（美股代碼：LI）和蔚來（美股代碼：NIO）約為 18%、小鵬汽車（美股代碼：XPEV）則為 10%。

　　營業利潤率方面，特斯拉表現也很出色，甚至一路提升，2022 年第 1 季已達 19.2%。通用和福特全尺寸皮卡或 SUV 的營業利潤率，通常會在 20% 至 30% 範圍內，但這兩者都是存在百年的汽車商，公司營運已上軌道，才能繳出如此高的營業利潤率數字，像是 2020 年第 3 季度，通用北美的營業利潤率也僅有 15%。以特斯拉這種誕生相對不久的汽車商而言，算是很出色了。因為一般而言，不只在汽車業，所有的產業，都必須先改善毛利率，待毛利率改善後，才會有餘力進行營業利潤率的改善。

　　過去利潤較豐厚的高階車型──Model S 和 Model X 是特斯拉的主要出貨車款，雖然一些分析師預計，特斯拉 2017 年開始大量出貨較平價的 Model 3 和 Model Y，恐將損及特斯拉盈利能力（2021 年 Model 3 和 Model Y 合計出貨量占公司總出貨量的 97%），但現在看來這項預測並沒有發生。雖然特斯拉 2021 年平均售價超過 5 萬美元，比 2019 年下降約 6,000 美元；但 2021 年汽車銷售額（不包括租賃）達到 441 億美元，大幅高於 2020 年的 264 億美元和 2019 年的 194 億美元。因為 Model 3 和 Model Y 建構在同一個平台上並共享許多零件，大幅降低生產的複雜性和成本。

馬斯克逐步實現「軟體定義汽車」願景

　　不論 Model S、Model X、Model Y 或 Model 3，「輔助駕駛」（Autopilot）

都是標準配備，功能包括自動緊急煞車、前車碰撞預警系統、車道維持輔助系統、主動式定速巡航控制；「完全自動駕駛」（Full Self-Driving，FSD）則是較高價的方案，除了 Autopilot 所提供的功能外，還提供更複雜的功能，包括自動車道切換、紅綠燈辨識、可呼喚車主所在或選擇位置的「智慧召喚」等。

儘管 FSD 名為全自動輔助駕駛，實際上仍無法真正實現完全自動駕駛，至少到目前為止是如此。但採用軟體更新的基礎策略上誕生的 FSD，成功地讓特斯拉在軟硬體整合上完成和其他車廠的差異化——有能力透過遠端軟體隨時更新升級車子的現有功能，或是立即修正錯誤，並為特斯拉開擴另一項營收的來源。

特斯拉 2022 年 4 月份宣布，付費安裝使用 FSD 的用戶已突破 10 萬人。隨著自動駕駛功能的不斷升級，FSD 的價格也在不斷上漲，印證馬斯克關於 FSD 商業潛力的預測，而由他所提出「軟體定義汽車」的傾向也變得愈發明顯。

自特斯拉 2015 年推出 Autopilot 系統並進行收費，價格為每套 2,500 美元，不久後上調至每套 5,000 美元。而在 2019 年 3 月前，用戶可在 5,000 美元的「增強版輔助駕駛套件」（Enhanced Autopilot Package，EAP）之外，額外支付 3,000 美元獲得 FSD。就在同年 4 月，特斯拉取消 EAP，將 EAP 功能移到 FSD 中，FSD 則漲價到每套 6,000 美元，用戶可免費獲得基礎自動駕駛（Basic Autopilot，BAP）功能。

表1 **特斯拉自動駕駛軟體費用持續調漲**
──特斯拉（美股代碼：TSLA）FSD收費調漲列表

時間	Autopilot（美元）	FSD（美元）
2016.10.16至2019.02.27	5,000	3,000
2019.02.28至2019.04.10	3,000	6,000
2019.04.11至2019.08.15	免費	6,000
2019.08.16至2020.06.30	免費	7,000
2020.07.01至2020.10.21	免費	8,000
2020.10.22至2022.01.16	免費	10,000
2022.01.17至2022.09.04	免費	12,000
2022.09.05開始	免費	15,000

註：統計時間截至 2022.09.07　　資料來源：特斯拉

　　到了 2020 年 10 月，FSD 版本推出配備城市道路完全自動駕駛測試功能，價格上調至每套 1 萬美元，2022 年 9 月時特斯拉 FSD 再次漲價至 1 萬 5,000 美元，如表 1 所示。若採訂閱方案，基本的 Autopilot 和 FSD 功能方案，每個月 199 美元；EAP 加 FSD 功能方案，每個月 99 美元。

　　一旦特斯拉真如預期在 2024 年推出自動駕駛計程車（RoboTaxi）的服務，則配備功能齊全 FSD 套件的特斯拉汽車價格，可能在 10 萬至 20 萬美元之間。由於特斯拉並不會披露 FSD 的收入實際數據，但特斯拉的財務長扎克里‧柯克霍恩（Zachary Kirkhorn）在 2020 年第 1 季業績說明會議上，公開軟體「遞

延收入」的概念，並對 FSD 的收入如何認列進行過介紹。

　消費者選擇啟動 FSD 後，特斯拉會獲得 6,000 美元的現金，公司會將其中一半確認為當期收入、另一半則計為遞延收入。後續收入的確認規則為，當特斯拉在 FSD 新增加一項功能，就可將遞延收入餘額部分轉換為當期收入。據柯克霍恩的披露，截止 2020 年第 1 季止，特斯拉的 FSD 遞延收入已經超過 6 億美元。根據 Electrek 的資料，截至 2019 年，特斯拉通過出售 Autopilot 和 FSD 相關的套件獲得的收入已超過 10 億美元。

　根據 StockApps.com 數據顯示，每輛特斯拉汽車的研發費用為 2,984 美元，是產業平均水準的 3 倍，比福特、通用、賓士（美股代碼：DDAIF）三者研發費用加總還高。再根據預測機構 AFS 的調查數據顯示，由於晶片短缺和疫情因素，2020 年全球汽車產量為 7,762 萬 2,000 輛，年減 15.79%；2021 年減產量約為 1,020 萬輛，年減 13.14%。所有車廠都大幅被迫減少產量，但特斯拉例外，年產量分別年增 35.93% 和 89.21%。為什麼？

　面對這樣的挑戰，特斯拉採用的方式是重新改寫軟體去適應能夠取得的晶片，以符合自己的需求——可以說特斯拉以軟體重新定義了汽車工業，將自己的命運掌控在自己手中。傳統的汽車公司卻無法做到這一點，因為它們的大部分軟體和相關知識都依賴外部供應商。

被華爾街視為科技公司，本益比高達200倍

2022 年 4 月時，特斯拉股價的本益比是 200 倍，股價營收比是 20 倍，是所有大型股裡面最貴的。華爾街目前已經不用傳統汽車商的方式對特斯拉進行估值，而是把它視為是科技公司，主要就是它的軟體能力和未來潛力，這是它為何能享有高估值的關鍵原因。

特斯拉希望用軟體來定義未來的汽車，採取「自己開發系統和晶片＋軟體定義汽車＋不同於傳統汽車業的商業模式」，如此既可降低長期成本，創造出特斯拉和其他車商間的差異性，以及各種已經發生和尚未發生的功能顛覆的可能性，並同時從車輛銷售中獲取最大的收益。

比起硬體發展天生具有的天花板，軟體和服務體系的升級提供了新的盈利模式，由此帶來的盈利空間，這已經跳脫出傳統汽車的經營邏輯。僅以 FSD 的一次性付費模式為例：收入預計將從 2020 年的 9 億 5,000 萬美元快速增長至 2025 年的 141 億 7,600 萬美元，年複合成長率達 72%。以 FSD 淨利率 55% 計算，2025 年 FSD 盈利空間已經近 78 億美元，價格背後的技術更新，才是利潤增長的根本原因。

由於目前各家車廠推出的內建軟體功能，會隨著不同車廠的系統不同而不相

容，而且功能有限，配置混亂等問題，未來這些問題都有可能被特斯拉解決。特斯拉的創新能力一直讓人們為之興奮，軟硬體整合的商業模式無疑地進一步鞏固它在電動車、自駕車和連網智慧型車產業界的霸主地位。更重要的是，很有可能在未來重新塑造人們的駕駛體驗，其潛在市場的商業價值將大大超過上一次的智慧型手機所帶來的革命。

我們在此舉一個例子，你就會知道目前軟體革命對汽車業有多重要了。全球最大車廠德國的福斯汽車的執行長赫伯特・迪斯（Herbert Diess）在 2022 年 7 月突然宣布被撤換，其中一項業界眾所周知的理由，就是迪斯多年來推動福斯汽車軟體升級能力的成效受到質疑。

其中最著名的案例就是 2020 年 8 月時，福斯公司主要的車種 ID3 新車，在出貨時原本應透過線上軟體即時更新成最新的軟體，並使生產流程加快，但最後竟然只能用人工逐一進行手動更新。

德國《汽車週刊》在 2020 年就報導過，迪斯自己在內部會議上坦承：「福斯想追上特斯拉，還有很長的路要走。追趕特斯拉的難點在於以自動駕駛為代表的軟體技術。」分布在全球各地、上百萬輛行駛中的特斯拉車輛像一個巨大的神經網路，可以持續蒐集用戶數據，並每隔 14 天為用戶提供具有改進特性的新駕駛體驗，迪斯坦言：「沒有其他汽車製造商能做到這一點。」

項次	業務	經營範圍
		表2 特斯拉業務涵蓋9大項目
		——特斯拉（美股代碼：TSLA）業務範疇
1	SolarCity	為一般住家提供太陽能屋瓦，還能為個別國家提供大範圍儲能和供電服務
2	RoboTaxi	自動駕駛計程車的服務
3	汽車電池	汽車電池工廠和相關礦物原料的提煉
4	汽車晶片	自己設計的汽車晶片HW
5	FSD	全自動輔助駕駛FSD（Full Self-Driving Suite）
6	娛樂	車載娛樂系統（Infotainment）
7	軟體市集	汽車系統的軟體程式市集（Software App marketplace）
8	汽車保險	提供優於市場行情，特斯拉電動車的保險
9	直銷網路	不透過傳統汽車經銷商，由特斯拉自己賣車給消費者

註：統計時間截至 2022.07.31　　資料來源：作者整理

馬斯克獨到的投資眼光，成為特斯拉發展助力

　　以特斯拉來說，現在已經是一個非常龐大的商業帝國，只就電動車本身而言，就囊括如表 2 的龐大業務。其中的顛覆汽車銷售的直銷網路最為重要，特斯拉是直接賣車給買車的消費者，除了利潤較高，不用看經銷商臉色，還可以藉此增加許多新的商業機會，例如電動車險、FSD 軟體銷售、自動駕駛計程車、網路租車等。這一點很不容易，因為美國對汽車業銷售有很複雜的法令規定，不透過傳統車商的經銷網路在美國賣車，在大部分的州是不被容許的。

再加上特斯拉之外，馬斯克還創立如表 3 所示的多家著名的集團企業，共同構築起一個驚人的商業帝國。要特別指出的是，表中所列出的公司，馬斯克都是身先士卒的主導人，這很不容易，而且到目前為止都是該產業裡執牛耳的地位，並已經商業化、而且大部分都已經有營收，這些都是很困難的成就，馬斯克厥功甚偉。對投資人而言，這樣的發展可以造成許多相乘效果，對特斯拉的股價和估值、以及企業的前景而言也都會大幅加分。

此外，大家還可以參考馬斯克較為著名的股權投資案（詳見表 4），他也是美國線上支付平台龍頭 PayPal 的共同創辦人；表 3 所列的馬斯克商業帝國的最初種子資金都來自 PayPal 上市後的收益。此外，很少人知道馬斯克很早就以早期天使投資人的身分，投資了後來被字母併購、被譽為全球人工智慧領導廠商的 DeepMind，以及據稱將建立下一代 AI 演算法的 Vicarious，大腦信號監測產品的 Neurovigil，可見得他對於人工智慧的發展確有過人的獨到眼光。見諸表 3 所列的 Neuralink、OpenAI、人形機器人 Tesla Bot（Optimus），甚至是特斯拉的自動駕駛，都算是人工智慧的領域。

另外，馬斯克還投資 Stripe、數據中心軟體公司 Everdream、遊戲軟體開發商 Game Trust、人工搜索引擎公司 Mahalo 等新創企業。請注意，除了 Halcyon Molecular 已結束營運外，這些公司基本上都是各領域現在知名的新創公司。除了資金大多能取得豐碩的回報外，馬斯克還發揮他過人的想像力、

表3 **馬斯克創立8家公司，建構商業帝國**
——馬斯克主導的商業帝國範疇

項次	公司	經營範圍
1	特斯拉	電動車
2	SolarCity	太陽能電池板安裝公司，已於2016年併入特斯拉
3	SpaceX	太空旅行，商業衛星發射，承包各項太空運輸業務；長期目標是打算登陸火星的太空科技企業
4	Starlink	低軌道無死角的星鏈（Starlink）全球衛星通訊企業
5	Neuralink	人腦結合電腦和人工智慧，盼助癱瘓者改善生活。已經示範猴子用腦機介面打乒乓球，在一年內會進行人體的大腦植入，目標是可以修復任何大腦問題，包括提升視力、恢復肢體功能、治療老年痴呆症等
6	The Boring Company	已正式開始運營的高速隧道運輸公司。在2022年CES期間，每日平均載運約1萬5,000名到1萬7,000名旅客，等於近半參展人潮都由它所運送。除已經被批准興建連接紐約和華盛頓的超高速地下運輸系統外，也積極在洛杉磯、芝加哥、中國進行專案的競標
7	OpenAI	為解決更多科學難題，共同達到人工智慧技術自主化目的的非營利性組織平台
8	Tesla Bot（Optimus）	工業自動化的人形機器人

註：統計時間截至 2022.07.31　　資料來源：作者整理

影響力、和整合能力，盡可能地把它們實際運用到他所主導的商業帝國，增加企業的價值，這點非常地不容易。這樣的成績，比著名的風投公司都還要出色。從中可看出，馬斯克投資眼光的精準，以及掌握未來科技發展的能力，確實異於常人。

表4 **馬斯克投資過多家成功科技新創公司**

企業名稱	投資年代	投資情形
ZIP2	1995	創辦人，2,200萬美元
Everdream	1998	100萬美元
X.com	1999	創辦人，投入1,000萬美元，收益1億8,000萬美元
SpaceX	2002	創辦人，投入1億美元
SolarCity	2003	創辦人，投入3,500萬美元
特斯拉	2004	創辦人，投入7,000萬美元
Surrey Satellite	2005	10%的股份
Game Trust	2005	投入100萬美元
Mahalo	2007	投入200萬美元
OneRiot	2007	投入250萬美元
Stripe	2010	1,020萬美元
Halcyon Molecular	2010	1,000萬美元
DeepMind	2011	投入165萬美元
Vicarious	2014	200萬美元
Future of Life Institute	2015	1,000萬美元
Neurovigil	2015	50萬美元
OpenAI	2015	共同籌集10億美元的資金
Neuralink	2016	馬斯克投資100萬美元
Hyperloop TT	2017	1,500萬美元
The Boring Company	2018	馬斯克擁有90%的股權，SpaceX擁有6%的股權
Quarterly Global	2020	1,100萬美元

註：統計時間截至 2022.07.31　資料來源：作者整理

　　《洛杉磯時報》2015 年統計的一份數據顯示，馬斯克所主導的 3 家主要公司累計獲得政府資助超過 49 億美元，包括特斯拉約 24 億美元、SolarCity 近 25 億美元、及 SpaceX 的 2,000 萬美元。這還不包括 SpaceX 與美國

——馬斯克著名的股權投資案

結局	業務領域
1999年以3億700萬美元賣給康柏	網路上的第一個目錄黃頁
2007年賣給戴爾，最終收益1,500萬美元	數據中心軟體
與Confinity合併成PayPal	線上支付
營運中，胡潤百富2021全球獨角獸榜第3名	太空科技
2016年併入特斯拉	太陽能電池板安裝
2008年另2位創辦人離開，馬斯克成為唯一創辦人	電動車
營運中	小型衛星供應商
2007年被Real Networks併購，最終收益150萬美元	遊戲軟體開發商
營運中	人工搜索引擎
2011年被沃爾瑪併購，最終收益250萬美元	提供以社交為目標的移動媒體活動
營運中，《富比世》2022全球獨角獸榜第1名	企業和移動支付
2012年結束營運	DNA測序公司
2014年被Google收購，最終收益9,200萬美元	人工智慧
營運中	下一代人工智慧演算法
營運中	如何確保人類對AI擁有絕對控制權
營運中	大腦信號的分析和監測
營運中	人工智慧自主化的非營利組織
營運中	人腦結合電腦和人工智慧
營運中	高速隧道運輸
營運中	高速隧道運輸
營運中	廣告和行銷方案

太空總署和美國空軍所簽下、總價值超過 55 億美元的大合約。同一時期，Crunchbase 統計的數據顯示，特斯拉取得 3 億 4,800 萬美元的融資、SolarCity 為 7 億 4,000 萬美元、SpaceX 將近 12 億美元，三者相加只有 23

億美元左右，還不及政府資助的一半。需要注意的是，當時這 3 家公司還都處在鉅額虧損狀態。

《彭博》曾披露過一份粗略的數據，自 2002 年 SpaceX 成立以來，馬斯克花費超過 400 萬美元用於遊說美國國會，這是 SpaceX 成立時就確立的策略之一。僅 2021 年，SpaceX 和特斯拉的遊說花費，就超過 200 萬美元。馬斯克獲得的第 1 筆政府資助，目前公開資料能查到的是 2009 年歐巴馬（Barack Obama）政府 4 億 6,500 萬美元低息貸款，當時若沒這筆錢，特斯拉應該就倒閉了。非營利組織 Good Jobs First 指出，2007 年到 2018 年間，特斯拉累計獲得高達 35 億美元的政府補貼，同一時期的字母為 7 億 6,200 萬美元，蘋果則為 6 億 9,300 萬美元。

不過在 2021 年時，馬斯克竟反對拜登政府提高電動汽車補貼的法案，並呼籲所有補貼都應該取消；因為拜登提議向有工會組織的本土車企員工提供額外 4,500 美元的稅收優惠，而特斯拉內部是沒有工會組織的。

雖然如此，每個州都很歡迎特斯拉設廠以帶來就業機會。2020 年德州為了吸引特斯拉，開出 10 年稅收減免 4,640 萬美元的大禮，特斯拉甚至因此把總部搬到德州來。2014 年 9 月，特斯拉超級電池工廠定址內華達州雷諾，主因是內華達州 14 億美元的天價補貼。

在海外部分，根據德國政府 2021 年 1 月宣布歐洲共同利益重要項目（IPCEI），以支持電動汽車電池的生產，特斯拉在德國柏林的新工廠有資格享受 11 億 4,000 萬歐元的補貼。同年 7 月，特斯拉曾致函印度交通部和工業部，希望能將電動汽車的進口關稅從 60%～100% 削減到 40%。並表示如果允許特斯拉以較低關稅在印度銷售進口車輛，未來將有很大可能在印度建廠。

中國部分，更是造就特斯拉有如今地位的重要關鍵之一。2019 年，特斯拉以不到 1 年的時間就完成建廠並開始生產交車，可說是創下人類工業史上的奇蹟。中國官方不僅破例讓特斯拉以外商身分獨資經營，更在法規、貸款、程序上全力配合，中國國務院總理並破天荒地公開接見馬斯克；而特斯拉位於中國上海的超級工廠不只負責供貨給中國，還能出口歐洲市場。不僅如此，中國還是特斯拉的第 2 大單一市場。當然馬斯克也抓緊各種機會經營和中國官方的關係，極力討好中國領導人，因為這對雙方都有利。

碳權交易收入為特斯拉營收大幅成長關鍵

特斯拉雖然發展得如此強大，但它 2003 年成立以來至 2021 年為止，本業實際上還是年年虧損的，但是 2020 年它卻轉虧為盈了，為什麼？答案就是碳權交易的收入。為了促進節能減碳，世界各國對於電動車都有相關的補助政策。例如美國公民購買特斯拉電動車，可以享受最高 7,500 美元的稅收抵扣，

美國政府為此每年將減少 2 億 8,400 萬美元的稅收收入，而這些錢大部分都進入特斯拉的口袋。而因應各國政府管制碳排放量而出現的「碳權」機制，就是對特斯拉得以轉虧為盈的關鍵。

碳權是指碳排放權，政府會為不同產業制定碳排放標準，若企業超過標準則需要支付鉅額罰款，或是在碳交易市場購買其他企業釋出的碳權。特斯拉就將生產新能源車獲得的碳權積分，賣給電動車銷量不足的競爭車廠。

碳權的交易對特斯拉多重要？特斯拉 2020 年的 7 億 2,100 萬美元的淨利，有 15 億 8,000 萬元是依靠碳權積分交易得來的，沒有這項收入，特斯拉在 2020 年實際上會是虧損的。2021 年 55 億 1,900 萬美元的淨利，有 14 億 6,500 萬美元是依靠碳權積分，請見圖 2，就可以看出它對特斯拉的重要性了。

我們為什麼要花這麼大的篇幅，詳細地討論馬斯克？因為成功的投資案所看重的最大重點不是公司或業務，而是公司的創辦人。尤其是他的過往紀錄，特別是成功的紀錄，以及相關的領域，到底有無規則可循，成功的機會有多大。

巴菲特多次承認蒙格「強迫並綁架」他，逼他從口袋掏錢出來投資比亞迪，現在證明是一項很成功的投資案（2021 年年底時，比亞迪是波克夏股權投資的第 8 大持股公司）。巴菲特和蒙格在投資前還派心腹到深圳，實地調查比亞

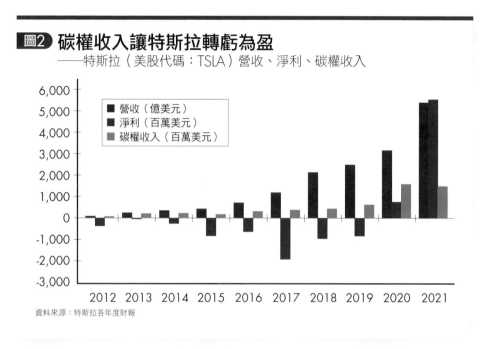

圖2 碳權收入讓特斯拉轉虧為盈
——特斯拉（美股代碼：TSLA）營收、淨利、碳權收入

- 營收（億美元）
- 淨利（百萬美元）
- 碳權收入（百萬美元）

資料來源：特斯拉各年度財報

迪創辦人王傳福，2 人都多次強調他們投資的是王傳福這個人，而不是他創辦的公司。

　　再次強調，所有風險投資業者，特別是在很早期的種子輪的籌資時，所有願意投入資金的投資者，考量的重點都是創辦人，不是經營的業務。企業創辦人非常重要，特別是當你要投資新創企業時，研究創辦人比研究這家企業的產品還要重要。

判斷指標

確認持股是否具備共通性
提高未來成為10倍股的機率

Chapter 6 的重點是要向大家介紹過往成功的 10 倍股,在成為 10 倍股的道路上有哪些共通特性,藉此研究你中意的股票是否具備類似的特性,進而判斷是否能成為未來的 10 倍股並提前買進,也可以增強持有「未來的 10 倍股」的信心。

如果你中意的股票只有其中 2 項或 3 項符合 10 倍股的特性,可能過於武斷;但如果有許多項皆相符,那不可能是巧合,因為資本市場和成功企業的發展還是有跡可循。和過去成功的 10 倍股們共通性愈高,你手中持股未來成為 10 倍股的機率也就愈高,這也是我所説的「投資成功不會有公式,但有方法」的原因。

經濟學家凱因斯(John Maynard Keynes)有句名言:「我們就是不曉得未來的事。」但是我們「寧願大致上正確,總比精確的錯誤好。」成功投資者仰賴的不是亂槍打鳥,或是盲目地廣下賭注,期望能壓中一家未來的蘋果或微軟,但期望畢竟僅僅是期望,不一定會發生。

沒有人能確定未來何時會發生什麼事，投資人要做的工作，是盡力完成對企業已知資料的蒐集，根據自己的知識和經驗判讀，才能提高未來的成功機率。這也是為什麼巴菲特表示在進行投資研究時，必須基於各項事實進行合理的推論，我們要把握的是「事情確定會發生，但是我們無法確定何時會發生。」透過對潛在投資企業基本的盡職調查，藉此增加持股的自信，進而增加收獲 10 倍股的可能性。

投資人應該要專注在「事實」而非「預測」上

彼得·林區曾經在 1997 年 3 月的《值得》（Worth）雜誌上發表過一篇給散戶投資人的著名文章〈善用你的優勢〉（Use Your Edge），羅列出 13 項重點，第 1 點就指出投資人應該要專注在「事實」而非「預測」上。

事實是無法改變的紀錄，呈現的是紀錄締造者的能力和客觀證據；而期望則是投資人一廂情願的看法，不一定會發生。凱因斯曾說過一句名言：「大部分投資人的最大錯誤就是把一切都寄託在希望上，但是希望就只是希望，不一定會發生。」巴菲特則說得更一針見血：「我們不會因為行動而獲利，我們是因為正確而獲利。」他在 1991 年給波克夏股東的信中提到：「你不會因為群眾不同意你的看法就表示你是對的或是錯的；你是對的是因為你的數據資料和推論是對的。」

接下來要討論的是比較令投資人煩惱的問題,我們要怎麼從一堆看似有潛力的企業裡面,抽絲剝繭,找出未來較有可能成為 10 倍股的企業?簡而言之,我們要找的是營收成長和盈利證明能夠「持續」的候選企業,因為所有 10 倍股都需要時間和複利的醞釀。

有無數的例子都能用來說明,若成長不能延續,就無法成為 10 倍股;且在股價表現方面,不僅會被抹去之前的驚人漲幅,還可能遭到市場懲罰而崩盤。接下來我們來看看,有哪些因素會造成股價的上漲。

6-2

營收成長率
為美股企業股價大漲關鍵

成長股所謂的「成長」，主要指的是企業營收的成長；當然如果盈餘也能成長，那就會產生相乘的效果。在所有股市裡，上市企業的營收都是最重要的個股績效首要指標，特別是在美國股市，營收成長率更代表一切。

美股能交易的股票有 1 萬 1,798 檔，競爭激烈；不包括特殊目的（SPAC）上市的公司，平均每年會有 234 家企業在美股上市（詳見 2-1 圖 1）。全球幾乎所有具備競爭力的產業都以美國上市為首要目標，主因是美股是全世界股票市場估值最高的股市。

美國國力強盛、法規完整、鼓勵任何有創意的新創企業上市，在美股和來自全球的頂尖企業競爭。

投資美股成長股，營收指標比本益比更重要

台股投資人習慣用本益比為股票估價，但是在投資美股時，必須徹底改變心

態，道理很簡單，因為美股更重視「營收成長率」。

許多上市企業是虧損的，根本沒有本益比，因此有許多本益比是零的企業，投資人甚至可以容許企業長達 10 年的連續虧損（詳見 7-2 表 1），例如亞馬遜、賽富時（Salesforce，美股代碼：CRM）、網飛（Netflix，美股代碼：NFLX）。因為投資人從企業的高度成長可以判斷得出來，這家企業的好戲還在後頭。犧牲幾年的盈餘進行必要的資本投資，以換取長期的市占、未來的盈利、以及必要的營收成長絕對是值得的。

請注意：盈利不是美國三大交易所上市的必要條件。在上個世紀，盈利幾乎是企業上市的不成文的標準，但是上個世紀末的網際網路上市狂潮是一個明顯的分水嶺；投資人開始容忍許多虧損的企業上市，造成目前剛上市的美股企業，虧損者反而是多數。因為新創公司剛成立時，個個需錢孔急，需要大量資金進行業務的擴展，這很合理。2008 年到 2015 年間，名列財富 500 大的企業只有 242 家是虧損的企業；也就是有將近一半的企業是帳面上虧損的！同一份榜單的 1992 年有 149 家虧損，更早的 1988 年只有 42 家虧損，趨勢明顯。

基於上述事實，可以知道只看本益比在美股是無法估值的，本益比負值的個股會造成許多保守的股價估值指標變零或沒有意義，因此必須使用「股價營收比」才行。雖然有少數的電動車廠、生技製藥商、小型礦業公司及油氣探勘等

公司在剛上市時，不僅沒有盈餘，甚至連營收都沒有，但是絕大部分上市的企業都會有營收，因此對大部分的股票而言，至少我們可以用股價營收比來進行評估與比較。

營收這個數字是所有財報數字的根源，它的重要性再怎麼強調都不為過；因為大部分財報中基本的數據都以營收為根本，才有辦法直接或間接地計算出來。例如我們用來進行企業和同業的比較時，最簡單且所有企業都適用的指標就是毛利率，也就是把營收減去成本算出毛利，再將毛利除以營收就可以得到毛利率數字。

對大部分的企業而言，毛利率數字都是正數，可以拿來直接和同業中其他公司比較，可以立即知道孰優孰劣，因為相同行業的成本結構相同，相比很合理。基於毛利而算出的營業利潤，以及再進一步的淨利，對許多上市企業而言若是負數，拿來進行比較並沒有實際上的意義。

10 倍股的營收成長率標準

究竟要有多高的營收成長率才能成為 10 倍股？以下經驗供大家參考：

1.連續2季營收年成長率逾30%或單季營收年成長率逾50%

一般而言，任何一家企業如果連續 2 季繳出 30% 以上的營收年成長率，或是單季繳出 50% 以上的營收年成長率，投資人都應該要密切注意，因為它們未來成為 10 倍股的機會非常大。

2.營收不能只看單季

投資人要看的不是單季的表現，而是連續成長是否能持續，以及長期的趨勢。投資人可以密切追蹤 1 年以上再進行最後的決定，因為企業的營收有大小季，必須對比前一年的同一季較合理。若不是剛上市的企業，一定得仔細閱讀該企業向 SEC 呈報的近期年報和季報。

3.營收成長率是否符合經營者公開承諾

請對照檢視執行長或財務長在年度財報 10-K、股東會、投資人會議、或是每季財報發布會裡，所給出的企業營運展望和承諾的營收成長率。如果發現企業實際繳出的成績單和執行長或財務長所承諾的數字不符，就應該要放棄。因為誠信是無價的，如同廚房的蟑螂不會只有 1 隻，公司若給出無法實現的承諾，很可能在其他地方也會出問題。

4.營收成長率需與同業比較

各行業的營收成長率標準差異很大，要和同業比較才有意義。例如 15% 在處於成長和擴張期，或是上市不久的科技股，算是很差勁的表現，但在銀行業

或公用事業股可就是爆炸性的成長表現了。

5.成長及擴張期小企業更有潛力成為10倍股

處於成長和擴張期、市值相對較小、上市不久、市場未見飽和的企業,未來成為 10 倍股的機率較高,投資人對它們營收的成長期望會比較高,對這些企業在其他財務指標上的容忍度也會比較高;反之,在成熟期的企業營收成長會比較低,能生存下來就不錯了,未來成為 10 倍股的機率很低,此時必須在其他財務指標上進行持續地改善才能提升獲利。

6.營收成長率低於10%可先放棄追蹤

營收成長率太低者一律刪除。但是,多少才叫低?除非有特殊的理由(例如公用事業股、銀行股、必需消費品股、非必需消費品股等;這些族群通常被歸為防禦類股),低於 10% 者,會被主流的華爾街分析師放棄追蹤;尤其低於 5% 者,會被視為實質上並沒有成長。1914 年到 2022 年,美國的平均通膨率是 3.26%,因為計入通膨、投資人投入的心力、帳戶保管費、手續費、佣金、所得稅,等於白忙一場,企業並沒有存在的價值。

英特爾在過去 20 年的股價只上漲 63.75%,是美股所有超過 2,000 億美元市值的企業中表現最差勁者,換算成年化報酬率只有 2.5%;同期間標普 500 指數年化報酬率是 7.341%。相同情形發生在過去 10 年的可口可樂身上,過

去 10 年股價只上漲 69.24%，年化報酬率只有 5.4%，投資上述 2 家公司的報酬明顯欠佳。主要原因就是它們的營收成長率，大部分時間都在 5% 以下，有時甚至於是負成長。

可口可樂 2021 年營收為 386 億 5,500 萬美元，百事（美股代碼：PEP）營收 794 億 7,400 萬美元，注意到沒？曾幾何時，百事的年營業額已經是可口可樂的 2.06 倍了？2020 年可口可樂全年營收還年減 11.4%，百事在同期的營收反而年增 4.78%！

要不是英特爾在 x86 個人電腦中央處理器的獨特壟斷、可口可樂的品牌獨特地位，換成其他企業繳出這樣的營收表現，股價表現還會更差，甚至早就會被踢出道瓊工業平均指數的成分股了。這 2 家企業的差勁表現，是道瓊工業平均指數過去 20 年的表現落後那斯達克指數和標普 500 指數的元凶。

10 年前的 2011 年 11 月初，微軟市值約 1,247 億美元、英特爾約 1,270 億美元，兩者幾乎不相上下；但是 2021 年 11 月 4 日截止，微軟是 2 兆 5,300 億美元、英特爾約 2,041 億美元。

微軟市值在同年 10 月底還曾經超越蘋果，成為所有上市企業市值的第 1 名，市值成長是英特爾的 12 倍！

10 倍股股價上漲幅度會遠高於營收成長率

　　股票 10 年之內要達成 10 倍股者，機率不高，但相對來說已經比較多了，投資人若肯用心去研究的話，要找到並不是太困難。主要是因為 10 年成為 10 倍股的年化報酬率平均為 25.89%，這個數字比較正常，不像 3 年內需達成 115.44%，或是 5 年內需達成 58.49%（詳見 1-1 表 3）是相當困難的。股價要 1 年漲 25.89%，一般而言，年營收成長只要「持續」保持 15% 以上（例如近年的微軟）就能辦到，因為投資人會給予溢價。只是 15% 的年營收成長對大型企業而言並非易事，尤其是微軟這種全球市值第 2 大的企業而言，會更加困難，然而它卻辦到了，這也是為何近年微軟股價大漲的主要原因之一。

　　相較而言，如果年營收成長率是個位數的百分比，投資人就會把它歸為「非成長型」的企業，股價只會有溫和上漲。一般來說，這類企業都會發放股利吸引投資人以支撐股價，否則對投資人不會有吸引力，這種企業的代表是許多家用民生產業的藍籌股。

　　但年營收成長率若是在 5% 以下，除非是地位特殊且擁有相當護城河者，例如英特爾和可口可樂，不然多會被棄如敝屣，因為投資人會把它打入冷宮，認為它在走下坡。事實也是如此，如果連漲價的權力都付之闕如（英特爾和可口可樂都保有這項權力，這也是兩者業績幾乎停滯，但股價不會崩盤的原因之

表1　輝達近5年營收逐年上揚，累積成長2.89倍
——輝達（美股代碼：NVDA）年度營收及成長率

財報年度	年度總營收（10億美元）	年營收成長率（％）
2022	26.914	61.40
2021	16.675	52.73
2020	10.918	-6.81
2019	11.716	20.61
2018	9.714	40.58
2017	6.910	37.92

註：輝達財報採取的會計年度是以日曆年的 1 月作為年度最後 1 個月　　資料來源：輝達

一），股價一定會落後通膨和國債的利率。

市場會給業績出眾企業較高的溢價

聰明的讀者可能也會察覺到，若是年營收成長 15% 的企業，對應的股價上漲程度竟然可以達到 25% 以上！沒錯，這就是股市奇妙的地方。

市場會獎勵業績表現出眾者，不會吝惜給予表現優異者過多的溢價，而且表現愈好（尤其是公布業績時大幅超出市場預期者），得到的溢價空間也愈大。例如輝達自 2020 年第 2 季開始至 2021 年的第 3 季，連續 6 季每季營收都高達 50% 以上，這對市值已經很大的企業而言並不容易，而且和其他市值在

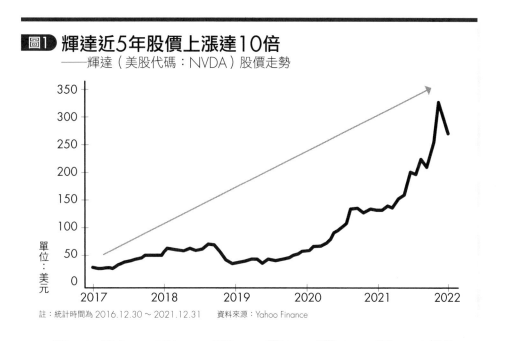

圖1 輝達近5年股價上漲達10倍
——輝達（美股代碼：NVDA）股價走勢

註：統計時間為 2016.12.30～2021.12.31　資料來源：Yahoo Finance

同等級的半導體同業相比，更是鳳毛麟角。

　　2022年會計年度，輝達年營收為269億1,400萬美元，比5年前成長2.89倍，同期間股價卻上漲 10.23 倍，股價上漲幅度是營收成長的 3.53 倍，股價漲幅比營收成長幅度大得太多了（詳見表 1、圖 1）！

　　反之亦然，而且股價下跌的幅度會比上漲大得多，反映的時間也較上漲時迅

速多了。意思是若年營收比去年同期下降 15%，股價不會只下跌 25%，而是跳水式地重跌 50% 以上，在美股這種特別重視企業成長的市場尤其是如此。這也是為何全球優秀的企業都想去美國上市的原因之一，因為估值和溢價水準都比其他市場高出許多。

我們再拿蘋果來說明，對於表現超乎預期的 10 倍股公司，市場上的投資人會有什麼反應，以及股價是怎麼個漲法。

以下是庫克（Tim Cook）在 2011 年 8 月接任蘋果執行長後 10 年的表現：

◎蘋果市值從 3,340 億美元增加到 3 兆美元（相當於每天增加 7 億美元），市值共增長 9 倍，股價卻上漲 14 倍！

◎股價的年化報酬率為 33%，若你一開始投資 1 萬美元，並將所有股利再投資，這 10 年來的價值將超過 20 萬美元。

◎年營收從 1,080 億美元飆升至 2021 年的 3,658 億美元；年營收約成長 2.38 倍。

◎淨利潤增長 2.7 倍，從 260 億美元增加至 950 億美元。

◎本益比約成長 3 倍。

◎過去 10 年，蘋果的總流通股數已下降 37%，從股票分割調整後的 260 億股降至 160 億股左右。使每股收益上漲了 5.6 倍。因此，儘管蘋果的「市值在過去 10 年裡增長 9 倍，但同期股價卻上漲 14 倍。」

◎公司每分鐘賺 77 萬美元，產品由 14 款增加到 27 款，服務部門的營收達到 iPhone 營收的一半左右。

10 倍股的「股價上漲率遠遠大於營收成長率」。正如蘋果這個例子，10 年間的年營收僅僅成長 2.38 倍，淨利潤也只增長 2.7 倍；但股價卻上漲 14 倍！蘋果、微軟和輝達都不是特例，這反而是美股的常態！

高市值、高股價企業
仍可能成為10倍股

　　我在 Chapter 1 提過標普 500 指數的成分股中，科技股權重占比 45%；其中 7 大科技股（5 大科技股再加上輝達和特斯拉）占標普 500 指數的權重約 27%。7 大科技股占那斯達克 100 指數的權重也高達 52%。而在確認一家企業是否能成為 10 倍股時，該不該考慮市值大小？或是股價高低？我們可以來看看美股的現況。

市值》高市值企業股價也可能再漲 10 倍

　　一家企業的市值若太大，短期內要再上漲成為 10 倍股或百倍股的可能性，就機率而言的確比較低；但這也僅僅是考量機率和可能性的問題而已，並不能一竿子打翻一船人。況且最近 13 年美股少見的牛市，最大的助力之一就是前 7 大科技股，這就是一個明證——市值不應該成為 10 倍股的阻力。

　　蘋果在 2011 年以後超越埃克森美孚，成為全球市值最高的公司，市值達到 3,430 億美元，從此成為全球市值最高的上市企業。從 2011 年以後至今 11

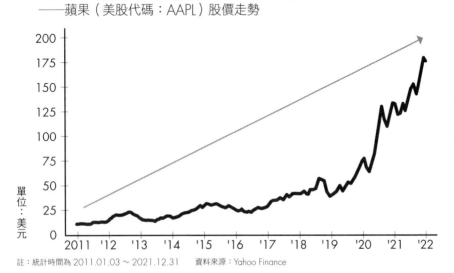

圖1 蘋果市值於全球稱王後11年，股價再飆14倍
——蘋果（美股代碼：AAPL）股價走勢

單位：美元

註：統計時間為 2011.01.03～2021.12.31　　資料來源：Yahoo Finance

年，這家全球市值最高的公司，股價又再上漲14倍（1,441.41%，詳見圖1）。

　　總之，市值不該成為過濾 10 倍股的因素。如果能持續繳出優秀和超出期望的成長率，股價還是照樣會有突出的表現。因為市場考慮的是企業的實際表現，不會是市值，7 大科技股和剛上市的新創公司或小型股，在這方面的立足點是平等的，不會有差別待遇。7 大科技股都出現在附錄 5「10 倍股名單」裡，就說明了一切。

股價》切勿將低股價列為篩選標準

這個問題看似和市值考量很類似，其實不然，兩者不能相提並論。首先「價格和價值是兩回事」，而且表現優異的企業的股價普遍都很昂貴，2022 年 4 月初標普 500 指數成分股的股價中位數價格約為 118 美元。而且若股價太高，企業可以進行股票分割就可以立即使股價大幅下降。

另外一個例子是，美股店頭市場的股價多為低於 10 美元的雞蛋水餃股，甚至 1 美元以下的垃圾股，但這類股票幾乎都不可能成為一般人能擁有的 10 倍股。這些例子在在證明，切莫在過濾 10 倍股時，把低股價列為考量的標準。

像超微（美股代碼：AMD）這種能在短短幾年暴漲近百倍的雞蛋水餃股實屬罕見。它的股價由 2015 年 9 月 28 日的最低點 1.66 美元，眼看就要迫近下市的標準，才 6 年多就以驚人的速度上漲到 164.46 美元（詳見圖 2），上演幾乎不可能的任務。股價在 2019 年間上漲 148%，成為標普 500 指數和費城半導體指數中該年度漲幅最大的成分股。若由股價谷底算起至 2021 年 11 月高點，則上漲高達 91 倍。但投資人必須先了解，超微是在那斯達克交易所上市，而不是店頭市場上市的企業；它從 1982 年上市至今已經有 41 年了，在所屬產業裡有較特殊的地位，因為它和英特爾是 x86 個人電腦中央處理器的雙寡占企業，具有一定的護城河。

圖2 超微原為雞蛋水餃股，股價卻在6年多翻漲91倍
—— 超微（美股代碼：AMD）股價走勢

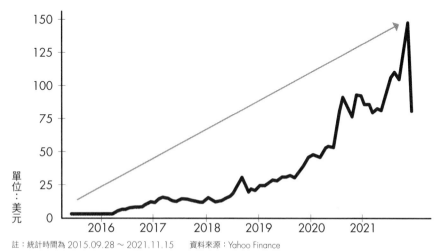

註：統計時間為 2015.09.28 ～ 2021.11.15　　資料來源：Yahoo Finance

　　這也是為何超微的股價長期在個位數，公司又持續地大幅虧損，仍舊挺立不會倒閉下市的主因。正因如此，它才有辦法撐到最近幾年的反敗為勝，甚至在2022年2月時，市值還令人不可置信地超越英特爾。不過，上市企業能反敗為勝者是極其少數的個案，請不要把超微的反敗為勝，視為股市常見的案例。

運用2招式
快速確認持股是否為10倍股

大部分 10 倍股在剛上市的前幾年,財報內容都是慘不忍睹,多數投資人也因被禁錮在教科書「虧損的股票不要碰」的教誨中,往往會把這些剛上市賣相不佳的企業,列入禁止來往的名單,或者等到有盈餘時再回來追蹤,但也總會因此錯過許多潛力無窮的股票。

如果你能夠判斷一家企業擁有非常理想的未來性,具備足夠優勢和潛力,但是因為公司沒有盈餘,不確定是否該繼續追蹤,此時不妨採用「40 法則」來檢視;或是透過「金字塔交易法」,直接分批投入小筆資金,並在買進過程中逐步確認。

招式 1》40 法則:適用於過濾軟體或 SaaS 初上市或新創企業

由於對剛上市初期或新創公司而言,傳統的估值方式並不適用,無法利用本益比來判斷股價合理性,風險投資人布拉德‧費爾德(Brad Feld)就發明「40法則」這套簡單合理的方法來協助進行估值。特別是對廣義的軟體業,或是採

取訂閱制的企業而言更為合適。40 法則的計算方式如下：

$$營收成長率＋利潤率 > 40\%$$

◎利潤率可以是負值，只要結果大於 40% 的企業就符合條件。

◎利潤率為「利潤／營收 ×100%」，利潤則可以視實際情形採用 EBITDA（稅前息前折舊攤銷前利潤）、營業利潤、淨利、自由現金流、營業現金流。發明人費爾德建議採用 EBITDA。

有了 40 法則的協助，就可以很快地幫投資人在茫茫股海中，過濾出長相比較有可能成為 10 倍股的企業。否則，當多數人發現某檔個股值得投資時，股價通常都已經反映所有人對它最樂觀的估值期待了；也就是說，股價已經變得很昂貴了，那時候買進反而是風險最高的時候，因為安全邊際很低，股價再上行的空間較為有限。

招式 **2**》金字塔交易法：在分批買入過程中逐步確認

再分享一個我個人的做法。雖然我採取集中投資，也就是大部分資金投入在少數幾檔個股當中，但仍會有少部分資金，會用來買入幾檔我研究過後，具備潛力的新創公司。而我在剛開始買入時，會利用「金字塔交易法」來測試，在持續買入的過程中，測試它的股價發展是否會如我預期般持續上漲。

我曾在《超級成長股投資法則》5-3介紹過金字塔交易法，這是一種被許多著名的成長股投資人採用的交易方式，也就是隨著股價上漲，一路持續向上買進（請注意：切勿將金字塔交易法用於向下攤平，因為我們要的是未來的10倍股，不是要放空）。

這個方法很簡單，首次買入時，先以少量資金來試探風險，再慢慢往上買進、增加部位。有把握者可跳過試探，首次買入就投入較多的資金，再隨著股價的上漲過程中一路分批加碼買進，投入金額則逐漸減少，直到不再加碼為止。

金字塔交易法可以用來協助投資人確認10倍股的投資，因為在你向上一路買進的路上，可以持續掌握個股動態和實際市場的脈動。它的好處是可以在某種程度上保護投資人，減少追高的風險。如果你的判斷正確，買到10倍股（首次買入當時，我們不會知道它未來是否會再大幅上漲），這種做法可以讓你不至於一次投入過多資金，也不會錯失股價的未來漲幅，更重要的是，可以隨公司的成長一路加碼，享受企業成長所帶來的股價複利成長。

6-5

新創企業虧損是常態
財報可參考Non-GAAP數據

　　美股的財報是以 GAAP（通用會計準則）編製，但是財報中還是可以看到「非公認會計原則」（Non-GAAP）數據，雖然這不是 SEC 認可的財務指標，但幾乎所有的企業都會列出。

　　所謂的非公認會計原則，就是在原有的財報數據上，加入其他調整數字，用另一個角度去呈現公司的經營狀況。

　　例如當初我決定買入我追蹤許久、但當時默默無聞的 Shopify，就是因為執行長宣示，希望在 2016 年達成非公認會計原則的每股盈餘損益兩平，我開始緊盯該年度每季發表的財務數字，並發現公司的調整後此項指標正逐步收窄中，這代表公司的管理團隊言行一致，擁有達成這項目標的執行力。這件事代表 2 層涵義：

　　1. 執行長是能夠被信任的，企業的執行力和藍圖是有意義的，這可以大大省去投資人預測的風險，因為只要根據公司公布的資料來進行推估，就可以找出

合理的估值和未來的前景。

2. 公司的營運是可以持續的。

投資人莫小看這 2 點，這 2 點對當時還是小型企業的 Shopify 這種典型的成長股來說，是決定它未來可否成為大型企業、以及可否成為 10 倍股的關鍵因素。「不要聽企業的管理團隊說了什麼，要看他們實際上做了什麼！」對企業未來和股價上漲有幫助的是完成目標，而不是宣示目標。

特別是對於大部分處於虧損中的新上市企業或小型企業，SEC 認可的公認會計原則財務指標幾乎都很難看，多數都已失去參考的意義，因此非公認會計原則就變得很重要了。投資人可以從這些比較適合拿來衡量虧損中的新上市企業的財務指標中，看出這些企業是否具有未來成長的潛力，以及財務的改善進度。非公認會計原則中可特別關注以下 2 指標，檢視公司本業產生現金流的能力：

◎ EBITDA：一般說到公司淨利是指稅後盈餘，指公司獲利減去所有成本、費用及稅金後的淨利；而 EBITDA 則是將稅金、利息及折舊與攤銷費用加回去。

◎**自由現金流**：將公司營業活動產生的現金減去資本支出。企業如果自由現金流無法為正，就須依賴外部的資金挹注或是借貸，否則存活下去都會有問題。

從「自由現金流」檢視新創企業產生現金能力

上市近 5 年，股價多次大幅上下起伏震盪，以「閱後即焚」聞名的社群網路平台商色拉布（美股代碼：SNAP），2022 年 2 月 3 日公布 2021 年第 4 季財報，終於迎來公司成立達 11 年之久後，公司首次大幅度的盈餘。

如表 1 所示，公司也首次在 2021 年全年度達成正的營運現金流，更難得的是達成全年「正自由現金流」這項所有新上市企業都夢寐以求的里程碑。第 2 天公司的股價 1 天內就如火箭般地大漲 58.82%，創下公司上市以來單日的最大漲幅紀錄。

色拉布這個例子是美股市場成長股司空見慣的漲法，但實際發生的機率並不太高。因為 1999 年到 2021 年間，平均每年有 234 家企業在美股上市；小型成長股，特別是像色拉布這種軟體科技股，幾乎在上市時都不會有盈餘。一如我在 Chapter 1 所點出的，上市後投資人目光的焦點，除了成長股必備的營收大幅成長以外，能區別石頭和珍珠的最大差異，就是公司何時能早日損益兩平，達成正的自由現金流。若能有盈餘，代表開始為投資人賺錢了，那就再好不過了。

再舉一個更典型的例子，以女性主導的約會社群平台大黃蜂（Bumble，美股

表1 色拉布2021年度達成正自由現金流

表1　色拉布2021年度達成正自由現金流

——色拉布（美股代碼：SNAP）2021年度財報摘錄

項目	2021年	2020年	年成長率（％）
營收	4,117,048	2,506,626	64
營業虧損	-702,069	-862,072	19
淨利（損）	-487,955	-944,839	48
調整後EBITDA	616,686	45,163	1,265
營業活動現金流	292,880	-167,644	275
自由現金	**223,005**	-225,476	199
每股盈餘（虧損）	-0.31	-0.65	52
Non-GAAP每股盈餘（虧損）	0.50	-0.06	895

註：1. 單位為千美元；2. 每股盈餘單位為美元　　資料來源：色拉布

代碼：BMBL），因為投資人看衰它的前景，並預期短時間難以改善虧損情形，股價自 2022 年年初以來到 3 月 8 日截止，一路下跌，跌去了 53.8%。但是 2022 年 3 月 8 日大黃蜂公布 2021 年第 4 季的財報，除了營收成長超出預期外，重點是淨虧損由 1 年前同期的 2,608 萬 8,000 美元，大幅收窄至 1,467 萬 9,000 美元，改善 43.76%；而且 EBITDA 也由 1 年前同期約 4,412 萬美元增加到 5,475 萬美元，也成長 24%（詳見表 2），一掃市場先前對它的所有不利的預測，次日股價飆漲 42%。

　　尤其成長股在市值很小或剛上市時，和公司有關的資訊都很缺乏，對未來也

表2 大黃蜂2021年Q4虧損大減，EBITDA年增24%
——大黃蜂（美股代碼：BMBL）2021年Q4財報摘錄

項目	2021年第4季	2020年第4季	年成長率（%）
營收	208,221	165,605	26
營業虧損	-4,587	-20,676	78
淨利（損）	**-14,679**	**-26,088**	44
調整後EBITDA	54,750	44,123	**24**
營業活動現金流	93,915	55,220	70
自由現金	89,650	50,367	78
每股盈餘（虧損）	-0.08	-0.01	-700

註：1. 單位為千美元；2. 每股盈餘單位為美元　　資料來源：大黃蜂

很難預測。身為投資人要做的事，就是及早判斷某些決定10倍股的因素在這家企業身上是否具備，如果沒有或看不出來，就應趁早離開，不用浪費時間。但判斷時，務必根據事實來進行推估，而不是只憑投資人自己一廂情願的期望——這一點很重要。

散戶不可忽視公司財測與展望資訊

　　巴菲特一直不厭其煩地鼓吹企業不要設定任何目標，反對任何短、中、長期的財測，他的理由是會讓管理團隊為追求財務數字達標而走向極端，最後必然

進行財報造假，並舉他之前的持股房地美（美股代碼：FMCC）當例子。他所言不假，然而對於散戶而言，獲得企業財測資訊仍能有效減少資訊落差。

根據 2000 年 10 月 SEC 所發布的《公平信息披露規定》（Reg FD），要求上市公司必須同時向所有投資者披露重要信息，意思是上市企業在揭露公開資訊時，對大小投資人必須一視同仁。但問題是真正熟悉公司營運的上市企業管理階層，不太可能接聽小散戶的電話，小散戶也不會獲邀參加上市企業高層會出席的投資人定期座談會，造成投資資訊的不對等。散戶如果沒有來自企業公開的財測和目標，很難進行投資的判斷。一般而言，法令雖沒有強制規定要發布財測，但現在多數上市企業會在每季財報公布時，或者另外舉辦的投資人座談會揭露以下重要事項：

◎下個季度的財測指引，以及最重要的關鍵營運指標數字。
◎年度的財測指引，以及最重要的關鍵營運指標數字。
◎中期（通常為 5 年）營運目標。

通常會被列入財測的財務指標為營收、毛利、營業利潤、淨利、EBITDA、自由現金流。但企業通常只會挑其中的 2 項至 3 項放進財測中。至於會包括哪幾項財務指標和關鍵營運指標，將視產業而定，以及企業是屬於剛上市不久的公司或處於成熟期的公司而大不相同，因為投資人對不同的產業或處於不同生命

週期（詳見 1-5 圖 1）的公司，所抱持的期待及判斷標準，當然也會有所差異。

所有上市企業都會有上述資訊，差別就在於願不願意向投資人公布。而投資人若有這些資訊，可據此追蹤企業的營運是否上軌道，最重要的是判斷它是不是一家可以被預測、經營團隊是否可被信任、以及在投資人眼中是不是一家可持續性的企業。這些考量都會直接影響企業的股價，以及財務評等。

而且，最常見的股價巨幅變動，通常就是華爾街分析師們，依據公司財測指引及重要關鍵營運指標發布後，對照當季公布的財報表現，所立即做出的估值反應，可見公司財測指引和展望有多麼地重要。

舉例來說，PayPal 在 2021 年 2 月的投資人座談會上，由公司執行長親自公開向投資人宣示，會在 2025 年達成平台上用戶由 3 億 7,700 萬個活躍帳號，成長至 7 億 5,000 萬個的雄偉計畫，當時股價應聲大漲。但才不到 1 年的時間，卻在 2022 年 2 月 2 日公布 2021 年第 4 季財報的會議上，PayPal 公開取消這項承諾，轉而專注於推動獲利更高的用戶活動，而非擴大用戶群。在同一天的電話會議上，還公布 2022 年全年度低於期望的財測，以及最重要的關鍵營運指標數字，都令人失望至極。

這 2 件事讓公司第 2 天的股價一口氣崩跌了 25%！1 天內抹去公司 1/4

的市值，才 6 個月而已，就造成公司由 2021 年股價高點跌去市值的 60%。充分證明投資人對管理階層的信任蕩然無存，也失去對公司未來股價的信心。

懂研究非財務關鍵營運指標，有利搶得投資先機

投資人可從上市企業營運表現的數據來作為投資的主要判斷，所依據的 2 大類資訊就是財務指標和「關鍵營運指標」數字（例如平台的月活躍使用人數）。

財務指標通常可以在每季財報發布電話會議，或是不定期舉辦的投資人會議上取得，但正式數字必須以企業向 SEC 呈報的每季財報和年度財報內容為準。關鍵營運指標可就麻煩了，雖然企業向 SEC 呈報的財報、每季的財報發布電話會議、投資人會議，也能取得幾項企業的最關鍵營運指標數字。但由於牽涉到太多的商業機密，擔心被競爭對手取得，因此除非 SEC 主動介入，否則企業一般不願意主動公布太多的營運數據，以免對手探知、不利產品或服務的研發、或是業務的擴展、甚至於併購案的推動等。SEC 就曾在 2019 年主動要求字母公司必須揭露 Youtube 和 GCP 雲端運算這 2 大部門的關鍵營運指標，逼得字母只好在 2019 年第 4 季開始，把它們納入每季的財報發布中。

關鍵營運指標的重要性在哪裡？前面提到的財務指標，投資人基本上是平等的，尤其現在網路發達，財報和每季的財報發布電話會議，只要願意都能輕鬆

取得。但是關鍵營運指標數字就不是這麼回事了，因為企業不願意主動公布，投資人就必須各顯神通設法取得這些數字。

而且正因為關鍵營運指標缺乏透明度和稀缺性，讓了解這項重要情報的投資人得以取得較有利的位置。因為有了這些專業的關鍵營運指標數字，將可精確地推算出營收等重要財務數字。重點是所有人都知道在財報裡的財務指標都已被反映在目前的股價上了！要想搶在多數人前面發掘股價的未來潛力，就必須花時間研究並獲得企業的關鍵營運指標，才更有可能早日找出 10 倍股。

問題來了，這些關鍵營運指標太過專業，一般人根本搞不清楚哪個行業需要關注哪些營運指標。因此市面上就會出現許多專門的市場調查或研究公司，它們會定期進行重要行業的研究和市場調查，出售給有需要的投資人，以及這個行業內的相關公司。

此外，擁有深不見底口袋的華爾街投資銀行，為了取得先機，也會自行進行類似的市場研究工作，以取得先機，作為和其他投資銀行的競爭利器。這也是為什麼多數享有聲譽的華爾街分析師能獲得產業界，以及市場投資人信任的主要原因——因為他們不是只有當企業財報傳聲筒的本事而已。

有了這些行業的主要關鍵經營指標，我們就可拿來和同行裡的競爭公司進行

比較，以這些客觀的數據來判斷一家企業是否擁有強大的競爭力、潛在的市場有多大、目前的市場滲透情形如何。另外，也別忘了要拿這些指標和同一家公司進行比較，這樣才能知道公司的營運改善情形。

要記住，和同行進行比較時，一定要以同期間的指標進行比較才有意義。和自己比較時，則要拿去年同期的同一個指標來比才有意義，因為企業都有大小月，美國企業第 4 季的營收通常會高過其他的 3 個季度。

投資高溢價成長股
須留意3風險

所有成長股的投資人首先一定得要有心理準備,成長股的股價波動劇烈,股價爬得愈高,就有可能摔得愈重。市場對於成長股,或未來可能的 10 倍股或 20 倍股,在企業高速成長的初期會不吝惜給予高昂的溢價;而且成長率愈高,成長力道持續愈久者,獲得的溢價也愈高。但可能暗藏以下 3 風險:

風險 1》成長一旦減緩,股價立即狂瀉

但是,只要這些高昂的溢價因素一消失,或是成長力道明顯地減緩,就會給予股價致命的打擊,屆時各種利空和負面的分析評等將相繼出籠,不會手軟。而且股價漲跌有一個特性,即使是同一家企業,發生相同程度的利多或利空時,股價上漲的速度會比下跌的幅度慢一點,上漲的幅度會比下跌的幅度小一點。例如營收成長率 15%,股價可能短期內上漲 30%,但若是發生營收成長率下跌 15%,股價恐怕會腰斬。

這點在高速成長股身上會特別地明顯,因為漲跌幅都較其他股票更大。例如

圖1 **2022年初成長股大崩跌期間，低利潤率者跌幅更大**
——ACG SaaS指數成分股跌幅（以EBITDA利潤率比較）

單位：％

EBITDA利潤率最高的50家公司股價跌幅
EBITDA利潤率最低的50家公司股價跌幅

註：統計時間為 2021.02.01 ～ 2022.01.31　　資料來源：ACG Partners

在美國聯準會（Fed）打算縮表和升息的利空干擾下，加上新冠肺炎疫情趨緩使企業營收成長降速，成長股於 2022 年 1 月全面崩跌；由投資銀行 AGC Partners 編製、代表科技業成長股主力的 ACG SaaS 指數的 100 檔股票，其中盈利能力最差的 50 家公司股價跌幅達 29%，遠大於盈利能力最高的 50 家公司股價的 10% 跌幅（詳見圖 1）。

然而若以成長性來區分，同期間該指數增長最強勁的 50 家公司，股價見頂

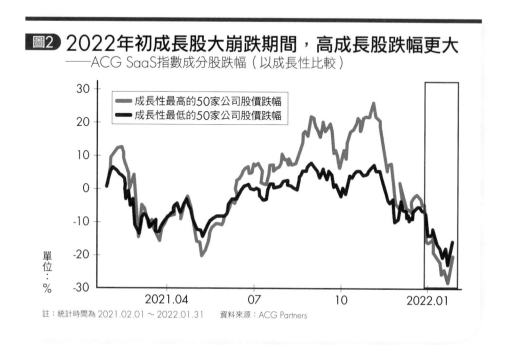

圖2 2022年初成長股大崩跌期間，高成長股跌幅更大
——ACG SaaS指數成分股跌幅（以成長性比較）

成長性最高的50家公司股價跌幅
成長性最低的50家公司股價跌幅

單位：％

2021.04　　　07　　　10　　　2022.01

註：統計時間為 2021.02.01 ～ 2022.01.31　　資料來源：ACG Partners

走高後，在成長股全面崩跌期間卻進一步下跌；在該指數中成長最快的前 50 家公司股價同比下跌 22%，而成長最慢的 50 家公司股價僅下跌 17%（詳見圖2）。

案例①》Monday.com（美股代碼：MNDY）

圖 1 和圖 2 所透露出的訊息是——在崩盤時，投資者會立即變得保守，只要利潤，不要成長。我們來舉個例子，以色列雲端工作流程管理平台商 Monday.

com 於 2021 年 6 月上市，並於持續居家辦公趨勢的前景下，股價上漲至 450 美元的 52 週高點。

這家公司在 2022 年 2 月 22 日發布 2021 年第 4 季度的財報，營收達 9,550 萬美元，營收年成長 90.5%，以及調整後每股虧損 26 美分，皆優於分析師的預期。但公司表示 2022 年將持續虧損，並稱全年將出現 1 億 4,200 萬美元至 1 億 4,700 萬美元的營業虧損。

這種成績若是在 2021 年之前、市場積極追捧科技成長股的牛市歡樂氣氛下，營收成長 90.5% 且營收和每股盈餘皆高出預期，股價一定大漲回應。但在 2021 年 10 月到 2022 年第 1 季這段草木皆兵的科技成長股暴跌期間，投資人一聽到沒有淨利，今年還會大幅虧損，根本就顧不了那麼多。財報發布當天（2022.02.23），竟然有 320 萬股爆量易手，而平時該股的日均成交量才 57 萬股，這天股價迅速暴跌 27.63%（詳見圖 3），收在 128.47 美元，低於 155 美元的 IPO 價格，觸及過去 1 年的股價低點。

Monday.com 股價其實自 2021 年 11 月以來就持續走低，自當月最高點 450 美元跌至 2022 年 7 月的 85.7503 美元，跌幅達 80%。唇亡齒寒地引發其他幾家工作流程管理的相關公司一併大跌，RingCentra（美股代碼：RNG）、Asana（美股代碼：ASAN）同期跌幅均超過 80%。

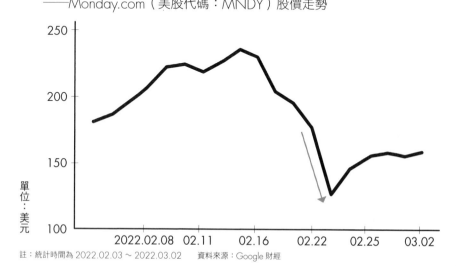

圖3 Monday.com**發布虧損預期，當天股價大跌27.63%**
——Monday.com（美股代碼：MNDY）股價走勢

註：統計時間為 2022.02.03 ～ 2022.03.02　　資料來源：Google 財經

案例②》雪花（Snowflake，美股代碼：SNOW）

相同的故事，也發生在波克夏公司持有的雲端資料倉儲業者雪花身上。雪花在 2020 年 9 月 18 日上市時轟動一時，被追捧為未來的明日之星，大有一統雲端、資料庫、以及資料分析的態勢，是美國有史以來規模最大的軟體企業上市案，規模更甚於 2007 年備受矚目的威睿（VMware，美股代碼：VMW）上市案。雪花上市時定價 120 美元，當天股價就上漲 111.6%，漲至 253.93 美元，是 2020 年上市當日表現最好的企業。

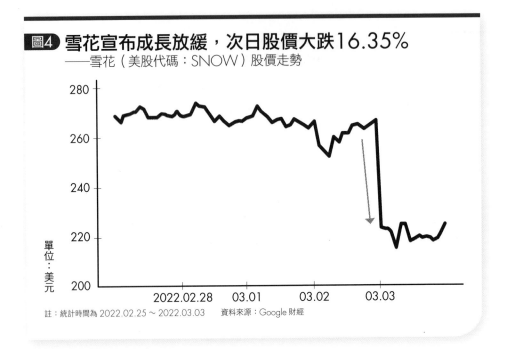

圖4 雪花宣布成長放緩,次日股價大跌16.35%

——雪花(美股代碼:SNOW)股價走勢

單位:美元

2022.02.28　　03.01　　03.02　　03.03

註:統計時間為 2022.02.25 ～ 2022.03.03　　資料來源:Google 財經

　　但是在 2022 年 3 月 3 日,雪花發布 2021 年第 4 季度的財報,營收年增率達 101.5%,超出分析師預期。但公司也表示,預計未來增長將放緩,第 1 季度的營業利潤「只」會比去年同期增長 79% 至 81%;預估 2023 財年營收增速將放緩至 65% 與 67% 之間,遠低於 2022 財年的 106%。股價在第 2 天立即暴跌 16.35%(詳見圖 4),情形和 Monday.com 如出一轍。

案例③》Alteryx(美股代碼:AYX)

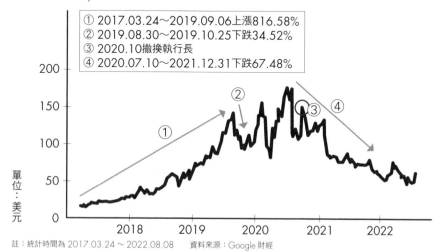

圖5 Alteryx股價2年半上漲8倍，2020年後崩跌
——Alteryx（美股代碼：AYX）股價走勢

① 2017.03.24～2019.09.06上漲816.58%
② 2019.08.30～2019.10.25下跌34.52%
③ 2020.10撤換執行長
④ 2020.07.10～2021.12.31下跌67.48%

單位：美元

註：統計時間為 2017.03.24 ～ 2022.08.08　　資料來源：Google 財經

　　視覺化資料分析軟體商 Alteryx 在 2017 年 3 月上市，業績表現一直很亮麗，股價因此扶搖直上，到 2019 年 9 月為止，沒有任何 1 季的營收成長率是低於 50% 的，而且一般公認會計原則的每股虧損，也在逐步縮減接近正的盈餘（請注意：此時投資人會期待它能在 1 ～ 2 季內就由虧轉盈），股價才短短 2 年半就上漲 816.58%（詳見圖 5-①）。

　　股價的漲勢也符合它的突出表現，令人直覺認為它有可能繼續向上成長，有

望成為 1 檔 20 倍，甚至 30 倍股。

　想不到在 2019 年的第 2 季業績於當年 8 月底公布時，一般公認會計原則的每股虧損竟由上一季的正 0.09 美元轉為負的 0.05 美元，即使當季仍舊締造 59.3% 的營收成長，且它是連續第 10 季的營收成長率高於 50%，在所有上市企業裡算是相當出色的表現了，也無法阻止股價在 1 個多月內就跌去 34.52%（詳見圖 5-②）。

　Alteryx 的故事是非常典型的「成長股業績表現不符合市場期望，短期內遭投資人拋棄」的例子；類似原因造成股價大跌的狀況還包括：

　❶**營收成長不如預期**：這是殺傷力最大的因素，因為高營收成長是成長股能成為 10 倍股的必備條件。

　❷**每股虧損擴大**：擴大虧損，或是長時間仍然看不到轉為正的跡象，投資人不可能容許企業長期燒掉自己投資的血汗錢，且沒有改善跡象。

　❸**企業的財務長甚至是執行長遭到撤換**：不論任何理由，只要業績表現符合預期，企業的財務長或執行長是不可能走路的。這 2 人中的任何一人走路，對成長型或剛上市的新創企業而言，都是絕對的負面消息，股價一定會在當天立

即大幅下挫來回應。

　　如果讀者夠細心，可以察覺到 Alteryx 在 2019 年第 2 季每股虧損意外擴大後，往後 3 年股價或有起落，甚至還在 2020 年 7 月股價攀抵歷史新高，由上市算起共漲 1,048%，成為 1 檔 10 倍股，讓人以為公司又恢復成長了。但 2020 年 10 月，公司突然宣布撤換執行長。

　　事實上從 2019 年年底開始，Alteryx 的經營團隊就經歷許多動盪，包括任命新的營運長、首席營收長、首席產品長、首席客戶長等，以及壓垮駱駝的最後那根稻草——執行長下台（詳見圖 5-③）。

　　這些管理階層的動盪，全部反映在 2020 年下半年過後的股價崩跌走勢上，無法重返當年的榮景。股價由在 2020 年 7 月歷史高點至 2021 年年底已一路跌掉市值的 2/3 以上，跌去 67.48%（詳見圖 5-④）；再對照公司的實際營運表現，從 2020 年首季開始，較少見到以往 50% 以上的營收成長率，多是 25% 以下、個位數百分比，或是負成長的表現（詳見圖 6）。

風險 2》短期因素可能對股價造成衝擊

　　短期因素也可能對股價造成衝擊，疫情就是一個很好的例子。疫情催生了許

多新的行業，也使許多行業的業績呈現爆發式的成長（例如電商、外送、無接觸式的支付、遠端工作、居家需求），當然也壓抑了許多行業（例如郵輪、出差、旅行、住宿、航空客運）。

隨著疫苗已經覆蓋全球大部分的人口，疫情終究會過去，此後因疫情而生或壓抑的行業也多會回歸正常。當然，因為經過疫情這 2 ～ 3 年的洗禮，改變了人們的生活型態或工作方式，少數因疫情而生且之後能存活且繼續發展的行業，業績才可能持續，也正是我們應該鎖定的目標。再強調一次，只有能持續成長的企業，才有可能成為 10 倍股。

舉例來說，線上影音平台網飛在 2022 年 1 月 20 日公布 2021 年第 4 季的財報，新訂戶增長的減速明顯，未來展望也不佳，股價第 2 天就暴跌了 22%。慘狀並未就此結束，網飛 2022 年 4 月 19 日公布 2022 年第 1 季的財報，訂戶 10 年來首次下降，有 20 萬名用戶決定不續訂；股價第 2 天更是暴跌 35.12%，是過去 20 年來該公司股價表現最糟的 1 天。而且第 2 季又減少 97 萬名訂戶，到 2022 年 8 月中旬為止，已由史上最高價跌去 64.44%。

相同的理由，在 2022 年 1 月 21 日時，電商平台 Shopify 因需求減緩，終止履行數個美國大型倉儲廠商合約的新聞見報，1 天內股票就大跌 14%。並在隨後公布的 2021 年第 4 季、2022 年第 1 季、2022 年第 2 季的財報中，

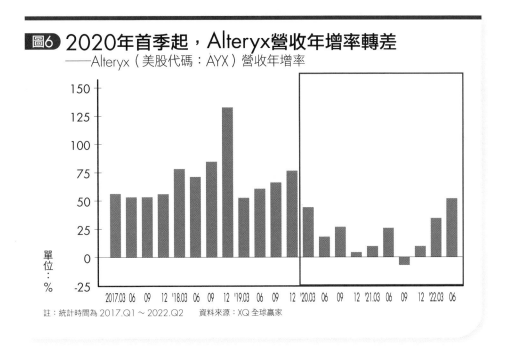

圖6 2020年首季起，Alteryx營收年增率轉差
——Alteryx（美股代碼：AYX）營收年增率

註：統計時間為 2017.Q1 ～ 2022.Q2　　資料來源：XQ 全球贏家

都警告未來的成長將不若過去 2 年疫情時的表現，造成股價到 2022 年 8 月中旬為止，已由史上最高價跌去 76.88%。

　　同樣因為疫情，受惠於居家健身風潮而業績爆發的健身器材公司派樂騰（美股代碼：PTON），2022 年 1 月 19 日時，因市場傳言隨著消費者需求減弱，它已暫時停止其連網健身產品的生產，造成股價 1 天內就跌去 23.93%。過沒幾天後，擁有 5% 股份的激進投資公司 Blackwells Capital，呼籲派樂騰解僱

其執行長約翰‧福利（John Foley），為其股價在 13 個月內一路暴跌 80% 負責，並尋求將公司出售的機會。因為華爾街投資人認為派樂騰整體狀況較疫情前還要疲軟，多數責任必須歸咎於他。雖然約翰‧福利和其他內部人士擁有超過 80% 的股份投票權，同年 2 月 8 日仍舊擋不住投資人排山倒海的壓力而下台，並大幅裁員 20% 作為交代。

風險 3》政府的法規和監管

政府的法規和監管是企業唯一無法操之在己的因素，而且威力強大，可能催生一個新產業，也可能使一個存在已久的產業瞬間覆滅。

2021 年 7 月 24 日中國教育主管當局傳出禁止補教企業上市融資，必須轉型為非營利組織；學科類培訓機構需統一登記為非營利性機構，一律不得上市融資，嚴禁資本化運作──意思是這些公司的股票有可能在未來成為壁紙。當天在美股上市的新東方（美股代碼：EDU）暴跌 54.22%、好未來（美股代碼：TAL）暴跌 70.76%、高途教育（美股代碼：GOTU）暴跌 63.24%、網易有道（美股代碼：DAO）下跌 42.81%。一年多後的 2022 年 8 月中旬為止，這幾家公司的股價仍是一字躺平，絲毫未見任何起色。

6-7

企業5種資本操作
對股價具有強大影響力

我在《超級成長股投資法則》一書 1-2 提過,股利的提升、盈餘的持續成長、市場估值的改變,這 3 項因素是股價會上漲的根本驅動力;除了營收成長和這 3 項驅動力外,投資人很容易忽略「企業資本操作」對股價背後強大的影響力。

企業資本操作是典型的財務工程美化手段,它也可以讓企業的財報數字在合法的會計調整、財務工程手段、或是資本的適度運用,在不牽涉到企業本業營運的前提下,就能夠驅動股價的上漲。接下來,我們會介紹較為常見的 5 種企業資本操作方式:借貸、股票回購(Repurchase)、股票分割、新股與債券發行、企業併購。其中要特別注意的是,這些資本操作方式對企業的收入貢獻只能有一次性的幫助嗎?如果是「不重複性」(Nonrecurrent)的收入,對股價的長期發展不會有助益,因此持續性很重要。

借貸》適度舉債擴張營運,有助企業長期發展

借貸是一把雙面刃,所有企業營運都需要借貸,特別是新創企業和剛上市的

企業，由於羽翼未豐，多在虧損的階段，必須仰賴外部的資金才能生存。短期而言會決定企業的生存與否，長期而言則會影響到企業未來的發展和茁壯。

首先，大部分的人會認為借貸是企業財務的萬惡淵藪，因為銀行業以「晴天樂於放貸，但雨天急於收傘」聞名。而且在經濟景氣好的時候，所有企業都能付得出利息，然而只要景氣一反轉，除了利息會升高外，體質不佳的企業恐怕會因付不出利息而破產倒閉。但從另一方面來看，如果企業囤積大量閒置的現金，反而是營運和效率不佳的典型現象。這種情形通常不會發生在新創公司或剛上市不久的企業，比較常發生已經成熟而且具有強大盈餘產生能力的大型上市企業上——也就是所謂的「現金牛」企業。

一般而言，只要自由現金流長期保持正值，就表示企業足以應付所有日常營運的開銷，不必向外舉債，公司就足以養活自己——這點很重要，因為可以用來協助投資人判斷所看中的潛在 10 倍股，在為自己賺大錢之前，有沒有能力撐下去？這也是為何亞馬遜創辦人貝佐斯一再教育投資人，他經營公司是以自由現金流為考量，而不是每股盈餘（貝佐斯自己是華爾街投資銀行高階經理人出身的，非常了解分析師們的期望）。

借貸除了可以擴展事業，使營收成長外，公司通常樂於承擔債務還有 2 個主要原因：1. 如果公司資金真的有限，又不願適度借貸導致陷入財務困境，在投

資者的眼中並不是好事，公司無法周轉導致破產倒閉，所有的未來計畫業務都會付諸流水；2. 法律鼓勵企業擁有債務，利息費用可以免稅，如果公司承擔一些債務，這會給公司帶來稅收優惠。雖然好處聽起來頗為誘人，但在公司發展過程中若承擔過多債務或過早承擔債務，也可能會導致未來潛在的財務問題。

至於有能力囤積現金的企業，這些現金的去向有 3 種：

1. **一直囤積大量閒置的現金成為保留盈餘**：將現金變成保留盈餘雖然可以使每股盈餘上升，但資金使用效率不佳，是極差的做法。而且現金每年會貶值，根本無法抵禦通膨，現金等於是囤積負報酬的資產。這也是巴菲特反對以每股盈餘來衡量企業表現的根本原因，因為只要企業不倒閉，長期而言保留盈餘當然可以使每股盈餘上升。

2. **將盈餘重新投入公司的營運，用公司自己的資金擴大營運，為股東賺錢**：長期而言，盈餘再投資將為股東產生複利投資的效果，使股東的報酬每一年自動增加，取得未來驚人的回報。這才是所有優良企業都應該採用的最好方式。無怪乎凱因斯會說：「管理得當的工業企業不會將所有獲利都分配給股東。即使不是每一年，但至少在好的年景，它們會留存一部分利潤，投入到業務中。讓複利發揮強大的效果；一些年後，即使剔除支付的股利，優秀工業企業的價值也會以複利的速度增長。」

3. 將現金還給股東：企業大方地承認，無法為股東找到更好的投資回報的機會，而把錢退還給股東。退還的方式主要有 2 種：一種是發放現金股利，但是這會造成重複課稅的問題（因為企業已經繳過營業稅了），除了為股東帶來額外的稅務負擔外，它會使每股淨值下降，但也有助於投資人對公司股價的評比——因為股利是股東最立即的利益，可為需要現金的投資人帶來現金收入，而且也可以在利空時支撐股價；另一種則是股票回購，接下來會加以說明。

股票回購》減少流通股數，推動盈餘與股價上升

另外一種將現金返還給股東的方式就是進行股票回購，這不會有雙重課稅的問題，是現在大型企業多數會採用的方法，它是一種企業資金在找不到大型併購目標、或是資本支出不高時的最好安排。

股票回購的好處是會使企業在外流通的股數下降，股東的持股，會隨著企業執行股票回購而增加手上持股所占公司股份的比重，也就是增加股東手上持股的實際價值。而且這也會使每股盈餘隨著流通股數下降而自動上升，每股盈餘的上升是推動股價上漲最根本的原因。

但是近年來美股的股票回購，也衍生出上市企業高層圖利自己的嫌疑，因為上市企業經營團隊的主要收入不是薪資，而是公司配發的大量股票期權。股票

期權必須在股價上漲後才能行使權利出售獲利，也就是只有這些極少數的上市企業高層才能賺得其間差價。正因如此，會迫使企業經營團隊的人員，在接近股票期權行使的期間，刻意大手筆地進行股票回購以拉高股價，自己再行使股票期權的權利，賺取大量價差入袋。

另一項令人詬病的缺點是，企業通常在景氣好、公司賺錢時，樂於大手筆進行股票回購，但這時候通常是股價最高的時候。當企業股價走弱或市場崩盤、或是營運較差時，反而縮手，讓企業本身錯失低價回購的好時機。因此企業是否制定長期，而且持續進行股票回購，就變得非常重要；基本上這和散戶採用定期定額投資股市的道理是一樣的，因為沒有人能預測明天的股價。

對投資人而言比較重要的是，股票回購是一家企業未來能否成為 10 倍股的重要判斷指標之一。大部分的投資人都低估股票回購的威力，因為它不像股票分割可以立即反映股價，很少人會去關注手中持股的在外流通股數目。其實股票回購和股市投資的道理相同，必須長期持續進行才能顯示出威力。只看 1、2 年，投資人不會特別興奮，因為效果實在有限，但只要股票回購有持續且長期地進行，會和複利一樣，隱藏的長期實質效益十分驚人。

和股票分割一樣，美股歷史上所有 10 倍甚至百倍以上的股票，沒有任何一家不進行股票回購的。蘋果公司就是其中的佼佼者，也一直是標普 500 指數

成分股中最大的股票回購者。

蘋果從 2012 年 3 月開始回購股票，根據標普全球市場情報公司（S&P Global Market Intelligence）的數據，從那時之後一直到 2021 年夏天，蘋果已經在股票回購上花費了超過 4,500 億美元。過去 10 年，蘋果在外流通股數已下降了 37%。光是靠股票回購就使每股盈餘累計上漲 50%。

投資人所熟知的企業，不論大小，只要自由現金流是正的，不再需要大筆資本支出者，大部分都會默默地進行股票回購，差別只在於進度和規模的大小。即使是拒絕股票分割的巴菲特，也認同股票回購在企業長期資本運用上的好處。不僅是波克夏會在適當的時機進行股票回購，他自己所持股的大部分企業，巴菲特也都會發揮他的影響力，要求這些公司進行長期的股票回購。

企業的股票回購計畫都必須提交董事會批準，並向 SEC 申報，也要在每一季的財報發布會裡更新執行進度。投資人可以利用 Inside Arbitrage 網站查詢企業進行中的股票回購計畫，圖 1 是蘋果股票回購紀錄查詢的結果畫面。

股票分割》多為基本面佳、成長性強的企業

股票分割也是用來確認是否為成長股，以及未來是否成為 10 倍股的重要判

圖1 蘋果近年持續執行股票回購
——蘋果（美股代碼：AAPL）股票回購紀錄查詢

InsideArbitrage
May the odds be with you

Home   About ▸   Subscribe   Insiders ▸   Merger Arbitrage ▸   SPACS ▸   Spinoffs ▸   Buybacks ▸   Premium ▸   Tools ▸   Resources ▸   C-Suite ▸

SEARCH BUYBACKS

AAPL   [Search]

Symbol	Company	10-K/10-Q Filings	% Change in Shares	Period of Report	Previous Period	Type	Quarter
AAPL	Apple Inc.	View	-0.40%	06/25/2022	03/26/2022	Diluted	1Q
AAPL	Apple Inc.	View	-0.75%	06/25/2022	12/25/2021	Diluted	2Q
AAPL	Apple Inc.	View	-2.79%	06/25/2022	09/25/2021	Diluted	3Q
AAPL	Apple Inc.	View	-3.23%	06/25/2022	06/26/2021	Diluted	4Q
AAPL	Apple Inc.	View	-3.68%	06/25/2022	03/27/2021	Diluted	5Q
AAPL	Apple Inc.	View	-4.20%	06/25/2022	12/26/2020	Diluted	6Q
AAPL	Apple Inc.	View	-6.47%	06/25/2022	09/26/2020	Diluted	7Q
AAPL	Apple Inc.	View	-6.95%	06/25/2022	06/30/2020	Diluted	8Q
AAPL	Apple Inc.	View	-7.47%	06/25/2022	03/28/2020	Diluted	9Q

資料來源：insidearbitrage.com

斷指標。美股歷史上所有 10 倍甚至百倍以上的股票，沒有任何一家沒有進行過多次股票的分割，表 1 就是一些著名的例子。

例如截至 2021 年年底，全球市值最高的蘋果，從 1987 年到 2020 年經過 5 次分割；亞馬遜經過 4 次分割；微軟與可口可樂則都分別經歷 9 次分割。投資人可以利用 Stock Split History 網站，輸入個股的美股代碼，就可以取得該股歷年的股票分割詳細的紀錄，圖 2 就是查詢蘋果股票分割的結果畫面。

表1 **多家知名美國上市企業皆經歷多次股票分割**
——著名美股上市企業股票分割紀錄

公司名稱	股票代碼	分割次數	發生年代（當年分割比例）
蘋果	AAPL	5	2020（4：1）、2014（7：1）、2005（2：1）、2000（2：1）、1987（2：1）
安進	AMGN	5	1999（2：1）、1999（2：1）、1995（2：1）、1991（3：1）、1990（2：1）
亞馬遜	AMZN	4	2022（20：1）、1999（2：1）、1999（3：1）、1998（2：1）
美國運通	AXP	6	2005（1：0.8753）、2000（3：1）、1994（1：0.8825）、1987（2：1）、1983（3：2）、1983（4：3）
波音	BA	8	1997（2：1）、1990（3：2）、1989（3：2）、1985（3：2）、1980（3：2）、1979（3：2）、1977（2：1）、1966（2：1）
美國銀行	BAC	3	2004（2：1）、1997（2：1）、1986（2：1）
丹納赫	DHR	3	2016（1.319）、2010（2：1）、2004（2：1）、1998（2：1）、1995（2：1）
艾默生電氣	EMR	4	2006（2：1）、1997（2：1）、1987（2：1）、1973（2：1）
奇異	GE	8	2021（1：8）、2019（1.04：1）、2000（3：1）、1997（2：1）、1994（2：1）、1987（2：1）、1983（2：1）、1971（2：1）
字母	GOOGL	2	2022（20：1）、2014（1.998：1）
字母	GOOG	2	2022（20：1）、2015（1.0027455：1）、2014（2.002：1）
漢威聯合	HON	6	2018（1.032：1）、2018（1.011：1）、2016（1：0.9947）、1997（2：1）、1994（2：1）、1984（3：2）

公司名稱	股票代碼	分割次數	發生年代（當年分割比例）
可口可樂	KO	9	2012（2：1）、1996（2：1）、1992（2：1）、1990（2：1）、1986（2：1）、1977（2：1）、1968（2：1）、1965（2：1）、1965（2：1）
國際商業機器	IBM	8	2021（1.046：1）、1999（2：1）、1997（2：1）、1979（4：1）、1973（5：4）、1986（2：1）、1966（3：2）、1964（5：4）
英特爾	INTC	6	2000（2：1）、1999（2：1）、1997（2：1）、1995（2：1）、1993（2：1）、1987（2：1）
摩根大通	JPM	3	1987（2：1）、1985（2：1）、1973（2：1）
默　克	MRK	6	2021（1.048：1）、1999（2：1）、1992（3：1）、1988（3：1）、1986（2：1）、1972（2：1）
微　軟	MSFT	9	2003（2：1）、1999（2：1）、1998（2：1）、1996（2：1）、1994（2：1）、1992（3：2）、1991（3：2）、1990（2：1）、1987（2：1）
耐　吉	NKE	6	2015（2：1）、2012（2：1）、2007（2：1）、1996（2：1）、1995（2：1）、1990（2：1）
輝　達	NVDA	6	2021（4：1）、2007（3：2）、2006（2：1）、2001（2：1）、2001（2：1）、2000（2：1）
輝　瑞	PFE	6	2020（1.054：1）、1999（3：1）、1997（2：1）、1995（2：1）、1991（2：1）、1983（2：1）
力　拓	RIO	3	2007（2：1）、2006（2：1）、2004（2：1）
星巴克	SBUX	6	2015（2：1）、2005（2：1）、2001（2：1）、1999（2：1）、1995（2：1）、1993（2：1）
特斯拉	TSLA	2	2022（3：1）、2020（5：1）
德州儀器	TXN	7	2000（2：1）、1999（2：1）、1997（2：1）、1995（2：1）、1995（2：1）、1987（2：1）、1973（2：1）
艾克森美孚	XOM	5	2001（2：1）、1997（2：1）、1987（2：1）、1981（2：1）、1976（2：1）

註：分割比例 4：1 代表 1 股拆為 4 股，依此類推　　資料來源：stocksplithistory.com

你可能認為股票分割是落後指標，但我要強調的是「成功的企業通常在它們的生命週期裡，會進行不止一次的股票分割。」而且美股歷史上優秀成功的上市企業，都一定會持續進行股票分割，不會有例外。衡諸過往的經驗，我甚至可以很篤定地說，股票分割是任何達成 10 倍股的上市企業必經之路。

企業進行股票分割，代表經營階層長期而言看好自家企業的長期展望，也是對未來的股價上漲擁有絕對信心的最明顯跡象，可以說，經營階層暗示拆分後的股價預期將繼續上漲。而市場喜歡看到那些看多的內部人，藉由股票分割實際看到經營階層的信心，而不是其他技術層面的原因。

別忘了美國 3 大交易所，都訂有「股價長期低於 1 美元就符合自動下市」的硬性規定，因此除非企業對自家股價有信心，否則不會冒著股票被下市的潛在風險而進行股票分割。另外，呈報給 SEC 的年報，都必須附上當年度的股價走勢圖，以及和市場大盤的比較曲線。而股價大幅下跌是執行長離職的最大原因，沒有人會和自己的大筆獎金和飯碗過不去。

股票分割可使股價降低，提高股票流通程度

股票分割能使股價大幅降低，增加股票的流通股數，提升股票的流動性，擴大公眾股東的持有基礎，增加企業在社會階層的覆蓋面，對企業形象是有幫助的，當然也會因此增加企業對社會的影響力，有助於企業的評等。因為現代社

圖2 蘋果自1987年到2020年經過5次股票分割

——蘋果（美股代碼：AAPL）股票歷年分割紀錄查詢

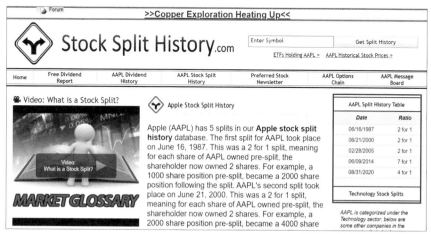

資料來源：stocksplithistory.com

會對上市企業的要求，除了股東會要求企業為其創造獲利的天職外，也會鞭策企業的社會責任和社會參與程度，以及帶給社會的正面能量。

這也是為何 2022 年 3 月開始，SEC 開始強制必須揭露企業採用綠能的比率和進度。而全球最大的主權基金——挪威主權基金，除了在官方文件載明負有 ESG（環境保護、社會責任、公司治理）的任務外，2019 年更大舉減碼油煤等石化能源企業，轉而在綠色能源基礎建設上投入大筆資金，支持許多再

生能源項目和企業。2020 年，基於道德與氣候正義的考量，挪威主權基金將 12 家公司列入投資的黑名單。

加入道瓊工業平均指數是所有美股企業夢寐以求的成就，代表經營獲得肯定，當然也會獲得無形巨大的影響力。但道瓊工業平均指數是「價格加權」指數，股價太高會使指數被扭曲地往高價股傾斜。這也是為何蘋果在 2015 年加入道瓊工業平均指數之前，被要求進行 1 股拆 7 股的分割，若不進行分割，道瓊工業平均指數會變成蘋果指數。

標普 500 指數成分股在 2011 年有 12 家，2020 年有 6 家進行股票分割。道瓊市場數據則顯示，在過去 10 年中，美股每年進行大約 20 次的股票分割（詳見圖 3）。真正的全盛時期是在 1990 年代後期的科技泡沫時期，1997 年到 2000 年，平均每年有 65 家美國公司進行股票分割。

表 2 是我所整理，美股由 2020 年到 2022 年 4 月為止，進行股票分割較著名的企業名單。進行股票分割的股票，通常是公司整體情況良好、基本面正在改善，且股價近期已經上漲很多，具有正向的價格動能，成為市場關注的焦點，往往在這種情況下，公司才會進行股票分割。

也由於具有正向價格動能的股票通常會繼續上漲，因此在短期內，你經常會

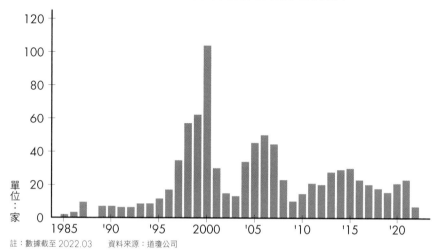

圖3 美股市場2011年後每年約進行20次股票分割
——1985年～2022年美股各年度股票分割的企業數目

單位：家

註：數據截至 2022.03　　資料來源：道瓊公司

看到企業宣布股票分割時會迎來暴漲，但這是因為市場對公司超乎預期表現的提前反映，而不是因為股票分割為公司本身增加了價值。

分割不會提升股票價值，但短期經常助漲股價

　　股票在分割後，由於價格下降，每天波動的「價格」幅度會較小，看起來更加穩定；而宣布股票分割還會吸引分析師的研究和媒體報導，增加對投資人的吸引力。

表2 **美股近3年有多家著名企業進行股票分割**
——美股2020年到2022年進行股票分割的著名企業

年度	美股代碼	公司名稱	分割比例
2022	AMZN	亞馬遜（Amazon）	1股拆20股
	GME	遊戲驛站（GameStop）	1股拆4股
	GOOGL	字母（Alphabet）	1股拆20股
	GOOG		1股拆20股
	SHOP	Shopify	1股拆10股
	DXCM	德康（DexCom）	1股拆4股
	NDAQ	那斯達克（Nasdaq）	1股拆3股
	AMC	AMC娛樂控股	1股拆2股
	TSLA	特斯拉（Tesla）	1股拆3股
2021	CSGP	科斯塔（CoStar）	1股拆10股
	ISRG	直覺手術（Intuitive Surgical）	1股拆3股
	CSX	CSX	1股拆3股
	NVDA	輝達（Nvidia）	1股拆5股
2020	AAPL	蘋果（Apple）	1股拆4股
	TSLA	特斯拉（Tesla）	1股拆5股
	TTD	萃弈（The Trade Desk）	1股拆10股

註：Alphabet 為 Google 母公司，2 檔股票差異在於 GOOGL 為 A 股，有投票權；GOOG 為 C 股，不具投票權

　　股票分割對股價的短期影響巨大，尤其企業宣布後到實際進行分割前的幾週，漲勢通常明顯大於市場大盤，而且漲勢的持續期間與漲幅，也會和企業的知名度成正比。實際進行分割的那幾天，又會因媒體再度報導而喚醒投資人的記憶，使股價繼續上漲幾日。

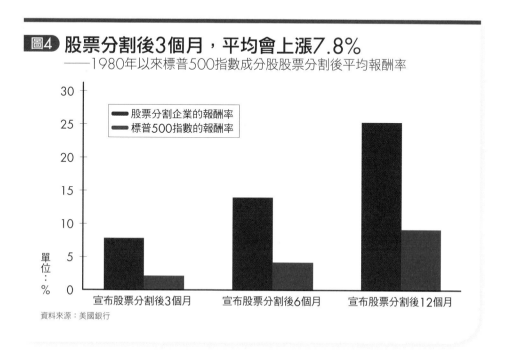

圖4 股票分割後3個月，平均會上漲7.8%

——1980年以來標普500指數成分股股票分割後平均報酬率

■ 股票分割企業的報酬率
■ 標普500指數的報酬率

單位：%

宣布股票分割後3個月　　宣布股票分割後6個月　　宣布股票分割後12個月

資料來源：美國銀行

　　如圖4，數字會說話：根據美國銀行證券研究人員的統計結果，1980年以來，標準普爾500指數的成分股，在宣布股票分割接下來的3個月後，平均會上漲7.8%；12個月內，股價表現平均會超過該指數16個百分點。但是在分割1年後，股價通常就不會再反映股票分割的短期利多，甚至於營運表現不佳者還會跌回企業宣布分割前的股價。這是因為大部分散戶或短線投資人，會將股票實際進行分割視為利多出盡而全部出脫，這些人原本就不會長期持有，也就是說，當短期追捧行為結束，股價仍會回歸基本面。

會因股票分割而選擇增持的法人和既有投資人較少，因為他們對個股通常很了解，有自己加減碼的節奏，不會因股票分割這種對企業獲利無實質助益的舉措，而改變對個股的看法。股票分割本身既不會創造，也不會破壞任何價值。

這也就是巴菲特一再表示，股票分割是披薩分割效應、股票價值在分割前後並無任何分別的主要原因。雖然長期而言，進行股票分割的個股還是幾乎沒有例外地多為上漲，但股票分割後的實際漲跌仍需看個股的表現。歸根究柢，投資人歡迎股票分割，是因為認同該企業樂觀的未來前景會帶來股價持續上漲，而不是股票分割計畫本身造成的結果。

新股與債券發行》股權遭稀釋，短期易衝擊股價

企業發行新股或債券是企業想要上市的主要因素之一，但投資人要小心的是，企業所付出的代價值得嗎？新股發行和可轉換公司債，都會使企業的股權大幅度地被稀釋，除非被稀釋的比率和營收成長的速度相較，是微乎其微的百分比，否則都是股價成長負面的訊號。這也說明為什麼只要企業新股發行和可轉換公司債，消息一公布都會立即引發股價下跌。

幾乎所有新創企業在一上市的前幾年，都會使用這 2 項企業資本操作方式來籌措營運的資金，因此投資人必須嚴加注意，衡量它對公司是否有重大的影響，

以及對投資人股權的衝擊。

　　例如 Shopify 目前（截至 2021 年）的長期負債竟只有 9 億 1,000 萬美元，長期負債比只有 0.1 倍，堪和字母的 0.06 倍比美。但字母坐擁 1,396 億 4,900 萬美元的現金，是帳上現金最多的上市企業，Shopify 只有 77 億 6,800 萬美元的現金。主要就是 Shopify 從 2017 年起至 2021 年間，趁它股票一路高漲總共發行 8 次的新股，每一年至少 1 次，有些年還發了 2 次的新股（詳見圖 5）。

　　蘋果的長期負債比是令人意外的 1.48 倍，主因是有 1,066 億 2,900 萬美元的長期負債。蘋果趁過去 10 年長期的低利環境，發行大量的公司債（詳見圖 6），這是聰明的做法，因為蘋果的債信評等是最高的 AAA 等級，可以用最低的利率發行公司債，使公司的資金運用更有效率。當然它的帳上現金有 639 億 1,300 萬美元，還是每年產生最多淨利的企業，因此信用評等機構穆迪（Moody's，美股代碼：MCO）還是願意在 2021 年，將蘋果的企業債信評等調升至最高的 AAA 等級（全球只有微軟、嬌生、蘋果 3 家企業被授予 AAA 等級）。

　　蘋果有多種公司債的殖利率低於相同年期的美國聯邦政府發行的公債，例如 2021 年 2 月發行的蘋果公司債 5 年期殖利率 0.7%、40 年期為 2.8%，顯示

圖5 Shopify於2017年～2021年每年發行新股
——Shopify（美股代碼：SHOP）歷年新股發行紀錄

單位：百萬股

資料來源：Shopify

在投資人心目中，蘋果公司債比起美國政府公債的信用風險還低。

　營收無法成長，股價一定不會上漲。每一家還在成長中的企業（特別是剛上市的新創企業）都需錢孔急，幾乎都能夠在借入大筆的資金後，立即為公司帶進大於借款金額的營收成長。但如果營收的成長不是等比例成長，而且也不能持續發生的話，對於企業的長期發展將是警訊，因為其中透露企業經營效率低下的嚴重問題。

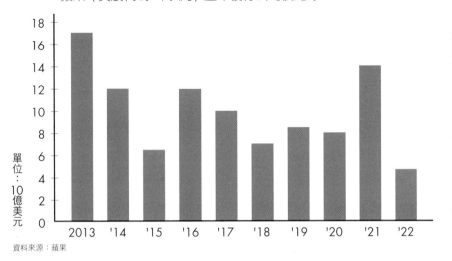

圖6 蘋果自2013年起多次發行公司債
—— 蘋果（美股代碼：AAPL）歷年發行公司債紀錄

單位：10億美元

資料來源：蘋果

可以説，長期而言這家企業是不值得投資的——道理很簡單，你都有錢、有人了，業務還辦不好，豈不是拿投資人的錢去打水漂嗎？

新股和債券的發行也不見得全是壞事，投資人可以拿來當成能否成為未來10倍股的輔助觀察指標。因為除了極為少數的天之驕子的企業（例如字母）完全不須要向外借貸、發行債券或發行新股外，這是一般企業拓展業務成為大型企業的必經之路，但前提是企業必須有效率地使用這些資金。如果答案是肯

定的，那投資人可以放心將它列為未來 10 倍股的候選名單。

巴菲特就表示過，如果企業保留的 1 元盈餘，無法為企業帶來大於 1 元以上的收入，那保留的 1 元會是死錢，表示資金使用效率很差，箇中道理就在這裡。

企業併購》需搞懂併購目的

企業併購也是所有上市公司經常用來拓展業務、增加營收、美化經營數字的慣用手法。但現在的企業併購案，主要都是出於消滅潛在的競爭對手、取得公司所欠缺的技術或市場、以及最常見的是出於企業的潛規則。

特別是若是上述最後這一項，通常是出於經營團隊的好大喜功和同業的攀比，一般而言，不可能會成功，只會為公司帶來沉重的財務負擔。因為大部分的併購都會涉及高額的公司資產抵押和借款、衍生的龐大利息、股權的稀釋、還會為股東帶來稅務上的沉重負擔；而且還會為公司帶來人事，以及內部文化的衝擊。商業史上無數的例子證明，只有不到 1/4 的企業併購案最後被證明是成功的。

反之，若併購是出於取得技術、通路或市場，則是好現象，因為這是提升營收較快且較有效率的方式，光靠企業內部研發，時間上來不及，而且風險太大。

因此投資人應該嚴加注意企業投資和併購案，搞清楚企業的併購政策，分清楚是屬於哪一種。庫克曾透露蘋果公司平均每 2 週就收購一家公司，但是蘋果其實是屬於很少花大錢併購的企業，這也是它能有錢持續進行股票回購的主要原因之一。

而藉由併購取得市場的最新技術，並立即運用到客戶身上，埃森哲是執行得最有效率的一家企業。另外，像微軟、Meta、思科（美股代碼：CSCO）這些公司，現在為它們賺錢的許多主要產品，其實也都是靠併購所取得的。這說明併購是企業成長的必經之路，我們也可以很確定地說，這是許多 10 倍股企業所採用，並用來達到快速成長的共同方式之一。

股權交換的合併，易淪為營收及業務虛胖

另外一種企業併購也很常見，就是換股比例的合併，只牽涉到股權的交換。其中甚至不必牽涉到借貸、產權抵押和借款、利息、稅務等。這種企業合併的方式看似較佳，但是對股東造成的衝擊反而比較巨大，只是一般投資人都不會去深究其中的陷阱。這類的企業合併，多數會造成營收增加或業務變廣的虛胖假象；諷刺的是，這反而是許多企業經營團隊樂此不疲的主因。

例如 A 公司總股數為 500 股，目前本益比 20 倍，每股盈餘 1 元；打算合併的 B 公司經營相同業務，總股數為 200 股，目前本益比 20 倍，每股盈餘 2

元。合併後，總盈餘增加 80%，但每股盈餘則只上升 28.6%：

◎合併前
總盈餘＝ 500 股 * 每股盈餘 1 元＝ 500 元

每股盈餘＝ 1 元

◎合併後
總盈餘＝ 500 股 * 每股盈餘 1 元＋ 200 股 * 每股盈餘 2 元＝ 900 元

每股盈餘＝合併後總盈餘 900 元／合併後股數 700 股＝ 1.286 元

總盈餘增加幅度＝（900 元－ 500 元）／ 500 元 *100%＝ 80%

每股盈餘增加幅度＝（1.286 元－ 1 元）／ 1 元 *100%＝ 28.6%

　　光看合併後的每股盈餘，投資人很容易被誤導，以為公司盈餘確實增加了，但是公司靠業務賺錢的基本能力，其實一點都沒有變。而且股東的股權還大幅地被稀釋了（合併前每持有 1 股的股權比率為 1/500，合併後降為 1/700），對股東權益而言反而是壞事！

6-8

進行選股評估時
可搭配3項參考指標

關於選股的評估方式，還可以搭配以下 3 項參考指標：

指標 1》長期持股可看退休基金或非營利法人持股比率

退休基金或非營利組織這 2 大類法人，通常偏愛波動較低的個股，例如民生產業、銀行、公用事業的股票，而且會長期持有，變動並不大；而且這些藍籌股都會有高股利，也是另一個它們持股的重要理由。

舉一檔股票為例，信用卡公司威士的法人持股比率長年都高達 90% 以上，而且長期皆是如此，很少會低於這個數字；這代表威士股票的持有者，都是超大型的退休基金。據我所知，威士應該是美股法人持有率最高的股票，原因也是如此。

因此，如果你不想探知箇中緣由，而且是屬於偏保守的投資人，無法承受大幅波動，或希望投資組合內能有幾檔安全且穩定的持股，就很適合利用「法人

持有率」（特別是退休基金和非營利組織），來判斷所看中的股票是否可納入你的投資組合。

要注意的是，一般的股票型基金法人或對沖基金法人，持股邏輯及操作想法都和退休基金及非營利組織大異其趣，它們反而會追逐高波動的成長股和科技股，以謀求超額報酬（這是根本的差別），而且持股的投入和退出都會很快，不會長期持有。這是行業規則使然，我也不建議投資人追蹤或仿效。

股票型基金或是對沖基金持股、交易、或是投資方式的主要原因，因為不長期持有股票，不可能在股市累積龐大的財富。我們在 4-3 就引用過 3 家著名的機構，對股票型基金經理人調查的一致性結果顯示，至少 75% 的股票型基金經理人的投資報酬長年落後大盤，不就是明證嗎？

指標 2》個股被放空比高於 30%，前景堪慮

相較之下，投資人更須特別注意個股被放空比。相較於做多，放空不僅在操作上困難許多，需要高度專業和技巧，而且危險性極大，不建議散戶嘗試，原因是多數散戶會放空個股單純自己認定股價不合理、股價看起來太高、以及一時興起。華爾街專業放空機構通常會對個股進行詳盡地研究，沒有很高的把握，它們是不會出手的，因為放空的代價很高，但最大報酬只有 100%（股票下市，

不必回補時）。

因此，華爾街專業的放空機構如果有志一同，齊聚重壓，對某檔個股進行高比率的放空，那幾乎可以確定這檔股票不值得你投資。千萬不要因為被便宜的股價所吸引、市場走跌、逆向操作、想抄底發橫財，就輕易放空個股。

在美股當中，一般的穩定大型股，平時的被放空比率多在 1.5% 以下。民生產業的著名大型股甚至都在 0.5% 以下，因為它們根本不可能倒閉、股價波動很低、長期走低的可能性很低，放空者根本無利可圖。若超過 5%，投資人就須要特別注意發生了什麼事，不然不會吸引放空大軍的關注；30% 以上就已經達到必須高度警戒的程度，表示這檔股票的前景堪慮。

就我多年的美股經驗而言，個股被放空比過高者，除了極少例外者（例如特斯拉）或是能起死回生者（例如超微），其他大部分股票的結果都只能是下市、破產、被併購、從 3 大交易所轉往店頭市場掛牌、或是變成雞蛋水餃股。

從事線上放貸的 Upstart（美股代碼：UPST），截至 2022 年 8 月 12 日已經由 2021 年 10 月股價的最高點跌去 91.34%，吸引許多投資人押注放空。如圖 1 所顯示，到 2022 年 7 月底為止，該股被放空比（Short Percentage Of Float）高達 35.73%！表示有 35.73% 的在外流通股份遭投資人賣空。請

注意圖 1 的下半部柱狀圖所表示的是被放空金額，於 2021 年 3 月開始逐漸攀升，正是股價大幅走跌的開始。

指標 3》2 種內部人士交易活動，對股價有激勵效果

特別要提醒投資人，以下 2 種內部人士交易的活動，在大部分的情況下，對企業的股價都是正面的訊號：

①既有早期投資人在 IPO 的前幾天加碼購股。

②或者是主要股東在企業股票大幅下跌時，還公開表示加碼買進。

以你我都熟知，而且是占市值權重較大的大型科技股而言，企業創辦人現在幾乎都已經不是執行長了，也就是大部分都是由專業經理人或非創辦人在經營。這些專業經理人都是領薪水的人，充其量只是多發些激勵的股票給他們而已，因此他們不可能有極大的持股占比。當然，若是企業內部人士持股比率較高，相較之下會對投資人持有該企業的股票，在信心上會有加分的效果。投資人也不用在意內部人士賣股，因為賣股有成千上百種理由，但買進（特別是內部管理團隊的成員）只有一種理由——看好公司的前景。

投資人可以利用 Inside Arbitrage 網站（詳見圖 2），設定過濾條件，查詢你

圖1 Upstart 2022年7月底被放空比達35.73%
——Upstart的股票各項放空統計

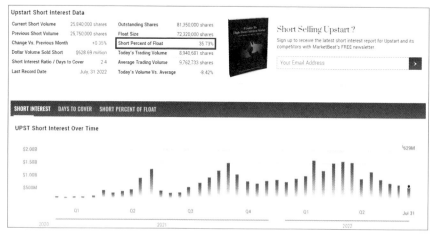

有興趣的企業的內部人士向 SEC 申報的自家公司股票的交易紀錄，非常詳盡。

　　牽涉股價漲跌的因素不勝枚舉，有時候內部人士的買入點都不見得是對的。比如說，2020 年英特爾股價全年下跌 19%，幾乎是所有大型科技股中表現最差的，那時也很多公司的高官（我指的是 SEC 列管的核心經營團隊那幾位）買入，但至少以現在看來，他們也沒有賺到大錢；強化投資人對長期持有英特爾股票信心的宣示效果，才是他們買入的主要目的。

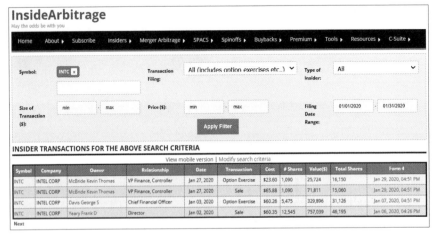

圖2 Inside Arbitrage可查詢美股內部人交易紀錄
——以英特爾2020年1月內部人交易資料為例

Symbol	Company	Owner	Relationship	Date	Transaction	Cost	# Shares	Value($)	Total Shares	Form 4
INTC	INTEL CORP	McBride Kevin Thomas	VP Finance, Controller	Jan 27, 2020	Option Exercise	$23.60	1,090	25,724	16,150	Jan 29, 2020, 04:51 PM
INTC	INTEL CORP	McBride Kevin Thomas	VP Finance, Controller	Jan 27, 2020	Sale	$65.88	1,090	71,811	15,060	Jan 29, 2020, 04:51 PM
INTC	INTEL CORP	Davis George S	Chief Financial Officer	Jan 03, 2020	Option Exercise	$60.26	5,475	329,896	31,126	Jan 07, 2020, 04:51 PM
INTC	INTEL CORP	Yeary Frank D	Director	Jan 02, 2020	Sale	$60.35	12,545	757,039	46,195	Jan 06, 2020, 04:26 PM

註：內部人交易類型中的「Option Exercise」為行使股票期權。股票期權通常為公司發放給企業員工的股票獎勵，持有者可在指定時間內行使這項權利，亦即出售股票期權賺取差價　　資料來源：insidearbitrage.com

　　企業內部人士持股比率的高低，投資人不必將其視為重要買進訊號，只需當成輔助參考就好。原因是我認為法人和內部人士持有和看好度，是「結果」，而不是「原因」。意思是說，個股不會因為有較多法人持有，就會是長期多頭的訊號。

案例分享

7-1
常見的6大原因
導致投資人難以收獲10倍股

本書 2-2 表 2 統計過去 5 年、10 年、20 年、30 年，美股市場產生的 10 倍股數目及出現機率，在尚未過濾前，市場上分別有 15.85%、19.89%、30.92%、33.01% 的股票是 10 倍股。比率這麼高，可說多如過江之鯽，照理說閉著眼睛隨便買進持有，都可以收獲 10 倍股；尤其已進入股市多年的人，也早應該賺得盆滿缽滿退休去了，然而這和你我所知的實際情況相去甚遠。

多數人一定很難相信 10 倍股竟然有這麼多，但這是已經發生的事實。大部分投資人的確很少能收獲 10 倍股，甚至整個投資生涯的 40、50 年，連 1 檔都沒有收獲過（「擁有過」和「收獲」是兩回事，這是本章重點），結果當然在股市賺不了大錢。主要的原因很多，但其實不難歸納出以下原因：

原因 1》只願投資成熟型企業

美股有 1 萬 1,798 檔股票可以選，多數投資人可能只聽過其中的 100 檔至 200 檔而已；更糟的是，聽過的都是「很有名」的企業的股票，但這類股票通

常屬於該漲的都漲完了，且都是營運上軌道和業務已經很成熟的公司。這類企業短期內或可見的未來要「再」漲 10 倍，不是不可能，但機率較低。

原因 2》既定錯誤觀念難以導正

投資觀念及方法一旦被定型，很難改變，大腦的思考模式會有回歸的慣性，而且年紀愈大愈難改變。慘的是，許多人能有大筆閒錢投入股市時，都是有了一定的年紀，累積太多似是而非的觀念後，就算後來接觸到正確的知識也很難被導正。

原因 3》忽略新創公司潛力

絕大部分的 10 倍股早期都不被看好，人性有風險趨避的心理，不願意冒險，更何況投資損失的是自己的血汗錢。

多數 10 倍股甚至於百倍股有個特性，通常是一上市沒有人會注意，多數投資人根本不會感興趣。正因為如此，投資人的估值和期望都會很低，初始上市時的股票定價都不會太高，否則難以吸引到投資人買入。而引人注目的熱門上市案要不是已經有盈利，要不是就是眾所周知的企業。不論何者，上市時的市值和股價都會很高，造成往後股價的爆發潛力下降——因為上市時的高昂價

格，已經計入未來投資人對它高度期望所產生的溢價了。

　　大家沒興致的上市案，通常公司默默無聞、或虧損嚴重、抑或是上市當時所經營的業務大家不看好；一直要等到進入華爾街和主流財經媒體的討論雷達後，投資人才會蜂擁而上，但此時通常市值和股價都已經很高了（所以才會吸引媒體的報導呀）。事實上，大部分的 10 倍股在企業生涯一開始的時候，都是股票獲利最豐厚、同時也是股價波動最劇烈的時候。但基於人性，此時極少人會看好表現起伏不定、規模小、未曾耳聞過的小公司，無不認為風險過大，避之唯恐不及；等到媒體爭相報導某家新創企業市值突破千億元、股價破千元、或是股價 1 年上漲超過 1 倍時才蜂擁而上，這就是投資人普遍的短視現象。

　　當然，沒有人會曉得能精準預測股價變化、或預知虧錢的小型新創公司會有前途。這樣的看法沒錯，但問題在於會這樣想的人，只是把焦點放在「股價」和「短期因素」上，而不是企業的「個別競爭力」和「長期的因素」，這才是一般投資人很難在早期挖掘 10 倍股的關鍵因素。

原因 4》未認真思考企業前景，錯失逢低買進良機

　　影響全球資本市場的系統性風險，是形成 10 倍股的因素之一。例如美國聯準會（Fed）為對抗美國 40 年來最嚴重的通膨，所採取的升息和縮表等貨幣

政策，加上成長股因 13 年的美股大牛市、過去 2 年新冠肺炎疫情業績大爆發，導致比較基期太高。這些因素加起來，造成過去 10 年一路表現優異的幾千檔成長股，在短短的半年內，經歷由 2021 年股價最高點下跌達 50% ～ 90% 的熊市洗禮。對此，多數投資人會認為股市崩盤時進場，無異於接下急墜的刀子，總希望先觀望一陣子，等跌到谷底時再進場，但最糟糕的是許多人會在此時出清持股。

企業也會因為個別因素而遭遇股價崩跌。例如蘋果在 1987 年至 1996 年間，股價跌去 50% 以上；而微軟在 2002 年到 2014 年間，股價也曾跌去 30% 以上。碰到過往一路表現優異的股票突然大幅下挫，幾乎所有人也都會急著鎖定獲利或減少損失而賣光股票。

無論是系統性或個別因素造成的股價大跌，盲目地出清股票就可能導致錯失 10 倍股。要想長期抱住成長股、10 倍股，平時就要根據它過去的財報、營運表現、市占、長期展望進行充分研究，如此就能在崩盤或股價大幅修正時，進行理性的思考，例如：

◎這家企業是否有競爭力？

◎這家企業前景是否看好？

◎目前的股價是否合理或被低估？

這樣一來，被列在自己長期觀察名單中，但因為過去股價太高而買不起的股票，經過慎重地評估後，即可鎖定中意的極少數企業，在股價跌深時把握機會買入。現在投資人追逐的熱門股或績優股，沒有 1 檔是在成為 10 倍股之前，未曾經歷過數次或數年的股價劇烈震盪。投資人能成功收獲 10 倍股的一大關鍵，在於是否有異於常人、與眾不同的「第二層思考」，才能夠不再「浪費一場危機」，把握住逢低買進的機會。

正因如此，彼得‧林區才會說：「如果你無法說服自己『股價下跌 25%，我就要買進』，以及放棄『股票下跌 25%，我就要賣出』的話，那最好不要買股票。」在市場最恐慌的時候，有勇氣和信心進場者都很罕見，這就是一般人和成功投資者的最大差別。

2019 年之前的特斯拉在平價車款 Model 3 未大量交貨前，是美股大型股被放空比率最高的股票，馬斯克還公開承認公司在 2017 年差一點倒閉，但如今它已成為股市裡炙手可熱的成長股代表；再看輝達，截至 2021 年年底的 1 年半內，股價上漲了 4 倍，過去 5 年更是上漲了 10 倍。輝達和特斯拉是過去 5 年美股表現最好的 2 家企業，而且前景仍舊看好。

但是 2018 年到 2019 年的半導體業不景氣期間，輝達市值曾跌去 55%；多數當時的持股人都出清手上的輝達股票，但他們都忘了半導體業是典型的現

代大宗產品,有產業景氣循環週期和產能過剩的問題,這是行業的常態,買入時就應該要知道這個常識。

難道客戶在循環週期後,從此就不買居於領先地位的顯示晶片、資料中心晶片或自駕晶片嗎(我相信當時賣股的人並沒有想過這個最基本的邏輯問題)?對比 2020 年下半年到 2022 年年初,半導體業變成當紅的產業,簡直判若兩人,大部分當時賣股的人,應該會悔不當初。

10 倍股初期的最大特性就是不確定性,以及股價的大幅波動。投資人討厭股價大幅波動,這是因為人的風險趨避的天性,但也因此減少人們從股市獲利的可能性。巴菲特就獨排眾議,說過一句頗令人玩味的話:「股市波動是好事,它提供了買入獲利的機會。」

原因 5》思慮不周,誤判 10 倍股

當我們看到 Meta 的 4 大產品橫掃全球,全世界已上網的人有一半以上的 30 億人至少每月使用一次臉書、Instagram、WhatsApp、或是 Messenger;對於中國騰訊的超級應用程式微信深入人民日常生活的超高黏著度,感到不可思議;再看到抖音病毒式地席捲全球,即使美國動用國家力量阻擋、或是 Meta 有計畫地積極遊說,促成抖音禁令和策畫全美的反抖音運動,抖音還是

令世界各地逾 10 億名青少年為之瘋狂。

當然你可能會舉一反三地說，Line 是台灣的國民通訊軟體，在台灣滲透率幾乎達 100%（2019 年 Line 曾公布在台擁有 2,100 萬名月活躍用戶，每天發送訊息總數超過 10 億則），是否應該及早買入 Line 的股票？

但問題是，Line 除了日本、泰國和台灣（泰國是日本汽車和電子業工廠的大本營，台灣沒有自己開發的國民通訊軟體，加上常跟隨日本流行風，這兩國會流行是有原因的）在使用外，連開發出 Line 的南韓人都不用（南韓用 Kakao）。2016 年 Line 在美國的上市案並不成功，因為用戶成長停滯，社群軟體沒有龐大的用戶數，就不可能有股價的前景。2019 年 Line 被迫和日本雅虎合併除牌下市，歸入軟銀（美股代碼：SFTBY）旗下。

很多人都對幾年前出現的掃地機器人頗為重視，這讓當時的領導商 iRobot（美股代碼：IRBT）在 5 年前的季營收成長率都可以達到近 30% 的年成長（30% 的成長率對消費終端裝置製造商而言，算是很高的成長率），以致許多投資人在當時瘋狂買進這檔本益比估值高達 40 倍以上的股票，當時一樣賣消費終端裝置的蘋果，本益比才 15 倍左右。他們卻沒有深入去想過，掃地機器人是一種簡單的消費端家電，進入門檻其實並不高，當亞洲的品牌如小米（港股代碼：1810）以相同的功能，更高的性價比出現在市場上時，iRobot 要如何長期維

持高獲利和繼續找到生存下去的利基？果不其然，iRobot 從 2021 年股價最高點至 2022 年 7 月一路跌去 62%，最後在 8 月初出售給亞馬遜。

再看另一個例子，人造肉製造商——超越肉類（Beyond Meat，美股代碼：BYND）挾著先行者優勢，以及名流投資者的光環加身——微軟創辦人比爾·蓋茲、影星李奧納多·狄卡皮歐（Leonardo DiCaprio）皆為早期投資人，再加上媒體新聞造勢炒作的成功，2019 年 5 月僅上市 2 個月的超越肉類，股價就飆漲超過 250%。

然而，這樣一家未曾獲利，甚至營收規模不及產業龍頭「不可能食品」（Impossible Foods，尚未上市）一半的公司，實際上卻處在市場不足以支持企業生存、也尚未找到盈利的營業模式的狀態下，根本也不存在競爭力和護城河。單純只因為媒體炒作和人們嘗鮮心理（嘗鮮有 2 層涵義：多數消費者沒吃過人造肉，會去買來試吃；加上它是第 1 家上市的人造肉企業），終究得面臨嚴峻的市場考驗。

2019 年至 2020 年間，食品大廠雀巢（Nestlé，美股代碼：NSRGY）和泰森食品（Tyson Foods，美股代碼：TSN）也都大動作相繼宣布投入人造肉市場，沒有長期客戶，尚未受市場幾十年肯定的超越肉類公司，根本很難和這些食品市場的領導商抗衡。

《彭博》觀察，超越肉類在 2020 年削減行銷預算後，社群媒體討論度直接下降近 70%，主要通路漢堡王（美股代碼：QSR）的最大加盟業者卡洛斯餐飲集團（美股代碼：TAST）就表示，植物肉推出後銷量下跌一半。無法獲得大型連鎖餐飲業者支持，造成銷售大跌。

美國零售數據公司 Spins 發現 2021 年至 10 月為止，美國植物肉銷售量對比去年都是負成長。這些因素加起來，造成超越肉類不到 3 年股價就下跌 74.51%（詳見圖 1），甚至跌破上市時的價格。

可是在它上市當時，買入股票的人不會去思考這些支撐股價的根本道理：到底人造肉有沒有夠大的消費市場？能不能賺大錢？人造肉的數倍於真肉的成本何時能下降？多少消費者願意每餐多花 30% 到 40% 的鈔票？上述例子都顯示出，缺乏對企業前景的正確思考，就注定會是一筆失敗的投資。

原因 6》企業成功之道很難被複製

通常大獲成功的企業都很難複製，因為它們的成功之道多為看不見的企業文化和基因，不是靠砸錢或把經營團隊整個挖來就有用。為何沒有特色的製造業，不論多少工廠、有多少員工、能產出多少量能，都容易倒閉？因為有錢就能複製，而且新複製出的廠商設備一定更新、成本更有競爭力、勞力成本更低。

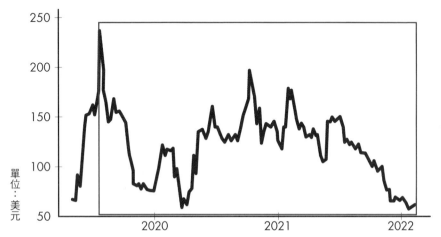

圖1 超越肉類股價3年內下跌74.51%
——超越肉類（美股代碼：BYND）股價走勢

註：統計時間為 2019.02.12 ~ 2022.02.11　　資料來源：Google 財經

　　單純砸錢不代表就能擁有競爭力，好市多就是一個例子（詳見 5-4），為什麼這麼多零售商，只有它無懼於亞馬遜和沃爾瑪，彷彿像野草一樣到處擴張，擁有無限大的市場和大批死忠的客戶？

　　為什麼過去 10 多年來不論股市如何崩盤、修正、還是大大小小的重挫，好市多的股價幾乎很少受到重傷？因為它具有獨特的企業文化。正因如此，別人都大跌，它還上漲，結果就是市場給的瘋狂估值已經超過多數的高科技企業了。

這也是投資困難處之一，舉一反三在投資上不一定成立。但投資人也不必因此就躺平或垂頭喪氣，成功的企業很難完全被複製。但世上並不存在具有永久護城河的企業，企業競爭力不可能永遠持續存在。尤其是罕見的百倍股企業，還是能找到競爭者無法顛覆或突破的缺口，獲得最後的成功，商業史上每家成功的企業不都是這樣誕生的嗎？成功的企業間還是有很多相似的地方，下苦功努力研究，還是有機會找出未來的 10 倍股。

7-2

從5家經典的企業案例 發掘10倍股成功的脈絡

投資人要能慧眼辨識出未來的 10 倍股絕非易事，也很難看上沒有盈利成績、對於前景沒有把握的企業，這是很正常的事。但是我們也可以回頭觀察，像是電動車龍頭特斯拉、新崛起的電商平台 Shopify、全球最大的程式化廣告需求方平台（Demand-Side Platform，DSP）萃弈（The Trade Desk，美股代碼：TTD）這樣的 10 倍股，為什麼一開始會遭到投資人漠視？而後又為何能夠成為市場上的熱門股？

特斯拉》曾虧損長達 **17** 年，如今成為電動車霸主

特斯拉自 2003 年成立以後，持續虧損長達 17 年之久。執行長馬斯克還公開承認公司在 2017 年差一點倒閉。特斯拉在 2010 年上市前累積淨虧損 2 億 3,640 萬美元，只出貨了 937 輛 Tesla Roadsters 跑車，主要車種 Model S 尚未出貨，自成立以來的累積營收只有 1 億 820 萬美元；加上當時市場不認為電動車能挑戰全球以燃油引擎（亦稱內燃機）為首的汽車市場，或是對霸占全球汽車市場的少數幾大車商造成威脅，最後只能以 17 美元的價格上市。

當時沒什麼人意識到電動車的未來性，且美國最大的汽車公司通用才在前 1 年宣告破產並下市，讓多數美國人記憶猶新。大部分投資人當然對虧損了 6 年、營收寥寥無幾，只賣了幾百輛汽車的小車廠不會有興趣。

馬斯克在 2022 年 2 月時表示：「我在 2009 年與蒙格共進午餐時，蒙格向整桌的人說特斯拉會徹底失敗，這讓我相當難過。但我跟他說，我同意他的所有論述，我們可能會倒閉，但這無論如何都值得一試。」

2018 年 5 月，巴菲特在接受《CNBC》訪問時表示：「馬斯克正在努力改進產品，我為此向他致敬。做到這一點『並不容易』。美國人將決定特斯拉的電動汽車是否成功。」巴菲特 2020 年 5 月接受雅虎財經的採訪時也表示：「他做了一些了不起的事情。」但在主持人問他會不會投資特斯拉時，巴菲特表示他投資通用，但對特斯拉，他簡短地回答『不會』。」

2020 年 2 月，蒙格在他擔任董事長的《每日期刊》（美股代碼：DJCO）股東會上表示：「我永遠不會買特斯拉，但也永遠不會賣空特斯拉。絕不要低估一個高估自己的人。我認為馬斯克很奇特，他可能高估了自己，但他可能不會是一直錯的。」「我想要一個了解自己侷限的人，而不是不了解自己侷限的人，我不希望我的個人生活圍繞一群生活在妄想狀態中的人，他們偶爾會贏得大獎，我要謹慎的人。」

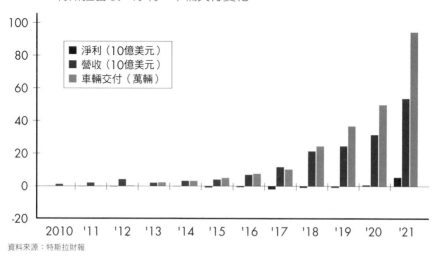

圖1 特斯拉2020年全年出貨電動車逾49萬輛
——特斯拉營收、淨利、車輛交付變化

圖例：
■ 淨利（10億美元）
■ 營收（10億美元）
■ 車輛交付（萬輛）

資料來源：特斯拉財報

2020 年特斯拉中國上海工廠用人類史上前所未有、不到 1 年的速度完成建廠並開始量產，令產能如虎添翼，可謂工業史上的奇蹟；加上 SUV 車種 Model Y 正式出貨，全年達成 49 萬 9,550 輛電動車的出貨量（詳見圖 1）。

這一年特斯拉首度轉虧為盈，全年淨利 7 億 2,100 萬美元，當年甚至進行 1 股拆 5 股的股票分割計畫，使股價在當年大漲逾 743%。大家都忘了才不過 3 年前，特斯拉是一家接近破產、執行長到處找不到買家願意接手的公司。

2022 年 4 月巴菲特接受專訪時表示：「這展現美國所能造就的。我的意思是馬斯克對上通用、福特、豐田、所有人擁有的一切，而他有想法，他成功了，這就是美國，這是夢想不到的。很令人驚嘆吧！」

請注意前面這幾段，是按時序所引用的巴菲特和蒙格對特斯拉的前景看法，可以看出被譽為史上最成功投資人的巴菲特和他的合夥人蒙格，一開始對特斯拉的前景並不看好；但隨著特斯拉所繳出來的實際成績和市場的接受程度，他們兩人對特斯拉的看法也隨時間而變得愈來愈樂觀。

有了特斯拉的成功教案，再加上亞馬遜、福特、普徠仕（美股代碼：TROW）、富達投資、貝萊德（美股代碼：BLK）等大型投資人的背書下，電動皮卡和箱型車商 Rivian（美股代碼：RIVN）於 2021 年 11 月，在公司 2020 年度營收零、年度淨損 10 億 1,800 萬美元、未曾交付過任何一輛車子的前提下，風光地以每股 78 美元天價上市，當天大漲 29%，以 100.73 美元作收，是美股有史以來規模第 6 大的首次公開上市募資案。沒有特斯拉當拓荒者，這是不可能發生的。

Shopify》與賣家站在同陣線，被亞馬遜視為唯一敵手

如我在《超級成長股投資法則》2-4 中所進行過的詳細分析，亞馬遜是北美

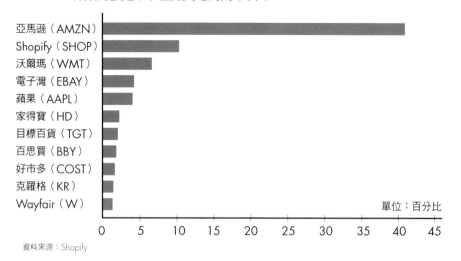

圖2 亞馬遜為北美電商市占龍頭
——各廠商2021年在北美電商的市占率

資料來源：Shopify

和西歐的電商霸主（詳見圖２），它擁有強大護城河，想要分食亞馬遜的市占，並非易事。2019 年時，Shopify 創辦人托比亞斯．呂特克（Tobias Lütke）一語道破公司的目標：「亞馬遜想建造帝國，Shopify 為造反者提供武器裝備。」營運長在 2020 年表示：「我們扮演的是廠商背後的廠商。」它具有以下的特色：

呂特克所謂的「造反者」指的不是消費者，而是在亞馬遜平台上賣東西的商家。Shopify 跟淘寶、亞馬遜、電子灣（eBay，美股代碼：EBAY）最大的不同點，

就在於它自己不直接面對消費者，而是提供一個專為賣家提供服務的平台。

Shopify 專門邀請商家在網路上開店，提供整套建站、銷售、網路廣告曝光、引流、支付、貸款融資、送貨、後台管理等，包山包海所有商家皆需要的電商服務。

淘寶、亞馬遜、電子灣等大型電商平台擁有終端消費者的龐大流量，但問題是提供給賣家的開店成本節節上漲、平台販售的商品還會跟商家直接競爭、為討好買家而犧牲商家的利益、還要求商家接受單方面的霸王條款。

以亞馬遜為例，平台的第三方商家（在亞馬遜上開店的商家）除了需支付高額的佣金外（費率視商家採用多少服務而定），商品還可能遭到亞馬遜任意下架，或是帳號遭刪除，重要的是申訴無門，一切都是亞馬遜單方面說了算。

對於商家最致命的是，在淘寶、亞馬遜、電子灣等平台上賣貨，網站和流量都是屬於平台的、好不容易培養出的客戶也是平台的。平台擁有商家所有的營運祕密，比如最暢銷的商品，平台還會上架相同商品和商家競爭；買家搜尋商品時，平台自行上架的商品永遠排在最前面。平台是它們的，不用付佣金，成本永遠比你低──總之，第三方商家變成大平台電商的佃農，賺不了大錢，還得忍氣吞聲。這種處境下，Shopify 的出現，對商家來說簡直就是救世主。相

較而言，商家改用 Shopify 的服務，就能擁有以下的優點：

優點1》Shopify不與商家競爭，讓商家擁有網站主導權

Shopify 讓商家能夠擁有自己的獨立網站，也就是讓商家脫離平台，擁有獨立網域名稱、網頁、流量、品牌，而所有的營運祕密也都歸商家所有。而 Shopify 自己也不經營賣場、不接觸終端消費買家、不會與商家產生利益衝突。

Shopify 的主要客戶是以中小企業為主，甚至是個體戶商家。這些商家沒有能力自行開發網站，但有了 Shopify 提供的大量現有的樣板和工具，商家可在不聘請專業人員的情況下，只花幾分鐘動動滑鼠，就能建立出符合自身需要的線上商店。

優點2》和主流社群媒體平台合作曝光，為商家拓展流量

小商家往往會面臨知名度和客戶流量不足的難題，Shopify 除了透過和字母、Meta 的臉書、Instagram、Youtube、抖音、色拉布、繽趣（美股代碼：PINS）、聲田（美股代碼：SPOT）等主流社群媒體，以及蘋果、Roku 等串流媒體平台的合作關係，幫助商家接入主流社群媒體的龐大使用者平台，增加曝光外；也和淘寶、亞馬遜、電子灣、沃爾瑪和京東（美股代碼：JD）等電商平台合作，幫助客戶推廣產品並在這些電商平台上架，擴展商機。商家不僅可藉由 Shopify 獲取客戶流量，還能樹立起自己的品牌形象。

優點3》根據服務收取服務費，費率遠低於亞馬遜等大型平台

中小企業賣家最關心的是費用佣金的問題。Shopify 並沒有像其他平台收取高額交易佣金，它主要是採取服務訂閱制，根據不同範圍的服務等級，收取每個月 29 到 299 美元的服務費，大幅減輕商家的負擔。

亞馬遜的抽佣平均高達 15% 到 26.7%，連電子灣都高達 11.7%，但是 Shopify 的費率只有平均 2.63%，這比冬海集團下的電商平台蝦皮購物在台灣向賣家收取 4% ～ 5% 左右的費率都還低。

根據 Shopify 公布的 2021 年度財報內容，全球 Shopify 商家商品交易總額（GMV）達 1,754 億美元，共有來自 175 個國家的 206 萬 3,000 個商家使用 Shopify 的服務（詳見圖 3）。依 2020 年度 Shopify 財報所公布的資料，在使用 Shopify 方案的商家網站上買過東西的終端消費買家人數則高達 4 億 5,700 萬人，年增 52%。再根據 BuiltWith 網站的即時資料，在 2022 年 8 月 20 日為止，全世界共有 383 萬 4,405 個網站是使用 Shopify 方案所建構的。

優點4》建立物流配送系統，商家也能提供快速送貨服務

為了抗衡亞馬遜，提升公司的長期競爭力。Shopify 在 2019 年前收購物流機器人公司 6 River Systems，用來建立自己的物流配送管理系統；並在 2022 年買下以人工智慧技術優化物流網路，讓商家能用快速且具有成本效益的方式

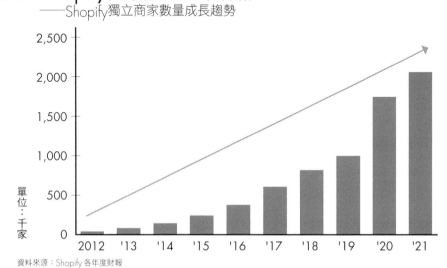

圖3 Shopify商家數量逐年增加
——Shopify獨立商家數量成長趨勢

單位：千家

資料來源：Shopify 各年度財報

出貨的 Deliverr。

　　Shopify 在 2022 年 2 月財報會議上宣布，計畫自 2023 年起，用 2 年內的時間共投入 10 億美元擴展自有倉庫數目，希望最終能為大部分的美國人提供 2 天內送達的物流服務。

　　對廣大獨立站賣家來說，這無疑是個好消息。因為亞馬遜最大的電商護

城河是建立在它的強大、規模化、快速、令客戶滿意的 FBA（Fulfillment by Amazon）物流系統上。Shopify 平台上的獨立商家們想要長期對抗亞馬遜，勢必得擁有這項關鍵的競爭力。而 Shopify 的自有物流搭建起來之後，買家可以將不滿意的貨物直接退回倉庫，讓商家進行二次銷售，盡可能減少損耗，降低營運成本。

最重要的一點是，強大的物流系統能夠幫助商家獲取更多的流量。大部分獨立商家獲取流量的途徑依然是以臉書為主，商家在臉書主頁的流量也往往決定商家網站的流量；而在臉書主頁的評分則跟物流速度掛鉤，產品準時送達率高，能夠拉高主頁廣告貼文的流量，臉書也更願意給有誠信的賣家分配流量。

這也是為何 Shopify 推出 Linkpop 服務，讓商家的社群網路直接連結並同步商家在 Shopify 上的網路商店。使用者在社群網路上點擊商家的網頁，就能直接下單購買，不需要透過一堆複雜的程序。

亞馬遜創辦人貝佐斯曾公開指出，Shopify 是亞馬遜唯一夠分量的競爭者。亞馬遜意識到它的嚴重威脅，還弄了個名為 Project Santos 的團隊，針對 Shopify 提出應對的方案；阿里巴巴也不落人後，開始採取類似 Shopify 的獨立站服務。不熟悉 Shopify 的投資人，可能會認為市場上協助建立電商網站的業者很多，Shopify 不過是其中一家而已。記得 5 年前，著名的美股放空機構

Citron 創辦人 Andrew Left 曾「數度」出具研究報告，指出 Shopify 的「股價太高，而且經營模式一定有問題」（暗示其違法），並向主管機構檢舉，然後「數次」鼓動投資人應該放空這家企業的股票。

但他們都忘了一個重點，Shopify 的競爭力不在程式技術 —— 更確切地説，沒有任何一家成功企業的競爭力，是建構在程式技巧或技術上的。Shopify 的成功是找到一個之前無人經營的特殊領域，顛覆既有的電商營運模式，這才是它能在不被任何人看好的情況下成功的關鍵。

被視為 Shopify 在電商架站工具方面的兩個主要對手是 BigCommerce（美股代碼：BIGC）和 Wix.com（美股代碼：WIX）。BigCommerce 執行長坦承：「造反者 Shopify 的關鍵競爭力是它所擁有的強大合作夥伴生態圈，這一點讓競爭者很難以望其項背。我不知道如何進入並彌補 Shopify 在中小企業方面的 5 年領先優勢。」

Wix.com 的執行長則表示：「我們只能在 7% 的領域和 Shopify 競爭，其他 97% 同業只能競爭傳統的領域。」可見，以網站架站工具軟體行業標準為 Shopify 估值是不適當的，因為它不僅僅是個網站架站工具軟體而已。

Shopify 發揮新創公司的靈活特性，以及「鎖定亞馬遜的痛點，處處為商家

設想，建立屬於 Shopify 自己的獨特生態系統」，一點一滴地加進商家所需要的功能，逐漸成長成今日的電商一方之霸。這些由其商家客戶所提出的功能需求（請注意是客戶提出的，不是 Shopify 主動推出的，《彭博》的崛起也是採取這種策略），都是商家長期殷切期望的實際需求，Shopify 完全退居幕後——因為消費者是向商家的網站下單，這個網站是屬於商家所擁有，而不是 Shopify，如果商家不透露，沒人知道它用的是 Shopify 的解決方案。

這些重要的功能，對商家而言都是營運上關鍵的需求，而且都是無形、極難被競爭者在短期內完全複製的。由個別功能來看，特別是外行人看來，這些無形的功能都很瑣碎或不起眼，但其實對電商各環節的整合有無比的重要性。而且 Shopify 一直持續這麼做，聚沙可以成塔，靠著商家之間的口耳相傳，逐漸累積出令競爭者望塵莫及的護城河和佳評。

前文提到 Shopify 商家 2021 年成交額是 1,754 億美元，而亞馬遜第三方賣家平台的成交額是 3,900 億美元。Shopify 上的自有品牌商家的總交易額，已達亞馬遜第三方賣家平台交易額 45% 的規模了，這個數字在 2020 年為 40%，在 2018 年則為 25%（詳見圖 4）。另外，少有人知道的是 Shopify 平台上的賣家在 5 年前，就已經為亞馬遜第三方商家貢獻超過 16% 以上的交易額。而根據貝佐斯在國會的證詞，亞馬遜第三方商家平台上的交易額，在 2020 年已經占整個公司平台交易額的 60%。從這些數字就能知道第三方賣家

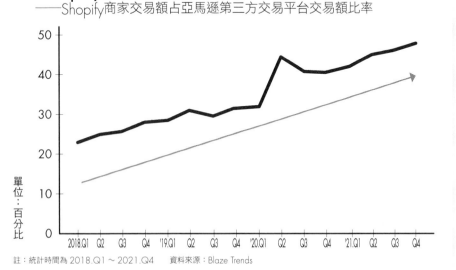

圖4 Shopify商家交易額已達亞馬遜45%市場

──Shopify商家交易額占亞馬遜第三方交易平台交易額比率

單位：百分比

註：統計時間為 2018.Q1 ～ 2021.Q4　　資料來源：Blaze Trends

的潛在市場規模有多驚人。

　　值得一提的是，Shopify 這個字在商業界已逐漸變成，某個產業中顛覆既有商業模式而成功的案例比喻，就像 Xerox（美股代碼：XRX）代表影印、Google代表網路搜尋、或是 Photoshop（奧多比（Adobe，美股代碼：ADBE）最著名的產品）代表修圖。例如有網路線上借貸企業聲稱自己是「線上借貸界的Shopify」，也有賣車的車商宣稱自己是「車界的 Shopify」，這樣的例子不勝

枚舉，投資人就可想見這家企業有多成功了。

　　多數人的確不大可能在 Shopify 一開始上市時就注意到它，更別說能預測它上市 5 年後會成為加拿大市值最高的企業。且 Shopify 在 2015 年 5 月上市時，電商的景氣並不好，連亞馬遜都在 2014 年淨虧損 2 億 4,800 萬美元，全年股價還下跌高達 22.03%。在這種大環境下，Shopify 身為無名小卒，不被重視也很合理。但是我們仍可透過對這種企業成功脈絡的探索，持續增進發掘新創企業的研究功力。

萃弈》從無到有，開拓出數位廣告藍海新市場

　　人類為了生存，天生喜歡規避風險，在商場和股市上，又因為牽涉到辛苦錢或背後潛在的龐大利益，會更偏好已經在市場上扎穩根基的領先者，若是長年的實質壟斷或寡占者，那就更完美了。然而，現今的大企業，哪一家不是從只有幾人的小公司開始的呢？哪一個產業或領域不是從無到有呢？能打破成見，發現別人尚未發現的領域，搶先占有領先地位，持續獲取龐大潛在市場者，到後來證明都能大獲成功。

　　數位廣告商萃弈就是這麼一家從無到有，在創新領域打出一片天的代表。這家公司預見聲音和影像等數位串流媒體的直播，會成為往後媒體主流，不僅取

代以往的廣播、傳統電視、有線電視，或是發展蓬勃的網頁文字或圖片廣告市場（根據 Insider Intelligence 調查，2021 年全球的數位廣告市場，字母市占 29%、Meta 占 24%、阿里巴巴占 9%）；提倡必須打破由字母和 Meta 建立的不透明付費牆，為所有廣告投標商、廣告仲介、廣告服務提供商三方，成立透明的跨平台數位廣告投放制度。

這家公司全力耕耘數位串流媒體廣告領域，投入龐大的工程和行銷資源，成功攫取大部分的串流媒體廣告市場，取得壓倒性的勝利。圖 5 就是根據 Enlyft 在 2022 年 9 月對 96 萬 5,913 家公司所使用的廣告活動管理（Advertising Campaign Management）產品的調查結果。

請注意在這一連串的過程中，萃弈是一家默默無聞從沒聽過的新創公司，根本沒有話語權，沒人把它當一回事。但這正好成為它的某種優勢，因為大家都不相信它有本領打破由字母和 Meta 壟斷的數位廣告市場；多數人也認為即使是新的串流多媒體影音，未來的數位廣告還是會由 2 大巨頭分食，但現在證明多數人的看法是錯誤的。萃弈營運方向主要有以下特點：

特點1》連網電視尚未普及時，在數位廣告業取得一席之地

萃弈是串流影音媒體（包括影像、聲音、行動裝置）程式化廣告需求方平台（Demand-Side Platforms，DSP）的先驅 —— 特別是連網電視的部分。從

2009 年公司成立到 2016 年股票上市時，連網電視都尚未普及，更遑論程式化廣告的概念了，因此公司一上市時並沒受到太多關注。

直到低成本的 Roku 電視棒、亞馬遜的 Fire TV、Google 的 Chromecast、蘋果 Apple TV 電視盒的普及，再加上網飛訂戶的快速成長，引發美國有線電視的剪線潮，開始威脅到美國有線電視業者的生存。

美國有線電視業者可都是壟斷美國媒體界幾十年財大氣粗的媒體巨頭，包括迪士尼、華納兄弟探索（Warner Bros. Discovery，美股代碼：WBD）、康卡斯特（美股代碼：CMCSA）、派拉蒙全球（美股代碼：PARAA 和 PARA），也因此被迫轉往串流媒體發展，這才讓華爾街驚覺，竟有這麼一家成長如此快速的產業新星誕生。

值得一提的是，萃弈在一上市的每股盈餘就是正值，這在科技界的新上市公司中算是非常罕見的案例。這個絕對的利多外，從 2017 年開始，除了 2020 年第 2 季因新冠肺炎疫情突然爆發，廣告主縮減預算退場暫時觀望（1 至 2 個月後因封城和居家辦公，人們全躲在家看網路節目，立即又引發廣告主下單）；至今 5 年多，每一季都能達到 30% 以上的業績成長，包括 2020 年封城期間。而且在 2019 年到 2020 年的 2 年期間，萃弈幾乎每一季都能繳出 3 位數百分比的營收成長！

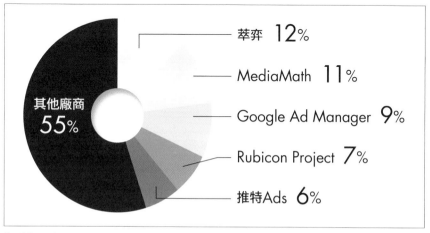

圖5 萃弈廣告活動管理商市占率勝過Google
——主要廣告活動管理商市占率

其他廠商 55%

萃弈 12%

MediaMath 11%

Google Ad Manager 9%

Rubicon Project 7%

推特Ads 6%

註：統計時間為 2022.09　　資料來源：Enlyft

　　這樣一家超級成長型的公司，股價表現如何？如圖6所示，自2016年9月上市至2021年年底為止，5年多來股價上漲了3,208.3%。特別要提出的是，它在2021年6月，股價經過一次很少見的1股拆10股的股票分割。

特點2》面對蘋果新隱私權政策衝擊，率先推出有效應對方案

　　不僅如此，2020年開始，科技巨擘蘋果和字母陸續推出新隱私權政策，包括在蘋果上架的行動程式，若未經用戶同意，則無法追蹤用戶在其他行動程式

或網站的行為，以及 Google 禁止在瀏覽器使用第三方追蹤工具 Cookie，讓廣告商難以針對用戶精準地投放廣告，造成大多數仰賴數位廣告維生的大小廠商業務受到重創。Meta 就是最典型的案例，2021 年第 4 季財報顯示業績受到嚴重打擊，單季淨利呈現衰退，活躍用戶數也低於預期，導致股價在財報發布的當天（2022.02.03）暴跌 26.4%。

然而同樣在 2020 年，萃弈獲知蘋果和字母推出的新政策將對自己的核心廣告業務造成巨大衝擊時，就領先業界提出解決方案 Unified ID 2.0（註 1），不僅化危機為轉機，還獲得同業競爭對手的採納，充分展示公司管理階層在風險控管和面對重大危機的處理能力，向業界和投資人證明身為業界龍頭的能力和價值。

相較之下，Meta 擁有比萃弈更多的資源和各項優勢，一樣早就知道蘋果新隱私權政策帶來的致命危機。而且 2020 年 8 月，Meta 還曾在 iOS 14 測試

註 1：Unified ID 2.0 是一種開源免費的單次登入系統，目前由非營利組織 Prebid.org 營運，並讓 Prebid 獨立營運。當使用者首次拜訪某個平台時，會要求使用者用電子郵件進行登入並授權平台追蹤後，再以此生成一個加密的匿名通用識別碼。未來，只要用戶以同一個電子郵件位址瀏覽其他網頁，所有支援、加入 Unified ID 2.0 的網站和平台都可以追蹤該用戶的這個通用識別碼，無須重新登入。換句話說，你只要在不同平台用的是同樣的電子郵件位址登入，廣告商就能夠知道你跨平台的行為數據，藉此能跨媒體來投放給你更相關的廣告。如果用戶不想被追蹤或任何時候後悔，只要登出你的電子郵件退出就可以了。

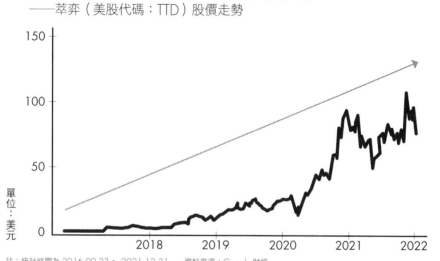

圖6 萃弈上市5年多股價上漲3208.3%
——萃弈（美股代碼：TTD）股價走勢

單位：美元

註：統計時間為 2016.09.23 ～ 2021.12.31　　資料來源：Google 財經

版上進行小規模測試，預測未來廣告收入會下降 50%（廣告收入占 Meta 總營收 97% 以上），卻並未提出任何應對措施。Meta 管理團隊除了在媒體上一再公然抱怨蘋果，將業績下滑歸咎於蘋果的阻礙和抖音的興起，其他什麼事都沒做，這明顯是管理團隊的失職，令投資人損失慘重。

可留意營收大幅擴張，但EBITDA虧損未失控的企業

　　如果投資人直接跳掉虧損中的上市企業，投資人會因此錯失大部分的 10 倍

股。表 1 列舉 4 家著名企業在真正盈利前，自上市後都經歷持續長達多年的淨虧損，才有今日的局面。若是營收能有大幅成長，但 EBITDA 虧損值一直在可控制的範圍、沒有隨營收成長而失控的公司就很值錢。這表示若減少資本投資，有巨幅的營收成長為靠山，公司就立即能變成有淨利。在衡量得失下，當然要繼續大幅地進行資本投資，搶占市場，推動營收高度成長。

凱因斯就曾說過：「發現新觀點並不困難，困難的是逃出舊的思維方式。」這就是多數人被現有思考框架限制住的後果──只以本益比估值，錯失尚在虧損但有未來性的 10 倍股。看著這些 10 倍股的規模不斷地擴大、股票分割、股價不斷上漲都不敢買進，或是只敢在初期投資一點點資金，不敢隨著公司亮麗的業績表現轉而加碼，進而失去讓資產大幅成長的機會。

網飛》財務壓力沉重，股價仍正成長

所有和財務或會計有關的教科書或是課程，甚至是我們從小所被灌輸的教育都是不能借太多錢，借太多錢會破產，這項觀念早已深植每個投資人的腦海中。對企業而言，這點還是成立，但並不完全正確。

做生意需要資金，若不融資如何擴展業務？網飛自從 2007 年決定轉向經營串流線上影音後，就開始進行大量的借貸。因為線上影音這個當時的新興產業，

表1 **4家著名大企業上市後皆曾歷經數年虧損**
——著名企業上市後持續經歷的淨虧損年數

企業名稱	美股代碼	淨虧損年數	持續期間
亞馬遜	AMZN	6	1997年到2002年
賽福時	CRM	5	2012年到2016年
Shopify	SHOP	6	2014年到2019年
特斯拉	TSLA	11	2009年到2019年

資料來源：各公司財報

成功的決定性因素是「內容」，無法提供好的內容，就吸引不到用戶；沒有用戶，線上影音的業務就注定會失敗。但是內容的投資需要長期耗費鉅資，不是一般企業能夠承受的。2015 年以來，網飛對內容的投資預算就一直占公司總成本的 1/3 以上。從圖 7 可以看到，這項金額每年都在大幅的增加；而且只要網飛還在經營線上影音的業務，這個現象就不可能停止。

回顧過去的 10 年，網飛總共借了超過 160 億美元，來滿足其對內容投資的巨大需求，10 年來每個季度一直處於盈虧不定的狀態。2009 年開始，網飛就有 4 億 8,100 萬美元的大筆負債，年成長 79.48%，而且一直在燒錢對內容進行投資，沒有減緩的跡象，至 2020 年為止，公司負債高達 282 億 1,500 萬美元。2021 年 1 月開始，網飛終於宣布不須向外借貸，當年第 1 季開始，負債才有明顯的下降（詳見圖 8）。

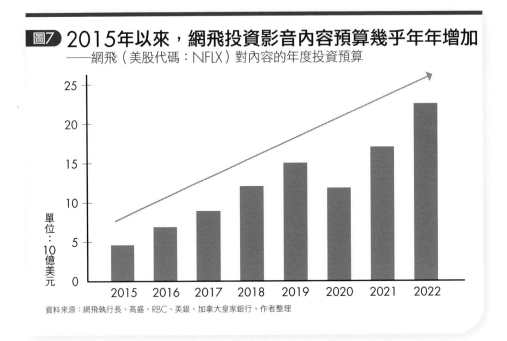

圖7 **2015年以來，網飛投資影音內容預算幾乎年年增加**
——網飛（美股代碼：NFLX）對內容的年度投資預算

單位：10億美元

資料來源：網飛執行長、高盛、RBC、美銀、加拿大皇家銀行、作者整理

　　網飛驚人的高額負債，的確對公司的財務形成沉重負擔。例如季股權負債比（負債與股東權益的比值），自2009年開始暴增，2015年之後都在1.0以上。甚至2018年到2020年都在1.5以上、逼進2.0的驚人水準（詳見圖9）。

　　投資人看到這樣的數字，恐怕被網飛天文數字般的負債給嚇壞，深怕哪天用戶繳交的訂閱費無法支應公司的龐大利息，也擔心若用戶成長減緩時會對公司發展及股價造成巨大傷害。

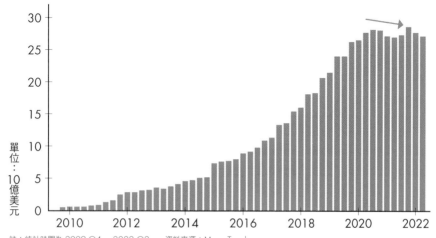

圖8 網飛負債比自2021年第1季才開始下滑

—— 網飛（美股代碼：NFLX）每季負債成長趨勢

單位：10億美元

註：統計時間為 2009.Q4 ～ 2022.Q2　　資料來源：MacroTrends

　　因此，敢於在高負債、伴隨著用戶成長、但需要負擔相對高比例負債、承擔網飛可能破產風險的散戶投資人並不多。不只投資人的壓力很大，網飛自上市以來，也因為公司財務和負債問題，導致多位財務長因此離職。就我所知，網飛應該算是上市企業中，財務長陣亡比率最高的公司。

　　但是信任網飛的早期投資人，後來都得到應有的回報。因為網飛的股票在2004 年經過一次 1 股拆 2 股的分割，並於 2015 年進行另一次 1 股拆 7 股

圖9 網飛2015年至2020年間季股權負債比處於高檔
——網飛（美股代碼：NFLX）季股權負債比趨勢

單位：百分比

註：統計時間為 2009.Q1 ～ 2022.Q2　　資料來源：MacroTrends

的股票分割。而網飛股價自 2002 年上市以來至 2021 年年底的 20 年間，共上漲達 500 倍之多（詳見圖 10）。

Paycom》解決客戶痛點，在紅海的人資系統市場創造奇蹟

Paycom（美股代碼：PAYC）是一家專門提供中小型企業人力資源管理（Human Capital Management，HCM）後台的系統程式，功能包括員工基

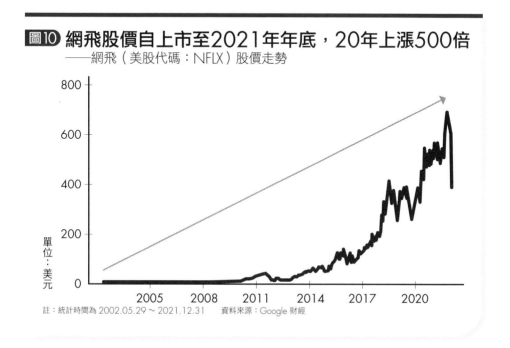

圖⑩ 網飛股價自上市至2021年年底，20年上漲500倍
——網飛（美股代碼：NFLX）股價走勢

註：統計時間為 2002.05.29 ～ 2021.12.31　　資料來源：Google 財經

本資料、聘僱、績效考核、法令合規、薪資給付、福利管理、人力資源調配等，是每家公司都需要的基本人資系統。

10多年前，企業要使用人力資源管理程式只有2種選擇：一種是功能齊全但價格昂貴到不行，只有大型企業才買得起的 SAP（美股代碼：SAP）或甲骨文的系統；另一種就是雜牌軍，功能分散不齊全，每需要一項功能就要買另外一家的程式，優點是便宜，但後果則是會衍生出疊床架屋、功能重複，但系統

分散資料各自獨立無法整合、難以管理的缺點。一般軟體廠商也不願意投入這個軟體業界公認進入門檻很低、競爭激烈、成功機率很小、利潤又不高的人力資源管理軟體的市場。

Paycom 看準中小企業的這項痛點和潛在市場——花不起大錢，請不起額外專業的資訊管理人員，沒有心力進行繁複的移植或系統推展，特別開發出一套使用方便、架構簡單、基本功能完善、只需一次安裝、能在同一套系統下管理操作、只有一個集中式資料庫的萬能系統。

產品在推出後，大受全美國中小企業主和系統管理人員的歡迎，立刻引爆中小企業間口耳相傳，紛紛把以往的舊系統移植到 Paycom。再加上 Paycom 採用的是 SaaS 的軟體訂閱授權付費方案，大大減低中小企業主必須一次買斷的預算負擔。

2015 年時任總統歐巴馬任內通過《平價醫療法案》（Affordable Care Act，ACA），裡面的條文強制規定，所有中小企業在 2016 年之前都必須要購買 HCM 系統。這對 Paycom 來說，簡直有如天上掉下來的禮物，造成中小企業競相採購 HCM 系統，而市場上獲利最大的就屬 Paycom 了。

Paycom 的成功主要來自自身的努力，加上法規的助力，讓公司由 2014 年

圖11 Paycom上市7年半，股價大漲2613%
——Paycom（美股代碼：PAYC）股價走勢

註：統計時間為 2014.04.25 ～ 2021.12.31　　資料來源：Google 財經

4 月上市以來，到 2021 年年底的 7 年半期間，股價大漲 2,613%（詳見圖
11）。

　任何有大型系統開發經驗的軟體開發人員都知道，HCM 是所有企業後台管
理系統類型中最常見、企業最基本、開發困難度也較低、市場最大、但競爭也
最激烈的基礎軟體，是典型的紅海市場，利潤不高。但 Paycom 掌握了中小企
業主的痛點，推出簡單，易於管理安裝和推展，即使是就這麼一項堅持（這是

主要的因素）；再加上得利於《平價醫療法案》的意外推波助瀾，使它能在一個看似利潤不高、軟體大廠不屑一顧的領域打敗眾家敵手，獲致驚人的成就。

看完這些著名的 10 倍股企業的成長故事，它們的共同特徵就是公司成立時沒有一家的前景被看好、都沒有高知名度、幾乎都是大幅虧損、而且企業規模都很小。投資人應該要學會去看企業的錢是怎麼花的？都花在哪些刀口上？有沒有創造相對的營收成長？市占和競爭力增加了嗎？公司的營運能維持下去嗎？最重要的是何時能收窄虧損的幅度？預估何時開始有正的現金流？如果你能回答這些關鍵的問題，那麼收獲 10 倍股將是水到渠成的事情。

拉爾夫・愛默生（Ralph Emerson）就說過一句發人深省，很適合用在此處的話：「愚蠢的堅持是狹隘的思維在作祟。」

7-3

想靠投資賺大錢
先投資自己的腦袋

維吉尼亞大學著名心理學教授提摩西·威爾遜（Timothy D. Wilson）的著作《Strangers to Ourselves》提到，人類有 1,100 萬組的感官接收器，視覺占其中 1,000 萬組；而羅徹斯特大學視覺科學中心主任威廉·艾琳（William G. Allyn）也表示，我們的大腦運算中，視覺處理就占一半以上。在觀看有影像畫面的媒體時，多數的人會被迫把焦點放在畫面的豐富度、畫面的美感、整體的視聽享受，在心中評論畫面中人物的肢體語言表現（請注意不是他說話的內容），而不會太認真理會所要傳達的主旨是什麼，這是人類生理先天上的限制。且人性偏好簡單、不必用腦的東西，這也是演化的結果。

但這也造成媒體會投觀眾所好，過於注重形象、美感等能夠增加廣告或流量的元素，內容也流於片面且膚淺（因為多數觀眾也不在意內容是否言之有物）。久而久之，這些節目請來的來賓，都是有助於增加視覺效果及觀看流量者，包括電視財經台的名嘴、網路上高點閱率的直播主、社群網路上的人氣網紅。

收看這些節目可以幫電視台增加收視率、幫直播主增加點閱率、為人氣網紅

增加流量，替他們已經很飽滿的荷包增值，但對於投資人而言，若只是打發時間就算了，可怕的是會被不知不覺植入不正確的投資觀念。

避免花太多時間在不該投入的地方

彼得‧林區曾在書中要大家少往人多的地方擠，因為會出現在一般媒體上的企業和個股，通常是股價正好漲到最高點，也就是股價估值最不合理、買入最危險的時候。大眾媒體不會談論企業真正的競爭力，以及股價大漲背後的真正原因；少數有良心的媒體若想深入討論這些話題，就得面對閱聽人轉台和睡著的後果。所以一般媒體只能討好閱聽人，製作簡單、無腦、高娛樂性、殺時間的節目；有深度知識性的節目、影片、發文並不多見，因為正經內容沒人想看。

想要靠投資賺大錢，首要之務是投資自己的腦袋，把珍貴的時間花在對你有幫助的地方。包括閱讀經典的書籍、專業雜誌、產業消息、專業部落格、企業網站、企業向 SEC 呈報的正式財報、甚至花錢訂閱專業的投資或財經網站。看這些東西無趣、燒腦、很花時間，但對增進投資人的知識、能力、和長期報酬才會有真正的助益。

一般人喜歡看的大眾媒體，不會在 5 年前報導有一家與眾不同的電商叫 Shopify；不會在 5 年前報導有一家叫萃弈的公司即將壟斷串流影音的廣告市場；

不會在 10 年前告訴你有一家叫特斯拉的公司，生產以電池為動力的汽車；更不會在 20 年前告訴你，有一家叫 Google 的公司正在改變網路的搜尋方式。當 Google、特斯拉、萃弈和 Shopify 這些 10 倍股出現在一般媒體時，報導的都是股價漲破 1,000 美元的時候了。

然而這些內容，會在很早期就出現在專業嚴肅的媒體報導中。而且這些有潛力的企業快上市前、上市當天，或是上市不久後業績表現出眾時，會再被拿出來討論——這就是專業媒體和一般的媒體的差別所在。很遺憾的是，對投資有助益的書籍或專業媒體的共同特徵就是枯燥乏味、傷神花腦力、必須集中精神。重點是自己在閱聽時也會被迫進行思考，但這才是最有價值的地方。

投資人即使基於各種理由不去研讀企業的年報和招股書，不想花時間讀經典的投資書，至少也要主動閱讀有深度的財經新聞，否則貿然把錢投入股市，將是一件極度危險的事。請注意，每天固定收看財經電視節目、名嘴報明牌、或是專家解盤不算做功課，不論是中文或英文的，傳統電視或網路播放的，沒有什麼不同。收看這類節目的效果和看八點檔鄉土劇並沒有什麼不同，你所獲得的只有娛樂效果和八卦主題，最重要的是浪費你寶貴的時間。

因為科技的進步和媒體傳播的發達，讓我們身邊充斥著過載的資訊。資訊取得過於容易，也導致我們愈來愈習於「被餵給」（請注意這 3 個字是被動式）

大量資訊,而不是「自己去取得」(這 5 個字是主動式)這些資訊。甚至會被餵給大量遭修改過的錯誤資訊而不自知,套用句現代用語就是「被帶風向」了,用在股市投資,就是股民較以往容易被操弄而成為韭菜。

僅僅是資訊的取得方式,主動或被動的差異──結果就是造成人們愈來愈不願意獨立思考,偏偏獨立思考是成功投資人必備的基本工夫;當你的思考和眾人相同,最好的情況就是取得大盤的績效,但通常結果會比大盤差,因為還要扣掉手續費、稅金、買賣價差等摩擦成本。

大部分財經媒體(包括電視、網路社群、電子或紙媒、書籍、雜誌)在討論股市投資時,喜歡強調聳動的飆股、短期致富的故事。追根究柢,若不討論這些吸引眼球的主題,媒體會很難生存。但收看這些媒體,卻會耗去投資人大量的時間,不只上癮,還會被灌輸錯誤資訊。我們被長期灌輸的知識或眾人認同的常識,很多都不是很正確。但多數人在吸取這些眾口鑠金的常識後,並不會去深入思考,久了之後就很容易被洗腦,植入大腦成為日後不易擺脫的錯誤觀念。而且因人有慣性,要改變極為不易,年紀愈大愈困難,所花的成本也愈高。

苦學者較高智商者,更容易取得成功投資成績

投資本身就是一項很主觀的活動,任何的投資觀點要反駁都很容易,但問題

是你自己的觀點是什麼？根據和事實是什麼？請注意，能「長期」大獲成功的股市投資人，幾乎都是基本分析者。

只要是基本分析，就需要投入相當大的心力，你或許會認為高智商的聰明人，在投資方面擁有許多優勢，但在我看來，聰明人反而不太願意花太多心力深入研究，稍微看一眼就傾向做出武斷決定，而且缺乏耐性，認為進行枯燥花時間的基本研究是沒有效率和笨蛋在做的事（這句話很重要）。然而，成功的投資，一定需要進行枯燥、繁瑣無味、長期、孤獨、而且是一再重複的企業基本研究。巴菲特就曾說過：「你不需要成為一名火箭科學家，投資不是智商 160 的人打敗智商 130 的人的遊戲。」

投資是一項藝術，不是一門科學。股市是人的遊戲，不是講究精準數字計算的遊戲，沒有絕對的非黑即白，不存在任何的聖經或唯一的數學公式。投資的要訣，是試圖找出較高的成功機率，市場充滿未知、風險和不確定性，沒有任何判斷是無懈可擊的。一如巴菲特所引用自凱因斯的名言：「寧願大致上正確，總比精確的錯誤好。」彼得・林區也說過類似的話：「在科學上，當你說『哦，我明白了』時，你會想出答案。但在投資上，如果等到你徹底想明白了，股價可能已經翻兩番了。所以你必須得承擔一些風險。」

菲利普・費雪（Philip A. Fisher）在已是 91 歲高齡的時候曾經強調過：「最

優秀的股票是極為難尋的，如果容易，豈不是每個人都可以擁有它們了。我想購買最好的股票，不然我寧願不買。」

對於如何才能提高投資的機率，巴菲特則說過：「你得了解這家企業，沒有別的辦法。」真是一語中的，投資股票和經營企業，就大方向和原則來說，其實沒有什麼不同。千萬不要妄想有任何捷徑，或是有任何省時省力的方法能夠一步登天。

在此分享摘自彼得・林區的名著《彼得林區選股戰略》（One Up On Wall Street）中，我很喜歡的一段話：「避開熱門的股票，專注於華爾街或大部分人尚未發現有潛力的公司。不在華爾街雷達上的、沒有人注意、乏味平凡、冷門的企業、從事無聊的業務，有時反而是更好的投資標的。企業要專注於本業，投資人應避開多角化經營的企業。我們的目的是尋找剛開始賺錢，而且證明其經營模式是可以成功，具有潛力的公司。投資要花時間，努力做功課，至少每週要花幾小時研究你的持股，把收到的股利加總這種事不算做功課。用買房子的方式來買股票，就像買車時要去踢一踢車胎一樣。」

巴菲特一再表示：「你不會因為群眾不同意你的看法，就表示你是對的或是錯的；你是對的是，因為你的數據資料還有你的推論是對的。」在投資世界裡，讓你覺得舒服的東西很少會獲利。

Note

附錄
1

我的26年投資資產累積趨勢圖

　　由圖 1 可看出時間扮演了最重要的角色，隨著時間的推移，造成的影響也愈明顯。其中我持有的 8 檔 10 倍股，和經歷的 17 次的股票分割，對我的投資成績幫助最大，是我的資產能成長近 330 倍的關鍵。若沒有長期持有的耐心和付出持有成長股的代價，這一切都不可能發生。

圖1 1996年至2021年投資資產累積趨勢圖

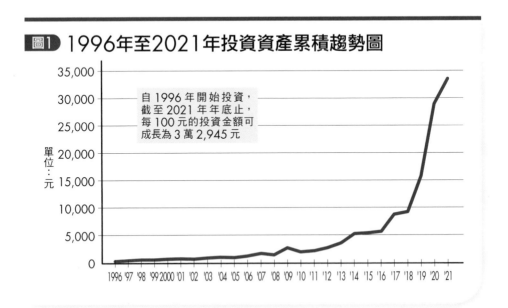

自 1996 年開始投資，截至 2021 年年底止，每 100 元的投資金額可成長為 3 萬 2,945 元

附錄
2

1996至2021年投資報酬率對照表

年份	年度報酬率（％）			累計平均年化報酬率（IRR，％）		
	我的組合	標普500指數	台股加權指數	我的組合	標普500指數	台股加權指數
1996	30.27	20.26	34.00	30.27	20.26	34.00
1997	35.19	31.01	18.10	32.71	25.52	19.18
1998	22.72	26.67	-21.60	29.29	25.90	7.30
1999	12.64	19.53	31.60	24.91	24.28	27.30
2000	40.20	-10.14	-43.90	27.83	16.47	6.00
2001	30.54	-13.04	17.10	28.28	10.94	16.58
2002	-12.20	-23.37	-19.80	21.51	5.23	5.91
2003	51.48	26.38	32.30	24.91	7.66	8.28
2004	23.68	8.99	4.20	24.77	7.81	7.27
2005	-3.59	3.00	6.70	21.59	7.32	7.70
2006	33.34	13.62	19.50	22.62	7.88	8.37
2007	52.39	3.53	8.70	24.86	7.51	7.95
2008	-21.79	-38.49	-46.00	20.45	2.99	1.96
2009	128.61	23.45	78.30	26.09	4.33	7.11
2010	-32.27	12.78	9.60	20.97	4.87	4.67

接續下頁

年份	年度報酬率（%）			累計平均年化報酬率（IRR，%）		
	我的組合	標普500指數	台股加權指數	我的組合	標普500指數	台股加權指數
2011	14.75	0.00	-21.20	20.57	4.56	3.02
2012	33.73	13.41	8.90	21.31	5.06	4.81
2013	24.96	29.60	11.80	21.51	6.29	5.43
2014	50.65	11.39	8.10	22.89	6.56	6.39
2015	2.53	-0.73	-10.40	21.78	6.18	5.64
2016	4.62	9.54	11.00	20.91	6.34	6.40
2017	55.08	19.42	15.00	22.28	6.90	6.72
2018	7.20	-6.24	-8.60	21.58	6.29	6.17
2019	73.43	28.88	23.30	23.40	7.15	6.95
2020	83.33	16.53	22.23	25.37	7.51	7.71
2021	15.68	26.89	23.66	24.98	8.20	8.09
IRR	24.98	8.20	8.09	—	—	—

註：1. 本表報酬率不含股利，但計入帳戶閒置現金，意思是在計算投資報酬時，是以我的帳戶所有股票部位加上帳戶內所有現金為分母；
2. 已扣除所有摩擦成本，包括券商交易手續費、新台幣匯款至美國交易帳戶手續費、ADR 每年保管費用、不同券商股票部位移轉費用

附錄
3

1972年漂亮50股票列表

中文名	英文名	美股代碼	1972年本益比（倍）	年化報酬率（%）	併購史
寶麗萊	Polaroid	已下市	90.7	-14.68	2001年破產下市
麥當勞	McDonald's	MCD	85.7	10.50	—
MGIC投資公司	MGIC Investment	MTG	83.3	-6.84	—
迪士尼	Walt Disney	DIS	81.6	8.97	—
百特國際	Baxter Travenol	BAX	78.5	10.10	—
國際香精香料	Intl Flavors & Fragrances	IFF	75.8	5.66	—
雅 芳	Avon Products	NTCO	65.4	6.04	2020年被Natura收購
金剛砂環球航空	Emery Air Freight	UPS	62.1	-1.37	2004年被優比速收購
嬌 生	Johnson & Johnson	JNJ	61.9	13.35	—
迪吉多	Digital Equipment	HPQ	60.0	0.93	被康柏併購，康柏又併入惠普
凱馬特	Kresge（now Kmart）	已下市	54.3	-1.07	ESL Investments
簡單模式	Simplicity Pattern	CSS	53.1	-1.47	併入CSS產業

接續下頁

中文名	英文名	美股代碼	1972年本益比（倍）	年化報酬率（%）	併購史
阿默普萊斯金融公司	AMP	AMP	51.8	11.17	—
百 得	Black & Decker	SWK	50.5	2.45	與史丹利合併成史丹利百得
先靈葆雅	Schering	MRK	50.4	13.19	被默克藥廠收購
美國醫療設備供應公司	American Hospital Supply	BAX	50.0	12.36	被百特國際收購
斯倫貝謝	Schlumberger	SLB	49.5	10.37	—
柏洛茲	Burroughs	UIS	48.8	-1.64	後來重組為優利系統
全 錄	Xerox	XRX	48.8	0.89	—
伊士曼柯達	Eastman Kodak	KODK	48.2	1.72	—
可口可樂	Coca-Cola	KO	47.6	13.15	
德州儀器	Texas Instruments	TXN	46.3	11.27	
禮 來	Eli Lilly	LLY	46.0	13.14	—
默 克	Merck	MRK	45.9	14.27	—
普 強	Upjohn	PFE	41.1	9.95	
旁 氏	Chesebrough Ponds	UL	41.0	10.96	被聯合利華併購
明尼蘇達礦業及製造	Minnesota Mining（3M）	MMM	40.8	9.78	—

中文名	英文名	美股代碼	1972年本益比（倍）	年化報酬率（%）	併購史
美國運通	American Express	AXP	39.0	10.30	—
惠 氏	American Home Products	WYE	38.9	13.13	—
施麗茲啤酒	Schlitz Brewing	已下市	38.7	6.68	最終出售給藍絲帶
哈里伯頓	Halliburton	HAL	38.3	3.19	—
國際商業機器	IBM	IBM	37.4	9.68	—
路博潤	Lubrizol	BRK.A	36.9	7.62	被波克夏收購
杰西潘尼	J.C. Penny	BAM	34.1	4.83	被布魯克菲爾德併購
施貴寶	Squibb	BMY	33.9	14.21	已與必治妥合併
寶僑	Procter & Gamble	PG	32.0	11.94	
安海斯-布希	Anheuser-Busch	BUD	31.9	13.55	—
西爾斯·羅巴克	Sears Roebuck	SHLDQ	30.8	6.94	2018年宣布破產
休伯萊恩	Heublein	STZ	30.1	14.66	最終併入星座啤酒
百 事	PepsiCo	PEP	29.3	15.55	—
輝 瑞	Pfizer	PFE	29.0	16.99	—
必治妥	Bristol-Myers	BMY	27.6	15.35	已與施貴寶合併

接續下頁

中文名	英文名	美股代碼	1972年本益比（倍）	年化報酬率（%）	併購史
奇異電器	General Electric	GE	26.1	15.57	—
露華濃	Revlon	REV	26.1	12.40	—
菲利普莫里斯	Phillip Morris	PM	25.9	17.68	—
吉　利	Gillette	PG	25.9	14.12	被寶僑併購
路易斯安那土地和勘探	Louisiana Land & Exploration	COP	25.6	4.91	最終併入康菲
陶氏化學	Dow Chemical	DOW	25.5	10.80	—
第一花旗銀行	First National City	C	22.4	13.36	最終改名為花旗銀行
國際電話與電報公司	ITT	ITT	16.3	9.99	—
標普500指數	S&P 500	—	19.2	12.01	—

資料來源：作者整理

延伸閱讀——推薦書單

第1類》成長股投資相關書籍

◎《超級成長股投資法則》
（The Rules of Super Growth Stocks Investing）
作者：林子揚
出版社：Smart智富

◎《非常潛力股》
（Common Stocks and Uncommon Profits and Other Writings）
作者：菲利普‧費雪（Philip Fisher）
出版社：寰宇

◎《如何找到100倍回報的股票》
（100 Baggers）＊＊
作者：克利斯‧W‧邁爾（Christopher W. Mayer）
出版社：（中國）中國青年出版社

◎《成長股投資之父普萊斯：美國普信集團創辦人的傳奇人生與投資智慧》
（T. Rowe Price: The Man, The Company, and The Investment Philosophy）
作者：康那勒斯‧龐德（Cornelius C. Bond）
出版社：Smart智富

註：標示＊為已絕版；＊＊為中文簡體書，台灣未發行中文繁體版。

第2類》風險投資、新創和企業經營相關書籍

◎《從0到1：打開世界運作的未知祕密，在意想不到之處發現價值》
（Zero to One: Notes on Startups, or How to Build the Future）
作者：彼得‧提爾（Peter Thiel）
出版社：天下雜誌

◎《什麼才是經營最難的事？：矽谷創投天王告訴你真實的管理智慧》
（The Hard Thing About Hard Things: Building a Business When There Are No Easy Answer）
作者：本‧霍羅維茲（Ben Horowitz）
出版社：天下文化

◎《為股東創造財富：高績效執行長做對的8件事》
（The Outsiders: Eight Unconventional CEOs and Their Radically Rational Blueprint for Success）
作者：威廉‧索恩戴克（William N. Thorndike Jr）
出版社：遠流

第3類》主要產業相關書籍

◎《IC雙雄：諾貝爾物理得獎人vs.英特爾創辦人的創新大賽》
（The Chip：How Two Americans Invented the Microchip and Launched a Revolution）*
作者：瑞德（T. R. Reid）
出版社：遠流

◎《生技時代的新管理》
（Science Lessons：What the Business of Biotech Taught Me About Management）*
作者：高登‧賓德（Gordon Binder）、菲利浦‧巴許（Philip Bashe）
出版社：聯經出版

◎《原則：生活和工作》
（Principles: Life and Work）
作者：瑞・達利歐（Ray Dalio）
出版社：商業周刊

◎《跑出全世界的人：NIKE創辦人菲爾・奈特夢想路上的勇氣與初心》
（Shoe Dog: A Memoir by the Creator of Nike）
作者：菲爾・奈特（Phil Knight）、諾伯特・里奧・布茨（Norbert Leo Butz）
出版社：商業周刊

◎《鋼鐵人馬斯克：從特斯拉到太空探索，大夢想家如何創造驚奇的未來》
（Elon Musk：Tesla, SpaceX, and the Quest for a Fantastic Future）
作者：艾胥黎・范思（Ashlee Vance）
出版社：天下文化

◎《貝佐斯傳：從電商之王到物聯網中樞，亞馬遜成功的關鍵》
（The Everything Store: Jeff Bezos and the Age of Amazon）
作者：布萊德・史東（Brad Stone）
出版社：天下文化

◎《富甲天下：沃爾瑪創始人山姆・沃爾頓自傳》
（Sam Walton, Made in America: My Story）
作者：山姆・沃爾頓（Sam Walton）、約翰・惠伊（John Huey）
出版社：足智文化有限公司

◎《支付戰爭：互聯網金融創世紀》
（The PayPal Wars）＊＊
作者：埃里克・傑克遜（Eric M. Jackson）
出版社：（中國）中信出版社

◎《成長股投資日記：星巴克的一年》
（Grande Expectations: A Year in the Life of Starbucks' Stock）
作者：凱倫‧布魯曼索（Karen Blumenthal）
出版社：財信出版

◎《高通方程式》
（The Qualcomm Equation: How a Fledgling Telecom Company Forged a New Path to Big Profits and Market Dominance）**
作者：大衛‧莫克（Dave Mock）
出版社：（中國）人民郵電出版社

◎《瘋狂改變世界：我就是這樣創立Twitter的！》
（Things a Little Bird Told Me: Confessions of the Creative Mind）
作者：畢茲‧史東（Biz Stone）
出版社：時報出版

◎《我如何在雲端創業》
（Behind the Cloud）*
作者：馬克‧貝尼奧夫（Marc Benioff）、卡莉‧阿德勒（Carlye Adler）
出版社：財信出版

Note

10倍股名單

工業

美股代碼（＊為ADR）	股價（美元）	市值（億美元）	IPO年度	回報（%）								
				5年最大	5年	10年最大	10年	20年最大	20年	30年最大	30年	IPO至今
工業》特殊工業機械												
AIMC	52	33	2006	420	40	420	174	1,921	328	1,921	328	328
AME	147	327	1983	200	203	423	424	3,680	3,015	9,056	7,179	9,206
AMSC	11	3	1991	912	48	63	-71	1,856	-91	1,011	-92	-91
AOS	86	128	1983	147	81	736	756	2,590	2,542	8,481	8,485	18,563
ATLCY＊	60	6,814	2002	192	118	249	214	1,105	314	1,105	314	327
ATLKY＊	69	6,814	1996	212	127	262	223	1,152	7,196	1,152	396	5,676
ATSAF	40	45	2008	391	327	594	562	1,798	4,266	1,798	4,266	1,165
B	47	24	1980	58	-2	263	93	804	288	1,438	690	4,856
CFX	46	69	2008	262	28	202	61	1,285	1,648	1,285	1,648	119
CIR	27	5	1999	20	-58	185	-23	584	47	1,078	6,221	189
CMI	218	340	1973	169	60	230	148	5,510	2,163	5,510	3,117	10,093
CR	102	63	1980	179	41	203	118	877	297	1,067	924	8,104
CW	139	55	1980	79	41	416	292	1,203	1,061	4,303	3,540	17,678
CYD	15	6	1994	109	8	223	8	3,737	1,454	12,050	332	332
DCI	59	73	1980	108	41	164	74	804	510	4,357	3,651	31,089
DOV	182	257	1980	195	200	432	367	1,129	632	2,727	2,498	34,164
DXR	11	0.5	1983	4,960	37	4,960	24	97	-42	1,134	311	83
ETN	173	681	1972	202	158	372	297	1,077	829	2,519	2,387	86,310
FELE	95	42	1980	165	143	325	334	1,015	823	4,295	4,103	39,300
FLS	31	42	1980	49	-36	144	-8	3,001	245	3,001	492	3,773
GE	95	1,133	1962	0	-63	81	-34	91	-71	5,826	271	9,741
GGG	81	128	1980	190	191	505	491	1,569	1,292	11,930	10,236	115,071
GHM	12	1	1980	58	-44	144	-45	3,694	410	4,358	591	1,169

美股代碼（*為ADR）	股價（美元）	市值（億美元）	IPO年度	回報（%）								
				5年最大	5年	10年最大	10年	20年最大	20年	30年最大	30年	IPO至今
GRC	45	11	1980	105	44	122	105	667	406	1,082	984	8,635
GTLS	160	49	2006	1,132	343	1,324	195	3,757	949	3,757	949	949
HLIO	105	29	1997	284	163	442	349	5,696	4,533	6,315	5,944	5,944
HURC	30	2	1980	84	-10	155	41	4,515	1,250	4,515	164	155
IEX	236	168	1989	168	162	565	537	1,972	1,442	7,092	7,040	12,537
ITT	102	85	1995	176	165	511	429	1,237	1,121	2,800	13,001	13,001
ITW	247	765	1973	109	102	417	428	843	629	3,322	2,997	41,731
JBT	154	47	2008	186	79	1,232	899	2,863	1,212	2,863	1,212	1,212
KAI	231	24	1992	343	277	1,059	919	3,514	1,490	3,514	1,238	1,238
KRNT	152	54	2015	1,311	1,104	1,898	988	1,898	988	1,898	988	988
LII	324	107	1999	138	112	919	861	3,522	3,244	5,044	2,430	2,430
MIDD	197	110	1987	349	53	540	528	20,432	22,516	140,693	131,073	26,853
NDSN	255	139	1980	172	128	555	520	2,554	1,832	2,891	2,120	30,289
NJDCY*	30	72,926	2001	239	175	980	446	2,572	1,699	3,353	2,632	2,632
NPO	110	24	2002	260	63	260	234	4,850	1,339	4,850	1,339	1,339
OFLX	127	14	2005	333	128	1,752	798	1,752	1,493	1,752	1,493	1,493
PH	318	420	1980	242	127	365	317	1,346	939	4,155	3,407	12,676
PKOH	21	3	1973	36	-50	291	19	3,438	566	3,438	606	404
PNR	73	109	1973	251	94	251	227	0	496	1,943	1,523	31,652
ROK	349	377	1981	191	160	471	375	2,239	1,853	2,780	1,174	45,205
ROP	492	472	1992	170	169	466	466	0	1,887	34,513	26,778	26,778
RRX	170	116	1980	223	146	247	234	1,034	681	2,540	2,421	23,869
SPXC	60	26	1980	206	152	772	293	925	246	4,684	3,517	596,700
SXI	111	13	1973	213	26	240	224	1,405	409	1,405	857	11,308
TNC	81	15	1973	75	14	144	108	1,015	337	1,015	800	4,304
TRS	37	15	2007	98	42	162	133	4,895	5,187	4,895	5,187	286
TWIN	11	2	1980	110	1,704	14	625	1,632	7,424	1,632	5,871	612
VWDRY*	10	1,854	2007	350	2,022	6,550	13,059	6,550	1,289	6,550	1,289	88

美股代碼 (＊為 ADR)	股價 (美元)	市值 (億美元)	IPO 年度	回報（%）								
				5年 最大	5年	10年 最大	10年	20年 最大	20年	30年 最大	30年	IPO 至今
工業》航太與國防												
AIR	39	15	1980	73	18	402	104	1,521	333	1,521	334	1,699
AJRD	47	35	1981	215	161	946	779	2,941	231	2,941	316	2,769
ATRO	12	4	1980	102	-59	382	-45	5,118	438	33,971	5,614	11,900
ATROB	12	4	1995	102	-59	466	-27	4,346	137	5,470	11,910	1,220
AXON	157	94	2001	864	548	5,039	2,966	72,582	13,552	72,582	5,351	27,936
BA	201	1,328	1962	0	29	555	174	1,658	418	5,139	1,583	105,858
BYRN	13	3	2006	4,802	568	5,880	1,114	1,167	272	1,167	272	130
CAE	25	84	2002	243	81	267	160	1,628	411	1,628	411	411
DCO	47	5	1973	288	83	716	267	716	321	3,421	1,419	1,720
EADSY*	32	931	2007	132	94	388	306	1,268	389	1,268	389	389
EH*	15	9	2019	1,512	19	1,512	19	1,512	19	1,512	19	19
ESLT	174	245	1996	74	71	499	325	1,122	841	2,737	4,286	4,286
GD	209	595	1962	31	20	271	213	778	422	4,701	4,242	109,621
HEI	144	190	1980	287	265	969	653	10,524	4,925	51,555	36,879	120,083
HEI.A	129	190	1998	318	270	1,070	697	7,216	2,808	7,216	1,197	1,197
HXL	52	48	1980	71	1	279	114	6,316	1,582	6,316	404	281
LHX	213	447	1981	145	108	570	492	2,028	1,377	2,622	7,769	6,648
LMT	355	1,028	1977	79	42	450	339	969	661	2,556	2,472	80,675
MOG.A	81	27	1980	55	23	186	84	912	736	8,097	3,483	4,501
MRCY	55	34	1998	213	82	1,255	314	3,539	41	3,539	949	949
MTUAY*	102	106	2008	180	75	394	261	1,775	819	1,775	819	819
NOC	387	640	1981	80	66	612	562	1,089	668	3,514	2,848	16,301
PKE	13	3	1980	47	-29	43	-48	162	-50	1,157	205	5,400
RGR	68	12	1973	126	29	169	103	1,891	468	1,891	818	67,920
SPR	43	52	2006	94	-26	633	107	1,220	57	1,220	57	57
SWBI	18	8	1998	719	10	926	431	6,003	2,725	88,400	44,400	44,400
TDG	636	357	2006	226	156	636	565	2,990	5,897	2,990	5,897	5,897

美股代碼（*為ADR）	股價（美元）	市值（億美元）	IPO年度	回報（%）								
				5年最大	5年	10年最大	10年	20年最大	20年	30年最大	30年	IPO至今
TXT	77	169	1973	258	1,008	316	2,809	1,966	2,495	1,966	5,328	4,665
VSEC	61	7	1982	360	-44	513	80	4,320	1,082	11,067	3,545	19,558
工業》工程與建築												
AGX	39	6	1995	9	-45	489	154	4,106	545	4,106	22,659	22,659
AMRC	81	29	2010	1,910	1,381	2,381	494	2,381	701	2,381	701	701
BLD	276	77	2015	675	675	1,132	29,252	1,132	2,252	1,132	29,252	1,113
CNRD	15	1	1998	3	-32	195	-3	3,649	181	3,649	-12	23
DY	94	29	1984	61	17	838	348	3,246	461	13,698	2,091	6,950
EME	127	67	1995	174	80	413	375	1,490	1,022	5,552	10,010	10,010
FIX	99	35	1997	249	197	1,050	823	5,809	2,574	5,809	677	677
IESC	51	11	1998	295	164	2,888	2,637	2,888	-42	2,888	-79	-79
J	139	172	1980	199	144	332	243	1,029	744	3,393	1,963	27,200
JCI	81	539	1987	245	97	245	236	900	38	1,961	1,787	81,210
MTZ	92	72	1973	419	141	851	431	8,882	1,228	14,510	5,084	689
MYRG	111	16	2008	628	193	745	478	1,953	572	1,953	572	572
NVEE	138	18	2013	373	314	1,868	1,694	1,868	1,694	1,868	1,694	1,694
PRIM	24	15	2008	315	5	315	61	1,165	290	1,165	290	290
PUODY*	156	646	2006	59	6	251	131	1,398	1,380	1,398	1,380	1,380
PWR	115	152	2001	413	229	605	432	6,602	643	6,602	463	463
STRL	26	8	1991	300	211	1,104	144	2,675	1,465	7,216	816	956
TPC	12	6	1973	21	-56	227	0	2,246	77	2,530	8	528
TTEK	170	8	1991	384	122	778	343	2,824	380	10,418	4,659	11,858
WLDN	35	4	2006	192	67	4,593	851	4,634	343	4,634	343	233
工業》建築產品和設備												
AAON	79	37	1991	182	140	953	772	3,268	2,367	103,900	99,188	79,330
APOG	48	12	1971	10	-10	386	293	909	204	1,604	670	43,673
ASPN	50	13	2014	3,854	1,106	3,854	398	3,854	398	3,854	398	368
AWI	116	51	2006	203	178	274	205	1,335	5,227	1,335	5,227	447

美股代碼（＊為ADR）	股價（美元）	市值（億美元）	IPO年度	回報（%）								
				5年最大	5年	10年最大	10年	20年最大	20年	30年最大	30年	IPO至今
BLDR	86	151	2005	731	681	4,049	4,101	11,091	277	11,091	277	455
CNR	17	21	1992	74	11	153	60	349	-80	2,348	738	6
CSL	248	12	1973	166	125	440	460	1,405	72,876	5,436	72,876	72,876
DKILY*	23	74,597	2010	190	146	1,018	836	1,018	565	1,018	565	565
IBP	140	35	2014	373	238	1,167	992	1,167	992	1,167	992	992
LPX	78	67	1980	469	314	927	871	6,529	828	6,529	430	2,225
MAS	70	164	1980	156	122	620	655	2,054	223	2,054	573	7,139
OC	91	95	2006	248	76	314	215	1,930	287	1,930	287	287
PGTI	23	13	2006	286	96	2,565	2,083	3,322	45	3,322	45	45
ROCK	67	2	1993	276	60	993	378	2,667	471	2,667	859	859
SSD	139	56	1994	245	218	485	313	995	870	5,823	5,553	5,553
TREX	135	123	1999	797	739	4,802	4,621	20,588	5,597	20,588	8,287	8,287
工業》農業和重型工程機械												
AGCO	116	94	1992	324	101	324	170	987	635	9,277	2,662	2,662
ALG	147	19	1993	128	93	529	447	1,659	933	2,254	1,735	1,735
ASTE	69	16	1986	200	3	201	115	1,372	379	5,400	4,150	2,410
CAT	207	1,238	1962	168	123	323	128	1,346	692	4,589	3,677	41,248
CMCO	46	14	1996	179	71	334	265	3,957	351	3,957	-67	256
DE	343	1,170	1972	279	233	458	343	1,977	1,471	6,228	4,186	48,884
GENC	12	2	2000	36	-27	312	149	3,373	474	3,815	1,854	1,854
KMTUY*	23	29,301	2000	77	3	184	-1	1,337	560	1,337	274	274
KUBTY*	112	30,996	1980	129	58	206	169	1,016	727	1,322	367	2,652
LNN	152	15	1988	144	104	224	177	901	686	2,114	1,716	13,845
MTW	19	7	1982	102	-22	430	139	2,026	183	3,563	1,352	9,195
OSK	113	84	1985	181	74	632	427	3,393	825	9,542	4,636	8,188
PCAR	88	335	1980	100	38	177	136	986	581	2,422	2,017	28,371
SHYF	49	17	1984	741	431	1,939	921	2,333	1,630	8,942	773	18,796
TEX	44	32	1980	345	39	345	225	1,841	401	5,279	1,170	1,170

美股代碼（*為ADR）	股價（美元）	市值（億美元）	IPO年度	回報（%）								
				5年最大	5年	10年最大	10年	20年最大	20年	30年最大	30年	IPO至今
TWI	11	7	1993	38	-2	47	-44	7,010	189	7,010	612	124
工業》工具和配件												
LECO	140	80	1994	143	82	283	257	1,696	1,041	2,585	5,085	5,085
MKTAY*	43	13,536	1982	153	27	298	164	2,503	1,541	2,503	459	486
MONOY*	18	10,141	2013	545	256	1,327	537	1,327	537	1,327	537	537
QEPC	23	1	1996	92	26	148	24	4,133	497	4,133	226	226
ROLL	202	59	2005	195	118	475	384	1,867	1,223	1,867	1,223	1,223
SKFRY*	24	1,052	1985	174	30	174	13	595	394	1,258	464	1,120
SNA	215	118	1973	168	26	400	325	1,137	540	1,307	898	6,216
SWK	189	314	1980	206	64	272	179	951	305	1,198	823	9,933
TKR	69	56	1973	276	75	290	150	1,170	498	1,170	715	3,313
TTC	100	103	1980	119	64	670	504	0	3161	16,310	9,754	28,446
TTNDY*	99	2,530	2001	578	889	2,114	3,412	12,830	22,981	12,830	4,690	14,518
工業》工業製造維護配送												
AIT	103	39	1980	232	73	232	192	1,491	1,139	3,115	2,568	10,274
DXPE	26	5	1995	95	-26	257	-20	32,814	4,567	45,980	5,034	5,034
EVI	31	3	1990	236	115	3,723	2,439	13,443	5,792	13,443	9,085	5,906
FAST	64	340	1987	222	173	263	194	1,789	1,444	14,216	12,461	160,050
FERG	179	276	2008	307	241	362	687	1,754	738	1,754	738	738
GWW	518	260	1973	236	123	236	177	1,219	980	2,495	1,810	20,797
MSM	84	48	1995	16	-9	0	17	928	326	1,261	1,205	1,205
RUSMF	26	21	1994	281	108	52	19	0	1,129	3,218	321	321
TRNS	92	7	1977	836	1,721	1,830	1,610	15,100	14,253	15,100	26,119	48,547
WCC	132	68	1999	779	105	779	157	4,315	2,653	4,315	5,023	525
WSO	313	116	1984	716	217	716	614	2,355	3,203	14,132	19,361	37,148
工業》租賃服務												
ACY	12	2	1998	8,144	27	8,143	94	8,143	152	8,143	582	582
AER	65	151	2006	356	57	553	479	3,673	188	3,673	188	188

美股代碼（*為ADR）	股價（美元）	市值（億美元）	IPO年度	回報（%）								
				5年最大	5年	10年最大	10年	20年最大	20年	30年最大	30年	IPO至今
CAR	207	110	1983	4,491	465	4,491	1,834	99,114	1,010	99,114	2,729	19,463
HRI	157	48	2006	0	290	1,444	348	1,444	235	1,444	235	235
MGRC	80	19	1984	166	105	287	177	823	328	3,055	2,075	25,790
PRG	45	28	1982	190	66	284	100	1,666	1,003	9,228	5,996	5,758
RCII	48	30	1995	797	327	797	30	797	258	4,181	3,806	3,806
TRTN	60	44	2005	268	736	588	857	1,027	1,058	1,027	1,058	827
UHAL	726	133	1994	214	-65	849	47	40,941	589	40,941	11,687	4,754
URI	332	237	1997	464	22	1,342	337	12,863	468	12,863	4,541	2,044
WLFC	38	2	1996	247	280	546	713	2,177	1,993	2,367	1,530	343
工業》綜合貨運和物流												
AIRT	25	1	1984	347	64	654	344	4,209	686	6,329	2,930	1,443
ATSG	29	21	2003	128	84	821	522	26,383	836	26,383	836	3,164
CGJTF	132	30	2006	457	353	2,702	2,322	10,813	529	10,813	529	2,424
CHRW	108	141	1997	79	47	113	54	723	644	2,811	2,538	2,841
EXPD	134	206	1984	160	154	295	228	968	843	17,513	13,744	95,821
FDX	259	679	1978	249	39	275	210	821	399	3,494	2,569	29,974
FWRD	121	30	1993	197	156	306	278	987	436	6,808	6,016	6,016
HUBG	84	28	1996	159	93	210	160	8,329	3,115	8,329	2,054	2,054
JBHT	204	212	1983	173	111	365	354	3,710	3,424	7,723	3,988	18,482
LSTR	179	64	1993	129	110	296	274	1,964	1,876	12,056	12,687	12,687
XPO	77	81	2003	282	122	1,270	676	8,193	228	8,193	228	2,561
工業》人力仲介與就業服務												
ADP	247	964	1980	160	140	387	357	913	366	2,696	2,313	57,244
BBSI	69	5	1993	0	8	525	246	5,506	2,696	5,506	689	3,236
HQI	20	2	2002	587	367	1,061	500	1,889	20	1,889	20	20
JOBS*	49	33	2004	236	45	559	133	3,583	371	3,583	371	371
KFRC	75	16	1995	363	226	648	510	4,650	1,096	4,650	2,450	2,450
KFY	76	40	1999	277	157	555	344	1,360	611	1,360	627	627

美股代碼（*為ADR）	股價（美元）	市值（億美元）	IPO年度	回報（%）								
				5年最大	5年	10年最大	10年	20年最大	20年	30年最大	30年	IPO至今
MHH	17	2	2008	837	401	1,715	1,046	6,726	823	6,726	823	823
NSP	118	41	1997	316	233	1,095	831	13,942	761	13,942	3,118	3,118
PAYX	137	451	1983	173	124	369	353	572	292	10,717	9,937	136,400
TBI	28	10	1994	172	12	172	99	1,043	441	3,834	6,335	6,335
工業》航空公司												
ALGT	187	34	2006	306	12	459	251	1,469	749	1,469	749	749
ALK	52	70	1980	15	-41	523	178	3,613	616	3,613	858	7,343
CEA*	19	1,041	1997	95	-17	253	4	1,271	210	2,905	16	119
DAL	39	258	2007	43	-21	689	383	1,507	110	1,507	110	110
HA	18	10	1995	30	-68	1,116	217	20,000	359	20,000	158	158
LUV	43	271	1980	34	-14	741	400	1,223	132	2,969	1,804	25,100
RYAAY*	102	193	1997	61	23	345	258	844	522	4,490	3,762	3,762
SKYW	39	21	1986	118	8	949	212	949	54	6,655	3,259	3,095
UAL	44	151	2006	69	-21	453	204	2,989	665	2,989	665	2
ZNH*	30	1,288	1997	821	15	1,101	17	3,038	211	8,287	73	73
工業》專業商務服務												
ABM	41	30	1980	162	0	198	98	654	421	1,350	818	11,247
CASS	39	6	1996	0	-29	152	57	1,205	669	1,632	2,269	1,442
CBZ	39	21	1995	215	186	673	540	1,880	1,601	4,043	4,062	2,674
CPRT	152	324	1994	472	447	1,293	1,167	8,889	2,402	36,059	50,440	23,591
CTAS	443	412	1983	303	283	1,201	1,173	2,426	823	5,631	5,220	66,045
GPN	135	437	2001	211	95	1,000	471	3,801	1,472	5,170	3,697	3,697
MMS	80	48	1997	94	43	378	285	1,999	657	2,121	1,964	1,964
RBA	61	68	1998	203	80	314	177	805	638	1,145	2,358	2,358
UNF	210	37	1983	105	-66	358	-14	1,651	118	3,331	341	4,921
WTKWY*	118	246	1999	227	2,693	731	5,822	1,121	4,457	1,121	4,590	401
工業》電機設備及零件												
ABB*	38	701	2001	160	81	160	103	3,290	306	3,290	340	340

美股代碼（*為ADR）	股價（美元）	市值（億美元）	IPO年度	回報（%）									
				5年最大	5年	10年最大	10年	20年最大	20年	30年最大	30年	IPO至今
AEIS	91	35	1995	249	66	1,066	749	2,160	242	3,444	815	815
AYI	212	72	2001	2	-8	471	299	2,802	2,002	2,947	2,234	2,268
AZZ	55	13	1980	2	-13	200	143	3,119	949	12,653	7,272	3,078
BE	22	32	2018	1,497	1,669	1,497	1,669	1,497	1,669	1,497	1,669	4
BMI	107	28	1973	220	188	646	624	3,870	3,706	11,939	11,000	27,942
ENS	79	34	2004	168	1	284	204	1,621	591	1,621	591	591
HOLI	14	9	2005	81	-23	277	69	1,260	192	1,260	192	192
POWL	30	3	1980	120	-24	125	-6	448	57	1,290	127	1,234
SVT	13	0.4	1973	127	26	130	41	1,076	151	1,108	191	314
工業》卡車運輸												
ARCB	120	23	1992	656	333	1,757	522	1,757	316	2,807	5,527	1,076
CVLG	26	4	1994	422	37	1,128	790	2,514	66	2,514	39	39
HTLD	17	13	1986	33	-17	121	18	228	91	1,579	932	5,326
KNX	61	94	1994	157	84	340	290	819	630	3,929	4,074	4,074
MRTN	17	14	1986	184	84	449	258	1,857	1,126	6,750	4,190	2,964
ODFL	358	364	1991	577	527	2,013	1,890	32,991	32,186	55,052	24,616	31,063
PTSI	71	8	1986	982	2,085	1,670	5,867	5,356	4,380	60,754	129,009	1,447
SAIA	337	73	2002	776	663	4,065	3,951	7,945	3,683	7,945	3,683	3,683
TFII	112	112	1980	604	329	815	770	5,516	3,140	5,516	3,140	3,140
工業》鐵路												
CNI	123	875	1995	101	82	261	213	2,140	1,426	10,830	8,739	9,729
CP	72	651	1983	192	152	515	432	2,317	1,745	2,916	8,567	16,630
CSX	38	808	1980	214	214	493	436	2,546	1,828	3,348	2,235	28,823
FSTR	14	2	1981	142	1	122	-51	1,446	206	2,476	358	-10
GBX	46	14	1994	60	10	0	89	3,960	533	3,960	419	419
NSC	298	702	1982	176	175	425	309	1,571	1,524	2,365	1,404	19,616
TRN	30	30	1973	53	233	360	515	1,452	920	1,452	1,477	37,650
UNP	252	1,583	1980	148	-75	378	-50	1,855	84	3,274	204	28,528

美股代碼（＊為ADR）	股價（美元）	市值（億美元）	IPO年度	回報（％）								
				5年最大	5年	10年最大	10年	20年最大	20年	30年最大	30年	IPO至今
WAB	92	179	1995	64	-30	233	65	2,102	839	2,653	6,536	1,289
工業》廢棄物處理												
CLH	100	53	1987	274	79	274	57	7,087	5,804	20,820	1,672	2,055
CWST	85	39	1997	700	588	2,423	1,235	16,182	477	16,182	288	288
ECOL	32	10	1984	71	-35	358	70	6,024	1,725	8,044	297	1,193
RSG	140	412	1998	147	144	449	406	1,155	948	2,145	1,133	1,133
SRCL	60	54	1996	18	-23	97	-23	1,038	292	8,519	2,482	2,482
TMRAY*	72	106	1999	594	651	973	1,167	3,202	748	3,202	824	824
WCN	136	328	1998	0	188	618	583	2,830	2,365	7,256	1,580	5,023
WM	167	655	1988	141	-63	439	-20	746	-18	1,159	-26	6,549
工業》金屬製造												
ATI	16	26	1994	100	0	8	-67	4,748	-5	4,748	1,348	34
CRS	29	16	1973	74	-19	58	-43	1,554	119	1,554	148	3,180
IIIN	40	8	1985	324	12	406	262	27,059	12,742	27,059	864	2,420
MLI	59	33	1991	247	49	247	209	755	465	11,086	8,760	9,175
RYI	26	10	2014	653	95	1,029	153	1,029	153	1,029	153	153
TG	12	4	1989	77	-51	128	-47	190	-38	1,367	432	802
WOR	55	30	1980	258	-10	363	162	927	202	1,041	176	7,492
工業》顧問服務												
CRAI	93	7	1998	414	155	729	371	866	355	1,366	7,429	347
EFX	293	304	1980	230	148	673	656	1,531	1,112	6,792	6,103	127,200
EXPGY*	49	286	2008	161	155	279	263	1,064	644	1,064	644	644
EXPO	117	53	1990	345	287	993	916	8,914	7,480	24,960	6,807	6,807
FC	46	7	1992	283	130	517	447	7,524	669	7,524	146	146
FCN	153	52	1996	386	240	571	262	1,031	952	14,525	3,736	3,736
工業》企業集團												
MATW	37	12	1994	0	-52	174	17	259	49	2,268	1,219	1,219
MMM	178	1,030	1970	48	-1	213	117	518	201	1,137	674	12,322

美股代碼（＊為ADR）	股價（美元）	市值（億美元）	IPO年度	回報（%）								
				5年最大	5年	10年最大	10年	20年最大	20年	30年最大	30年	IPO至今
SEB	3,935	46	1973	34	0	157	93	2,250	1,186	4,022	3,235	53,804
VMI	251	51	1973	204	-18	204	28	1,728	701	4,895	2,007	75,809
VRTV	123	15	2014	2,609	309	2,609	4,716	2,609	4,716	2,609	4,716	235
工業》安全與保護服務												
BCO	66	36	1984	133	59	379	144	1,313	438	2,371	1,046	1,531
BRC	54	28	1984	90	44	211	71	370	195	1,093	927	2,945
MSA	151	57	1973	161	118	425	356	1,781	1,028	2,625	929	45,645
NSSC	25	8	1981	587	488	2,142	1,915	6,345	4,800	12,790	11,800	9,156
工業》汙染和處理控制												
ERII	22	11	2008	291	108	1,127	733	1,127	119	1,127	119	119
FSS	43	26	1980	266	178	1,182	944	1,273	95	1,273	200	7,123
工業》海運												
KEX	59	40	1980	0	-11	0	-10	1,076	331	2,365	881	1,881
工業》商業設備和用品												
AVY	217	173	1973	224	208	762	655	1,217	283	1,855	1,607	9,834
工業》機械												
UGRO	11	1	2019	20,168	4,754	20,168	4,754	20,168	4,754	20,168	4,754	311
工業》機場和航空服務												
ASR*	206	65	2000	70	43	300	269	2,239	1,239	2,462	1,266	2,638
科技》應用軟體												
ADSK	281	570	1985	349	280	1,036	827	6,180	2,917	7,897	7,001	63,807
AFTPY*	60	204	2016	18,651	3,403	18,651	7,388	18,651	7,388	18,651	7,388	7,360
AGYS	45	10	1971	617	329	794	459	2,910	250	2,910	1,235	2,904
AMSWA	26	8	1983	261	153	349	177	1,388	1,028	2,797	76	1,546
ANSS	401	304	1996	341	334	632	600	11,649	6,412	29,065	13,271	13,271
APPF	121	40	2015	742	408	1,492	109,955	1,492	109,955	1,492	109,955	784
APPS	61	48	2006	14,255	8,869	15,958	1,777	15,958	306	15,958	306	2,950
AYX	61	39	2017	1,130	577	1,130	577	1,130	577	1,130	577	297

美股代碼（＊為ADR）	股價（美元）	市值（億美元）	IPO年度	回報（％）								
				5年最大	5年	10年最大	10年	20年最大	20年	30年最大	30年	IPO至今
AZPN	152	104	1994	218	178	924	777	21,433	806	21,433	1,982	1,745
BILL	249	186	2019	0	2,165	1,072	2,165	1,072	2,165	1,072	2,165	602
BLKB	79	35	2004	92	23	464	185	1,302	758	1,302	758	824
CALX	80	35	2010	1,592	939	1,713	1,136	1,713	6,509	1,713	6,509	430
CCRD	39	3	1980	1,481	815	5,022	2,325	9,779	1,172	9,779	3,334	807
CDNS	186	448	1987	656	639	1,858	1,692	7,243	750	7,243	3,240	9,760
CNSWF	1,859	452	2004	321	307	13,011	2,386	13,011	14,203	13,011	14,203	30,890
COUP	158	103	2016	1,484	532	1,484	9,364	1,484	9,364	1,484	9,364	778
CRM	254	2,264	2004	339	271	1,172	902	12,815	1,055	12,815	1,055	5,965
CTXS	95	119	1995	135	33	300	96	4,114	424	10,318	4,404	4,404
CVLT	69	32	2006	201	34	128	61	1,027	305	1,027	305	305
DASTY＊	60	609	1996	321	291	717	642	4,003	1,183	4,286	4,133	4,133
DOMO	50	15	2018	1,124	109	1,124	109	1,124	109	1,124	109	109
DSGX	83	60	1999	330	286	1,200	1,055	9,425	1,010	3,435	819	819
DYNDF	35	28	2020	5,727	91	5,727	91	5,727	91	5,727	91	91
EBIX	30	10	1987	63	-47	839	38	32,085	3,067	32,085	-7	7
EGHT	17	19	1997	245	17	1,114	429	21,083	1,783	21,083	141	141
EVBG	67	21	2016	878	265	1,102	342	1,102	342	1,102	342	342
FICO	434	119	1987	360	264	1,458	1,110	5,485	2,223	39,111	27,699	35,740
FSLY	36	37	2019	1,058	48	1,058	48	1,058	48	1,058	48	48
HUBS	659	218	2014	1,681	1,302	3,027	2,090	3,027	2,090	3,027	2,090	2,090
INTU	643	1,560	1993	505	461	1,228	1,123	3,913	2,907	34,289	27,271	27,271
KXSCF	143	43	2014	315	215	1,224	944	1,224	944	1,224	944	944
LPSN	36	24	2000	993	373	1,645	185	24,576	10,724	71,460	291	291
LSPD	40	68	2019	1,423	38	1,423	38	1,423	38	1,423	38	38
MANH	156	86	1998	394	193	1,762	1,436	5,613	2,033	20,933	2,432	2,432
MITK	18	7	1987	314	189	1,106	145	45,960	1,124	45,960	1,186	844
MSTR	545	52	1998	1,281	176	1,414	403	28,188	1,314	3,939	422	422

美股代碼（＊為ADR）	股價（美元）	市值（億美元）	IPO年度	回報（%）									
				5年最大	5年	10年最大	10年	20年最大	20年	30年最大	30年	IPO至今
MTLS*	24	12	2014	1,012	211	1,399	101	1,399	101	1,399	101	101
NATI	44	55	1995	76	42	128	68	499	162	1,511	1,477	1,477
NICE*	304	522	1996	373	342	933	781	9,304	3,621	9,304	6,292	6,292
NOW	649	1,057	2012	827	773	2,856	2,539	2,856	2,539	2,856	2,539	2,539
NUAN	55	177	1995	403	329	403	154	2,018	1,387	15,754	209	209
OTEX	48	129	1996	88	54	389	271	2,569	1,183	10,473	2,039	2,039
PAR	53	12	1982	1,513	846	2,247	1,239	5,028	2,950	8,114	2,915	188
PAYC	415	200	2014	1,159	813	4,358	2,605	4,358	2,605	4,358	2,605	2,605
PCTY	236	108	2014	922	687	1,873	882	1,873	882	1,873	882	882
PDFS	32	10	2001	330	41	428	356	3,328	51	3,328	110	110
PEGA	112	81	1996	313	211	1,420	661	9,365	5,053	14,283	1,975	1,975
PLUS	54	12	1996	182	87	869	662	4,474	2,154	4,474	2,372	2,372
PRGS	48	20	1991	92	51	201	149	585	319	1,855	959	1,488
PRO	35	13	2007	265	60	710	132	2,300	168	2,300	168	168
PTC	121	137	1989	227	162	750	563	3,597	521	3,597	1,187	6,745
QTWO	79	37	2014	414	175	1,363	424	1,363	424	1,363	424	424
RIOT	22	24	2003	11,885	482	11,885	-52	3,221	-98	3,221	-98	-98
RPD	118	54	2015	1,035	867	1,381	366	1,381	366	1,381	366	366
RWWI	17	6	2003	693	639	1,660	2,830	1,660	4,182	1,660	4,182	4,182
SAP*	140	1,497	1995	96	62	217	165	0	339	1,600	1,293	1,293
SHOP	1,377	1,385	2015	3,848	3,113	8,646	4,765	8,646	4,765	8,646	4,765	4,765
SPT	91	36	2019	1,098	446	1,098	446	1,098	446	1,098	446	446
SSNC	82	212	2010	187	187	827	808	1,131	1,050	1,131	1,050	1,050
TCYSF	41	6	2008	547	514	2,274	1,839	4,960	4,013	4,960	4,013	4,013
TEAM	381	752	2015	1,762	1,483	2,457	1,273	2,457	1,273	2,457	1,273	1,273
TTD	92	363	2016	4,050	3,169	4,796	457	4,796	457	4,796	457	3,071
TYL	538	20	1980	281	-85	1,720	-30	17,885	366	49,198	636	65,504
WFCF	15	1	2006	195	1,080	1,194	7,590	7,925	734	7,925	734	215

美股代碼（＊為ADR）	股價（美元）	市值（億美元）	IPO年度	回報（%）								
				5年最大	5年	10年最大	10年	20年最大	20年	30年最大	30年	IPO至今
WK	131	59	2014	1,197	158	1,364	233	1,364	233	1,364	233	849
ZEN	104	122	2014	614	11	1,076	67	1,076	67	1,076	67	677
科技》基礎軟體												
ACIW	35	41	1995	132	91	358	263	2,481	748	2,481	1,041	1,041
ADBE	567	2,477	1986	565	451	2,334	1,906	8,144	3,551	42,131	13,765	269,929
ALLT	12	12	2006	339	148	80	-22	1,874	-9	1,874	-9	-9
APPN	65	40	2017	1,467	376	1,467	376	1,467	376	1,467	376	334
CHKP	117	168	1996	68	38	234	122	1,036	192	6,241	2,785	2,757
EEFT	119	68	1997	139	65	964	545	3,608	558	9,304	759	759
EPAY	57	25	1999	234	126	326	144	1,803	421	2,399	314	314
FFIV	245	145	1999	174	69	264	131	7,209	2,172	13,080	3,189	3,189
FIVN	137	87	2014	1,378	868	5,758	1,831	5,758	1,831	5,758	1,831	1,831
FLT	224	198	2010	151	58	976	649	1,202	707	1,202	707	707
FTNT	359	511	2009	1,121	1,093	2,124	1,548	4,802	4,158	4,802	4,158	4,158
MDB	529	263	2017	2,171	1,625	2,171	1,625	2,171	1,625	2,171	1,625	1,625
MIME	80	54	2015	387	345	1,263	688	1,263	688	1,263	688	688
MSFT	336	23,290	1986	451	441	1,201	1,196	2,165	915	16,317	14,397	560,433
NET	132	323	2019	1,386	631	1,386	631	1,386	631	1,386	631	631
NLOK	26	156	1989	42	9	159	66	394	213	4,336	367	8,560
NTCT	33	23	1999	25	5	189	88	1,720	318	1,720	138	138
OKTA	224	318	2017	1,229	864	1,229	864	1,229	864	1,229	864	864
ORCL	87	2,397	1986	170	127	305	240	1,316	531	33,335	24,125	174,320
OSPN	17	7	1998	201	24	431	160	10,376	706	10,376	256	256
PANW	557	492	2012	426	345	1,337	981	1,337	981	1,337	981	981
QLYS	137	49	2012	346	334	1,252	884	1,252	884	1,252	884	884
RAMP	48	31	1983	297	79	606	293	1,202	174	4,649	2,451	3,253
RDWR	42	16	1999	190	186	310	185	1,570	541	1,570	214	214
SNPS	369	500	1992	533	526	1,318	1,255	2,474	1,147	6,536	4,637	4,637

美股代碼（*為ADR）	股價（美元）	市值（億美元）	IPO年度	回報（%）								
				5年最大	5年	10年最大	10年	20年最大	20年	30年最大	30年	IPO至今
SPSC	142	43	2010	661	307	1,389	997	3,926	1,948	3,926	1,948	1,948
SQ	162	615	2015	1,941	1,085	3,267	1,136	3,267	1,136	3,267	1,136	1,136
TCX	84	9	1996	154	138	2,975	2,694	10,883	6,660	10,883	86	86
VMW	116	526	2007	161	-47	369	-50	1,049	37,955	1,049	37,955	127
VRNS	49	42	2014	0	488	1,517	737	1,517	737	1,517	737	233
VRNT	53	35	2002	207	1,314	314	1,709	3,041	3,878	3,041	3,878	737
VRSN	254	252	1998	231	61	649	243	6,097	222	6,097	235	3,878
WEX	140	70	2005	139	-79	341	-56	2,637	5,885	2,637	5,885	714
WIX	158	79	2013	686	193	2,292	849	2,292	849	2,292	849	853
科技》半導體												
ADI	176	923	1980	165	142	438	391	1,073	296	12,657	11,025	37,298
AMD	144	1,653	1980	1,599	1,169	9,894	2,565	9,894	807	9,894	1,545	4,649
AMKR	25	61	1998	407	135	708	469	2,323	55	1,965	97	97
AVGO	665	2,462	2009	302	276	2,282	2,206	4,553	277,154	4,553	277,154	5,228
CEVA	43	9	2002	259	29	485	43	2,412	16,531	2,412	16,531	746
CRUS	92	54	1989	223	63	535	481	6,657	596	6,657	975	1,434
DIOD	110	44	1973	404	328	746	416	6,111	5,474	37,373	36,503	29,578
FORM	46	35	2003	382	308	1,252	804	1,252	175	1,252	175	175
INTC	52	2,260	1980	105	42	254	112	467	64	20,138	13,453	27,005
LSCC	77	88	1989	1,576	947	2,468	1,197	7,626	275	7,626	4,205	8,098
MCHP	87	468	1993	220	171	508	375	1,063	574	28,723	45,721	45,721
MPWR	493	202	2004	596	502	3,776	3,174	9,729	5,711	9,729	5,711	5,711
MRVL	88	684	2000	556	531	1,182	532	3,077	875	4,196	638	638
MU	93	1,090	1984	343	325	1,760	1,381	5,591	200	7,160	6,506	6,650
MXL	75	51	2010	848	246	1,812	1,487	1,812	303	1,812	303	303
NVDA	294	6,736	1999	1,298	1,002	11,611	8,376	81,305	7,806	98,065	71,634	71,634
NXPI	228	599	2010	270	132	1,392	1,382	2,137	1,965	2,137	1,965	1,965
ON	68	285	2000	726	432	1,099	780	7,568	3,181	7,568	325	325

美股代碼（＊為ADR）	股價（美元）	市值（億美元）	IPO年度	回報（%）									
				5年最大	5年	10年最大	10年	20年最大	20年	30年最大	30年	IPO至今	
POWI	93	51	1997	337	174	704	460	0	713	5,072	5,032	5,032	
QCOM	183	2,113	1991	283	180	341	234	1,493	624	46,066	23,649	50,697	
RMBS	29	31	1997	309	113	653	289	1,305	268	1,758	273	273	
SIMO＊	95	32	2005	216	124	808	364	4,865	1,056	4,865	1,056	1,056	
SITM	293	46	2019	1,918	1,469	1,918	1,469	1,918	1,469	1,918	1,469	1,469	
SLAB	206·	75	2000	224	218	545	375	1,132	512	1,901	199	199	
SMTC	89	52	1980	241	182	539	258	943	149	57,394	38,565	8,883	
STM＊	49	397	1994	383	331	1,038	724	1,275	54	1,923	2,072	2,072	
SWKS	155	257	1982	229	108	1,090	856	6,785	612	29,700	18,592	3,951	
SYNA	290	96	2002	1,007	440	1,189	860	11,951	3,197	11,951	3,197	3,197	
TSM＊	120	177,104	1997	378	203	1,007	575	3,727	798	14,959	6,082	3,214	
TXN	189	1,727	1972	176	22	662	207	1,421	219	10,118	4,550	23,757	
VSH	22	32	1980	69	216	220	469	1,214	191	1,043	789	5,107	
WOLF	112	126	1993	554	-40	572	-28	1,290	-46	19,604	458	8,058	
科技》半導體設備與原料													
ACMR	85	17	2017	2,847	1,309	2,847	1,309	2,847	1,309	2,847	1,309	1,309	
AMAT	157	1,484	1980	461	388	1,526	1,369	1,899	685	31,192	28,511	224,700	
AMBA	203	57	2012	581	275	3,514	3,248	3,514	3,248	3,514	3,248	3,248	
ASMIY＊	446	178	1982	1,191	1,106	1,588	1,436	7,774	2,188	79,915	16,133	6,277	
ASML＊	796	2,627	1995	709	610	1,574	1,366	12,049	3,095	32,357	11,273	54,059	
ATEYY＊	96	21,531	2001	549	478	13,99	914	1,399	229	1,399	3,375	332	
ATOM	20	4	2016	1,758	198	1,758	368	1,758	368	1,758	368	149	
CAMT	46	19	2000	1,386	1,299	3,493	2,531	19,160	1,179	19,160	205	667	
COHU	38	18	1980	416	174	503	236	614	93	4,737	2,342	11,442	
DQ＊	40	31	2010	3,292	945	16,674	2,314	16,674	298	16,674	298	298	
ENTG	139	181	2000	755	674	1,969	1,487	29,660	1,164	29,660	1,138	1,138	
IPGP	172	86	2006	177	74	645	408	3,756	572	3,756	572	572	
JKS＊	46	23	2010	1,106	202	4,256	819	4,256	328	4,256	328	328	

美股代碼（＊為ADR）	股價（美元）	市值（億美元）	IPO年度	回報（%）								
				5年最大	5年	10年最大	10年	20年最大	20年	30年最大	30年	IPO至今
KLAC	430	675	1980	461	447	901	791	2,798	768	24,629	15,372	67,105
KLIC	61	38	1973	356	280	793	554	6,396	253	7,535	3,190	18,819
LRCX	719	1,028	1984	579	580	2,222	1,843	10,715	2,997	29,931	25,769	36,779
NVMI	147	126	2000	1,007	1,013	1,985	1,888	37,267	3,347	37,267	692	692
OLED	165	77	1996	357	193	1,056	350	5,158	1,714	7,909	3,625	3,625
ONTO	101	52	1999	391	304	744	450	11,932	422	11,932	623	623
PLAB	19	12	1987	159	67	319	210	22	-40	1,705	356	512
TER	164	268	1973	564	544	1,192	1,100	5,575	443	6,562	4,019	14,372
TOELY＊	144	102,989	2009	520	505	1,327	1,043	6,362	1,979	6,362	1,979	1,979
TRT	13	0.3	1992	421	1,714	886	2,420	1,436	2,021	1,436	827	646
UCTT	57	27	2004	812	320	1,378	567	6,816	409	6,816	409	665
VECO	29	16	1994	38	776	103	1,128	1,404	609	1,259	588	159
科技》資訊科技服務												
ACN	415	2,326	2001	267	254	703	679	3,305	1,440	4,054	3,631	3,631
ASGN	123	62	1992	317	179	1,084	1,004	9,354	437	9,354	-96	6,261
BR	183	187	2007	181	176	812	711	1,798	2,367	1,798	2,367	1,125
CACI	269	65	1980	157	117	593	381	951	582	15,272	13,361	59,724
CDW	205	260	2013	306	293	1,029	10,735	1,029	10,735	1,029	10,735	1,015
CSVI	53	15	1999	218	168	358	273	5,433	2,080	6,152	3,594	3,594
CTSH	89	458	1998	115	58	224	176	6,392	5,088	47,053	44,260	44,260
EPAM	669	308	2012	1,027	939	5,254	4,706	5,254	4,706	5,254	4,706	4,706
EXLS	145	43	2006	239	187	571	547	2,547	668	2,547	668	668
FIS	109	719	2001	105	44	496	310	1,463	473	1,463	939	939
FISV	104	720	1986	140	95	770	607	2,140	881	12,186	8,270	36,968
FORTY＊	124	55	1997	286	212	828	739	3,404	665	3,404	788	788
GIB	89	187	1998	102	84	421	369	2,743	1,072	2,769	1,375	1,375
GLOB	314	104	2014	1,045	842	3,222	2,692	3,222	2,692	3,222	2,692	2,692
IBM	134	1,204	1962	10	-15	20	-24	292	16	2,005	531	8,050

美股代碼（*為ADR）	股價（美元）	市值（億美元）	IPO年度	回報（%）								
				5年最大	5年	10年最大	10年	20年最大	20年	30年最大	30年	IPO至今
INFY*	25	81,284	1999	274	241	433	294	1,917	1,205	3,933	4,863	4,863
ISDR	30	1	2008	273	227	1,693	1,209	46,000	348	46,000	348	348
IT	334	235	1993	0	231	880	862	5,460	2,760	10,893	11,044	11,044
JKHY	167	125	1985	124	88	513	397	2,296	665	34,233	26,406	75,805
MGIC	21	10	1991	287	214	535	305	3,204	962	4,943	711	1,689
NCR	40	56	1996	19	-1	201	144	1,110	358	1,110	319	319
NRILY*	42	27,512	2009	396	342	742	571	1,012	1,055	1,012	1,055	1,055
NSIT	107	36	1995	227	164	642	597	5,082	333	5,578	5,177	5,177
PRFT	129	34	1999	809	639	1,382	1,192	45,003	11,143	45,003	1,226	1,226
TTEC	91	40	1996	372	457	673	948	3,212	1,085	3,212	11,858	457
WNS*	88	45	2006	235	306	954	1,145	2,618	8,058	2,618	8,058	260
科技》電子元件												
AMOT	37	6	1980	242	156	1,094	870	5,532	1,801	8,035	1,466	5,346
APH	88	488	1991	164	160	667	671	4,983	2,815	54,863	31,136	33,538
BELFA	15	2	1983	54	-41	144	-29	170	-37	1,330	206	477
BHE	27	10	1990	0	-11	191	101	672	382	1,424	915	1,457
CLS	11	14	1998	24	-6	116	52	10	-72	1,491	58	20
CTS	37	12	1980	114	64	387	299	1,703	131	2,943	1,037	3,891
FLEX	18	86	1994	238	28	258	224	9	-24	3,949	930	930
FN	119	44	2010	407	194	1,205	766	1,205	1,002	1,205	1,002	1,002
IEHC	12	0.3	1995	293	103	1,086	223	29,838	9,131	39,817	5,117	5,117
JBL	70	101	1993	287	197	356	258	2,163	210	29,696	14,868	14,868
LFUS	315	74	1992	213	107	656	632	3,632	5,252	5,658	5,252	5,252
MEI	49	18	1982	134	19	609	493	1,737	515	4,484	4,251	491,600
MRAAY*	20	61,499	2009	160	79	563	375	3,269	2,491	3,269	2,491	2,491
NSYS	10	0.3	1993	989	166	1,009	230	1,125	72	1,860	159	159
OSIS	93	16	1997	114	22	147	91	1,014	411	4,110	501	501
PLXS	96	26	1986	167	77	384	250	1,209	261	4,723	2,925	5,508

美股代碼（*為ADR）	股價（美元）	市值（億美元）	IPO年度	回報（%）								
				5年最大	5年	10年最大	10年	20年最大	20年	30年最大	30年	IPO至今
ROG	273	51	1980	255	255	712	641	1,756	801	9,013	6,674	5,733
SANM	42	26	1993	130	13	546	345	0	-65	9,119	929	929
SGMA	10	0.4	1994	576	118	576	213	1,731	159	5,103	33	33
TEL	161	525	2007	213	133	444	424	2,132	467	2,132	467	467
VICR	127	48	1990	1,051	-25	3,316	41	4,110	-31	4,110	-48	5,918
科技》通訊設備												
AVNW	32	4	1987	1,035	364	1,259	192	15	-83	1,942	-3	-39
BDC	66	29	1993	0	-12	0	98	1,033	140	1,546	4,698	1,150
CIEN	77	111	1997	297	215	575	536	7	-23	3,551	833	-36
CLFD	84	9	1986	859	308	2,029	1,009	11,115	2,614	11,115	1,677	4,895
CMBM	26	6	2019	1,560	1,340	1,560	1,340	1,560	1,340	1,560	1,340	164
CMTL	24	6	1980	255	100	0	-17	1,984	330	8,962	1,842	435
CSCO	63	2,588	1990	113	110	323	250	644	250	17,346	13,676	158,325
ERIC*	11	3,429	1981	156	86	196	7	8	-58	4,434	261	2,118
JNPR	36	113	1999	107	26	151	75	904	88	1,375	159	159
MSI	272	425	1962	253	228	507	487	2,099	405	2,099	1,295	53,175
POLY	29	13	1994	99	-46	0	-18	949	14	3,269	1,265	1,265
SILC	52	3	1994	116	26	470	194	27,325	5,971	27,325	1,052	1,052
UI	307	189	2011	741	613	4,848	2,162	4,848	1,283	4,848	1,283	1,632
VIAV	18	40	1993	115	1,452	279	2,038	10	222	66,547	5,918	1,406
VSAT	45	34	1996	67	-8	178	32	2,216	291	2,593	19,558	890
ZBRA	595	282	1991	644	22	1,809	191	3,636	323	18,636	2,703	14,780
科技》科學技術儀器												
CGNX	78	125	1989	197	144	1,157	769	3,833	1,115	14,586	4,949	28,700
COHR	267	64	1980	136	94	710	410	2,119	762	8,197	3,920	5,465
CYBE	47	3	1987	319	78	882	496	2,687	251	2,009	1,031	3,711
ESE	90	23	1990	121	59	292	213	752	422	3,530	2,339	6,374
FARO	70	11	1997	200	95	345	52	6,814	3,026	7,019	303	303

美股代碼（*為ADR）	股價（美元）	市值（億美元）	IPO年度	回報（%）								
				5年最大	5年	10年最大	10年	20年最大	20年	30年最大	30年	IPO至今
GRMN	136	255	2000	277	181	453	242	1,882	1,177	2,378	2,220	2,220
IIVI	68	75	1987	371	130	809	272	3,406	1,485	90,427	35,863	16,983
ITRI	69	29	1993	183	9	325	92	847	126	3,535	349	349
KYCCF	635	151,275	2008	304	270	1,207	10,751	2,071	1,883	2,071	1,883	1,883
MKSI	174	100	1999	245	193	768	526	2,135	544	2,135	1,440	1,440
MLAB	328	15	1984	185	167	706	692	5,988	5,359	16,521	8,649	13,861
NOVT	176	55	1999	769	740	2,409	1,624	13,062	594	13,062	1,105	1,105
TDY	437	196	1999	283	255	739	697	4,132	2,582	5,736	4,061	4,061
TRMB	87	191	1990	349	0	494	39	7,043	1,019	8,371	982	5,418
科技》電腦硬體												
ALOT	14	1	1981	120	-5	247	77	1,125	413	1,125	16	2,311
ANET	144	399	2014	566	494	1,008	942	1,008	942	1,008	942	942
DDD	22	26	1988	1,090	62	842	124	7,317	353	19,184	911	248
INVE	28	5	1997	0	785	1,716	26	11	-81	1,095	-89	-89
LOGI	83	133	1997	457	233	2,119	960	2,440	1,729	12,985	8,066	8,066
NTAP	92	213	1995	168	161	345	154	1,577	321	11,512	7,143	7,143
SMCI	44	23	2007	303	57	495	180	1,120	402	1,120	402	402
SSYS	25	16	1994	350	48	349	-19	9,861	1,013	19,120	1,268	1,268
STX	113	243	2002	272	196	600	589	3,598	1,865	3,598	1,865	1,865
TACT	11	1	1996	470	65	470	50	1,060	197	1,826	151	151
科技》消費性電子												
AAPL	178	28,270	1980	522	513	1,193	1,128	78,304	45,431	150,175	35,414	177,470
APELY*	19	2,579	2010	44	-56	579	65	2,327	1,066	2,327	1,066	33
HEAR	22	3	2010	2,116	325	464	59	2,014	209	2,014	209	209
KOSS	11	1	1980	7,705	368	7,705	114	7,705	50	12,700	1,595	2,867
KYOCY*	63	26,992	1980	44	26	86	57	214	88	1,132	295	2,483
UEIC	41	5	1993	25	43	587	445	926	435	3,972	4,618	409
VOXX	10	3	1987	1,385	938	1,385	477	1,385	554	4,559	2,687	-35

美股代碼（*為ADR）	股價（美元）	市值（億美元）	IPO年度	回報（%）									
				5年最大	5年	10年最大	10年	20年最大	20年	30年最大	30年	IPO至今
科技》太陽能													
BEEM	19	1	2010	1,782	158	29,394	61	29,394	-11	29,394	-11	6
CSIQ	31	17	2006	475	157	3,060	1,076	3,060	100	3,060	100	100
ENPH	183	193	2012	38,149	18,013	38,149	2,392	38,149	2,392	38,149	2,392	2,392
FSLR	87	88	2006	360	172	929	158	1,165	252	1,165	252	252
RUN	34	66	2015	1,949	546	1,984	291	1,984	291	1,984	291	291
科技》電子產品和電腦分銷													
ARW	134	94	1980	231	88	339	259	1,389	349	1,762	1,604	2,703
EACO	21	1	1986	280	213	1,112	1,035	700	-16	1,450	12	-95
SCSC	35	9	1994	23	-13	72	-3	410	195	2,508	1,940	1,940
科技》電子設備													
SLNH	11	2	1982	3,763	642	11,764	2,052	11,764	293	23,269	515	105
非必需消費品》餐飲													
BBQ	16	2	1996	1,057	220	335	54	1,620	117	1,866	1,660	81
BDL	31	1	1973	460	27	542	358	1,331	457	6,421	3,411	385
BH	143	4	2007	1	-55	72	-32	864	975	1,464	975	2,469
BJRI	35	8	1996	169	-12	196	-24	1,436	566	7,470	188	492
CAKE	39	20	1992	15	-35	133	33	1,161	69	2,322	6,017	1,209
CBRL	129	30	1981	29	-23	262	155	1,475	337	2,191	529	37,735
CMG	1,748	422	2006	674	363	723	418	4,925	35,946	4,925	35,946	3,873
DENN	16	10	1997	113	25	518	326	8,981	2,253	8,981	78	78
DIN	76	12	1991	177	-2	177	80	1,990	159	1,990	946	2,453
DPZ	564	172	2004	255	254	1,856	1,562	19,773	8,829	19,773	8,829	8,829
DRI	151	183	1995	368	107	368	269	1,219	613	3,798	4,180	4,180
EAT	37	17	1984	921	-26	921	37	1,849	84	1,849	394	5,529
FATBB	14	2	2021	1,090	-14	1,090	-14	1,090	-14	1,090	-14	-14
JACK	88	18	1992	560	-22	560	319	1,533	535	7,157	1,185	1,185
KRUS	81	5	2019	1,413	312	1,413	312	1,413	312	1,413	312	312

美股代碼（＊為ADR）	股價（美元）	市值（億美元）	IPO年度	回報（%）								
				5年最大	5年	10年最大	10年	20年最大	20年	30年最大	30年	IPO至今
MCD	268	1,926	1966	125	120	219	167	2,069	913	5,368	5,544	223,292
MHGU	22	1	1999	130	93	1,736	1,278	4,073	431	4,073	796	796
MTYFF	49	14	1999	392	41	392	223	43,400	19,540	43,400	30,588	30,588
NATH	58	2	1993	82	-10	391	178	3,194	1,564	3,812	872	872
PZZA	134	43	1993	294	56	666	608	2,339	1,843	7,117	6,710	6,710
RICK	78	8	1995	1,006	355	1,006	821	7,106	2,445	12,597	790	790
RUTH	20	7	2005	99	9	533	300	4,704	6	4,704	6	6
SBUX	117	1,175	1992	160	111	484	408	3,411	2,357	36,976	40,234	40,234
STKS	13	4	2013	1,754	468	1,754	131	1,754	131	1,754	131	131
TXRH	89	61	2004	253	60	621	418	2,308	4,665	2,308	4,665	881
WEN	24	51	1980	286	938	597	2,519	917	1,900	3,108	14,835	5,085
YUM	139	372	1997	145	-28	229	7	1,710	414	3,147	302	3,768
非必需消費品》汽車零件												
ALV	103	95	1997	66	27	208	168	1,196	607	1,196	591	591
BWA	45	119	1993	0	14	123	41	1,267	590	2,377	253	1,930
CTTAY*	11	193	1999	57	-38	351	94	2,626	825	3,547	146	146
DAN	23	37	2008	99	20	246	88	17,340	89	17,340	89	89
DNZOY*	41	77,865	1999	198	91	206	202	4,951	4,941	4,951	2,985	2,985
DORM	113	34	1991	161	55	565	512	7,203	6,395	32,187	7,588	5,725
LEAT	33	2	2005	2,238	301	169,400	3,150	169,400	4	169,400	4	4
LIMAF	59	52	2008	316	44	282	386	3,145	928	3,145	928	928
LKQ	60	165	2003	329	96	329	299	3,428	3,093	3,428	3,093	3,093
MGA	81	268	1984	328	86	514	386	1,975	468	2,449	1,874	7,394
MNRO	58	19	1991	124	2	187	50	2,117	1,339	5,155	2,348	1,624
MPAA	17	3	1994	24	-37	896	128	2,369	442	44,622	101	101
MTOR	25	19	2000	172	100	737	366	9,326	26	9,326	87	87
QS	22	87	2020	1,245	125	1,245	125	1,245	125	1,245	125	125
SMP	52	11	1980	37	-2	358	161	3,875	277	3,875	430	5,192

美股代碼（*為ADR）	股價（美元）	市值（億美元）	IPO年度	回報（%）								
				5年最大	5年	10年最大	10年	20年最大	20年	30年最大	30年	IPO至今
SRI	20	6	1997	167	12	710	134	2,363	117	2,363	-2	-2
STRT	37	2	1995	445	-8	470	86	1,533	5	1,533	247	247
TEN	11	11	1980	7	-82	178	-62	9,716	454	9,716	-28	2,725
THRM	87	33	1993	215	157	771	509	8,913	8,021	14,063	111	111
VLEEY*	15	66	1999	41	-18	549	255	2,172	279	2,172	13,659	11
XPEL	68	18	2006	7,524	5,431	168,900	85,933	1,013,900	2,561	1,013,900	2,561	3,652
非必需消費品》專業零售												
AAP	240	149	2001	222	42	269	245	1,831	1,347	1,831	1,709	1,709
ANCTF	42	546	2008	104	80	745	743	2,314	2,082	2,314	2,082	2,082
AZO	2,096	420	1991	327	165	558	545	3,490	2,820	16,236	12,393	28,578
BBBY	15	15	1992	1,386	-64	47	-75	369	-57	9,045	180	1,520
BBWI	70	148	1982	958	31	158	114	1,501	486	1,501	547	10,637
BBY	102	246	1985	227	138	1,122	335	1,122	360	25,938	16,556	92,264
BGFV	19	4	2002	6,139	10	6,139	82	6,139	31	6,139	31	201
CONN	24	7	2003	413	86	604	112	2,376	303	2,376	303	56
DKS	115	97	2002	764	117	764	212	4,313	4,128	4,313	4,128	4,128
FLWS	23	16	1999	375	118	1,618	962	4,166	50	4,166	37	37
GME	148	89	2002	12,311	487	12,311	515	12,311	2,105	12,311	2,105	2,105
KIRK	15	2	2002	5,148	-4	5,148	12	5,600	1	5,600	1	1
KSPN	10	0.3	1986	0	-84	147	-79	569	-93	4,974	-92	-81
LIVE	32	0.4	1997	1,584	31	1,584	295	11,500	11	11,500	-92	-92
ORLY	706	457	1993	310	154	806	783	6,052	3,772	30,959	30,081	30,081
RH	536	96	2012	2,845	1,646	2,845	1,509	2,845	1,509	2,845	1,509	1,509
SBH	19	21	2006	2	-30	0	-13	1,192	135	1,192	135	135
TSCO	239	253	1994	374	1,294	583	2,912	44,611	49,514	215,327	22,055	19,142
ULTA	412	204	2007	222	-17	546	224	9,547	4,921	9,547	4,921	1,283
WINA	248	8	1993	147	25	466	175	2,958	1,341	9,349	853	2,037
WSM	169	109	1983	623	547	623	713	4,596	2,816	22,287	16,722	23,721

美股代碼（＊為ADR）	股價（美元）	市值（億美元）	IPO年度	回報（%）								
				5年最大	5年	10年最大	10年	20年最大	20年	30年最大	30年	IPO至今
非必需消費品》服飾零售												
AEO	25	40	1994	463	67	463	66	1,004	190	13,425	4,865	4,865
ANF	35	20	1996	500	190	87	-29	443	31	1,239	356	356
BKE	42	18	1992	329	86	55	4	722	327	3,539	7,455	8,902
BOOT	123	32	2014	2,086	883	2,264	11,189	2,264	11,189	2,264	11,189	605
BURL	292	154	2013	339	244	1,354	364,288	1,354	364,288	1,354	364,288	1,066
CATO	17	4	1987	3	-43	99	-29	372	36	1,596	166	853
CTRN	95	5	2005	1,423	403	1,423	979	1,423	553	1,423	553	553
DBI	14	10	2005	117	-37	125	-36	1,314	59	1,314	59	59
FL	44	45	1962	14	-39	230	83	1,343	179	2,125	65	4,493
FRCOY	57	69,054	2008	269	58	473	210	1,040	427	1,040	427	427
GCO	64	9	1973	731	3	76	4	790	209	5,930	991	437
GES	24	15	1996	685	96	28	-21	3,212	531	3,212	394	394
GPS	18	68	1980	561	-21	160	-5	427	27	1,282	123	88,150
HIBB	72	9	1996	1,156	93	1,156	59	1,825	1,101	3,856	1,793	1,793
LULU	392	427	2007	898	502	1,183	739	21,140	2,511	21,140	2,511	2,511
PLCE	79	11	1997	68	-21	267	49	1,999	192	3,493	455	455
ROST	114	363	1985	151	74	462	381	3,216	2,750	44,220	22,308	27,110
SCVL	39	10	1993	544	190	544	356	2,005	746	4,526	1,243	1,243
TJX	76	849	1987	127	102	376	370	1,805	1,424	20,958	14,225	19,367
URBN	29	28	1993	198	1,067	198	1,106	2,188	10,903	5,502	2,044	1,832
非必需消費品》住宅施工												
BZH	23	7	1994	447	75	447	87	370	-81	2,112	300	-18
CVCO	318	26	2003	245	218	736	693	4,234	4,135	4,234	4,135	4,135
DHI	109	351	1992	298	297	746	760	2,427	1,404	9,960	9,330	9,330
HOV	127	7	1983	2,551	87	352	251	651	-52	2,902	-3	249
KBH	45	43	1986	361	183	681	566	348	123	1,435	397	1,741
LEN	116	328	1980	298	175	498	501	3,166	405	5,575	5,431	36,200

美股代碼（*為ADR）	股價（美元）	市值（億美元）	IPO年度	回報（%）									
				5年最大	5年	10年最大	10年	20年最大	20年	30年最大	30年	IPO至今
LEN.B	96	328	2003	337	183	517	526	3,859	279	3,859	279	279
LGIH	155	34	2013	569	438	1,348	1,098	1,348	1,098	1,348	1,098	1,098
MDC	56	44	1980	302	174	363	319	409	238	9,423	7,445	34,794
MHO	62	17	1993	659	147	667	548	1,348	150	2,123	844	844
MTH	122	43	1988	345	251	412	426	1,771	851	19,807	2,186	3,235
NVR	5,909	199	1985	261	254	788	761	2,973	2,797	116,066	22,410	25,369
PHM	57	145	1980	251	211	856	806	0	412	2,787	1,844	43,869
SKY	79	39	1973	1,495	412	3,256	1,716	3,256	145	3,256	405	1,221
TOL	72	80	1986	441	134	441	255	740	559	1,858	1,186	7,520
非必需消費品》度假村和賭場												
BVH	35	7	1997	100	88	2,899	2,519	545	335	1,451	40	175
BYD	66	68	1993	780	225	1,349	779	2,184	909	2,464	414	204
CNTY	12	3	1993	1,365	48	1,365	381	1,806	444	2,411	103	248
CZR	94	177	1992	1,583	452	6,123	4,902	15,832	485	31,345	2,096	2,096
FLL	12	3	1993	2,230	405	2,230	384	5,046	4,744	5,046	331	331
GDEN	51	13	1999	1,313	317	1,384	1,266	2,003	715	2,003	452	452
MCRI	74	13	1993	431	187	940	626	1,933	1,749	7,441	1,937	1,937
MGM	45	209	1988	605	56	605	330	715	211	3,608	1,480	1,640
MLCO*	10	53	2006	107	-36	382	6	1,838	-37	1,838	-37	-37
MTN	328	123	1997	183	103	876	674	3,286	1,749	3,286	1,724	1,724
PENN	52	75	1994	2,919	276	2,919	502	9,511	2,932	113,625	27,189	27,189
RRR	55	56	2016	1,431	137	1,431	235	1,431	235	1,431	235	235
VAC	169	72	2011	411	-83	980	-18	1,083	1,360	1,083	1,360	970
WYNN	85	106	2002	130	-22	167	-39	2,136	5,787	2,136	5,787	1,070
非必需消費品》家具、固定裝置和電器												
AMWD	65	11	1986	100	-13	966	377	1,184	143	13,630	4,079	1,114
FLXS	27	2	1980	0	-56	349	94	1,480	139	47,915	111	3,136
HOFT	23	3	1995	73	-39	403	103	1,019	403	1,343	16	16

美股代碼（*為ADR）	股價（美元）	市值（億美元）	IPO年度	回報（%）								
				5年最大	5年	10年最大	10年	20年最大	20年	30年最大	30年	IPO至今
IRBT	66	18	2005	375	13	877	121	2,170	147	2,170	147	147
KEQU	13	0.4	1980	67	-48	0	56	466	50	1,739	81	1,076
LEG	41	55	1980	158	-16	197	79	468	79	1,112	770	24,112
LOVE	66	8	2018	2,107	211	2,107	211	2,107	211	2,107	211	211
LZB	36	16	1973	174	17	306	205	7,482	66	7,482	356	2,590
MHK	182	116	1992	41	-9	380	204	1,565	232	5,474	2,587	2,587
MLKN	39	28	1980	235	15	235	112	530	66	1,274	789	9,014
SNBR	77	16	1998	845	239	845	253	77,253	5,659	77,253	471	471
TILE	16	9	1983	52	-14	144	38	1,675	184	1,675	169	441
TPX	47	81	2003	724	176	843	258	4,960	1,188	4,960	1,188	1,188
WHR	235	136	1973	294	-90	421	-60	1,205	-74	1,205	-51	4,361
非必需消費品》網路零售												
AMZN	3,334	16,446	1997	395	345	2,021	1,826	40,770	30,716	266,429	222,189	222,189
ASOMY*	32	24	2010	74	-47	395	23	1,085	71	1,085	71	222
BZUN*	14	74	2015	487	15	1,330	-51	1,330	-51	1,330	-51	33
CVNA	232	270	2017	4,144	1,988	4,144	1,988	4,144	1,988	4,144	1,988	1,988
EBAY	67	397	1998	208	124	535	421	1,766	845	15,702	8,767	8,767
ETSY	219	207	2015	3,006	1,759	4,568	694	4,568	694	4,568	694	694
JMIA*	11	9	2019	2,712	-55	2,712	-55	2,712	-55	2,712	-55	-55
LQDT	22	7	2006	820	126	89	-40	1,306	80	1,306	80	80
MELI	1,348	567	2007	1,132	764	2,929	1,595	23,865	4,631	23,865	4,631	4,631
OSTK	59	21	2002	4,516	237	4,516	662	4,516	353	4,516	353	353
PDD*	58	757	2018	1,083	118	1,083	118	1,083	118	1,083	118	118
PRTS	11	5	2007	2,303	218	2,303	156	2,303	-6	2,303	-6	-6
UPWK	34	36	2018	1,024	1,832	1,024	1,832	1,024	1,832	1,024	1,832	61
非必需消費品》服飾生產												
COLM	97	60	1998	118	67	413	319	800	485	3,350	3,482	1,568
DLA	30	2	2000	317	43	317	56	1,556	469	1,556	1,258	1,258

美股代碼(*為ADR)	股價(美元)	市值(億美元)	IPO年度	回報(%)								
				5年最大	5年	10年最大	10年	20年最大	20年	30年最大	30年	IPO至今
GIII	28	13	1989	159	-6	574	122	4,573	1,198	17,257	1,192	503
GIL	42	79	1998	325	67	351	351	2,363	2,268	11,242	11,675	11,675
HBI	17	59	2006	35	-22	523	206	2,285	267	2,285	267	267
LAKE	22	2	1986	347	109	1,177	134	1,177	176	7,066	2,914	293
OXM	102	16	1980	245	69	245	125	3,176	760	3,176	1,169	23,509
PVH	107	73	1980	97	18	153	51	1,512	878	2,957	537	12,019
RL	119	85	1997	116	32	39	-14	1,044	344	1,331	351	351
SGC	22	3	1973	69	12	443	257	1,008	384	1,008	238	8,338
UAA	21	82	2005	3	51	477	372	3,282	2	3,282	2	548
VFC	73	284	1980	0	-61	209	-35	1,150	113	1,950	320	66,464
非必需消費品》汽車和卡車經銷商												
ABG	173	39	2002	445	180	968	701	11,383	1,130	11,383	1,130	1,130
AN	117	72	1981	481	140	481	217	3,013	848	9,679	1,828	4,073
CRMT	102	6	1987	463	134	712	161	4,872	2,768	69,708	20,380	6,032
CWH	40	32	2016	1,151	24	1,151	114	1,151	114	1,151	114	114
GPI	195	33	1997	553	150	553	277	3,643	585	3,643	1,689	1,689
KMX	130	183	1997	250	102	514	327	2,386	1,045	21,407	1,186	1,186
LAD	297	93	1996	553	207	1,856	1,258	26,617	1,335	26,617	3,444	3,444
LAZY	22	2	2018	1,385	99	1,385	99	1,385	99	1,385	99	99
PAG	107	82	1996	433	107	511	457	2,247	731	3,804	783	783
RMBL	42	6	2016	215	-40	4,267	747	4,267	747	4,267	747	747
RUSHA	56	31	2002	205	162	507	299	0	2,117	3,791	2,117	2,117
非必需消費品》休閒車												
FOXF	170	63	2013	638	513	1,290	814	1,290	814	1,290	814	814
HOG	38	59	1986	12	-35	88	-3	110	-31	2,655	1,246	14,396
LCII	156	37	1985	183	45	554	535	2,862	2,797	23,293	20,683	9,178
MPX	13	4	2001	136	-10	375	152	1,085	531	2,114	1,016	1,016
ONEW	61	8	2020	1,378	336	1,378	336	1,378	336	1,378	336	336

美股代碼（＊為ADR）	股價（美元）	市值（億美元）	IPO年度	回報（%）								
				5年最大	5年	10年最大	10年	20年最大	20年	30年最大	30年	IPO至今
PATK	81	18	1980	404	59	5,006	4,334	88,555	2,453	88,555	10,804	32,176
PII	110	72	1987	276	33	190	96	2,070	661	5,129	3,345	33,206
THO	104	56	1984	76	4	484	278	1,563	1,021	7,597	4,101	19,479
WGO	75	25	1973	339	641	1,066	3,080	2,610	1,170	4,736	11,996	1,194
非必需消費品》鞋類及配飾												
ADDDF	290	484	2010	167	83	522	421	1,361	480	1,361	480	480
ADDYY*	144	484	2006	161	83	511	342	1,428	607	1,428	607	607
CAL	23	9	1980	78	-31	388	155	1,800	214	1,800	101	1,962
CROX	128	72	2006	2,940	1,769	2,940	768	19,110	7,578	19,110	7,578	850
DECK	366	89	1993	878	561	1,437	385	46,702	25,696	95,539	4,897	4,897
NKE	167	2,343	1980	249	228	709	592	3,508	2,271	12,952	7,275	151,418
RCKY	40	3	1993	539	245	619	341	2,541	590	2,541	314	314
SKX	43	68	1999	165	77	1,328	974	2,999	791	4,858	1,007	1,007
WEYS	24	2	1980	62	53	78	95	367	468	1,377	1,560	5,885
非必需消費品》休閒												
BC	101	76	1981	334	85	527	458	5,667	363	5,667	626	9,493
CLAR	28	9	1998	497	419	684	272	806	346	4,841	5,675	252
ELY	27	48	1992	598	150	606	396	688	43	1,569	924	924
ESCA	16	2	1980	436	20	479	257	7,618	88	7,618	1,979	22,457
FUN	50	26	1987	16	-22	231	133	1,105	102	1,105	438	9,345
HAS	102	138	1980	62	31	295	219	1,153	527	1,281	748	203,460
JOUT	94	9	1987	386	136	904	510	3,193	1,078	3,193	294	511
POOL	566	198	1995	494	442	1,818	1,780	5,316	4,539	65,565	79,618	79,618
非必需消費品》奢侈品												
CFRUY*	15	11,763	2009	215	128	222	198	1,467	991	1,467	991	468
FOSL	10	5	1993	449	-60	77	-87	1,459	10	10,457	551	551
HESAF	1,780	1,407	1996	384	356	646	554	2,065	1,377	2,065	655	655
LVMHF	825	3,428	2008	349	335	505	486	1,632	1,107	1,632	1,107	1,107

美股代碼（*為ADR）	股價（美元）	市值（億美元）	IPO年度	回報（%）								
				5年最大	5年	10年最大	10年	20年最大	20年	30年最大	30年	IPO至今
LVMUY*	166	3,428	2006	351	336	508	489	1,727	1,263	1,727	1,263	1,263
MOV	42	9	1993	151	45	191	130	1,029	336	1,651	1,467	1,467
SIG	87	47	1988	1,780	-8	266	98	0	362	5,938	704	56
TPR	41	106	2000	56	16	32	-33	1,645	734	3,681	2,391	2,391
非必需消費品》包裝和容器												
ATR	123	80	1993	120	67	244	135	1,154	599	3,715	1,416	3,556
BLL	96	293	1973	178	157	440	439	2,300	2,078	6,606	3,945	73,954
CCK	111	145	1980	187	110	247	229	3,563	4,255	12,241	270	4,668
IP	47	192	1962	31	-6	134	68	1,492	23	1,492	40	5,063
OI	12	22	1991	43	-31	110	-38	651	20	2,240	0	17
PKG	136	130	2000	104	61	521	439	0	650	1,523	1,985	1,985
SLGN	43	47	1997	97	67	129	122	1,821	1,210	6,036	1,847	1,847
非必需消費品》博弈												
CHDN	241	81	1993	444	380	1,445	1,286	3,378	1,855	4,796	240,800	2,953
CPHC	17	1	1994	126	72	126	30	227	143	1,440	3,919	626
EVRI	21	19	2005	1,472	884	2,175	380	2,175	43	2,175	43	43
EVVTY*	143	2,676	2016	3,478	2,660	3,835	2,386	3,835	2,386	3,835	2,386	2,386
IGT	29	57	1990	751	13	751	68	296	69	1,724	904	11,019
PBKOF	31	10	2013	776	425	2,214	1,512	2,214	1,512	2,214	1,512	1,512
SGMS	67	59	1984	2,078	377	2,078	589	2,078	664	8,808	4,355	2,403
非必需消費品》汽車製造商												
BYDDF	34	8,659	2008	838	548	2,373	1,504	2,922	58	2,922	58	1,778
BYDDY*	68	8,659	2008	832	548	2,405	1,496	2,974	3,629	2,974	3,629	1,780
NIO*	32	492	2018	4,661	380	4,661	380	4,661	380	4,661	380	380
TSLA	1057	10,541	2010	3,336	181	26,872	2,007	38,821	3,214	38,821	3,214	22,055
TTM*	32	18,798	2004	13	189	184	493	1,538	14,518	1,538	14,518	321
VWAGY*	29	1,207	2003	296	-29	296	-24	3,406	88	3,406	88	954
非必需消費品》家居裝飾零售												
CLWY	18	1	1991	455	369	3,288	2,509	19,890	1,795	19,890	100	349

美股代碼（＊為ADR）	股價（美元）	市值（億美元）	IPO年度	回報（%）								
				5年最大	5年	10年最大	10年	20年最大	20年	30年最大	30年	IPO至今
HD	415	3,885	1981	212	210	888	887	2,212	714	6,848	6,141	2,074,950
HVT	31	5	1980	419	29	419	178	584	85	1,787	764	12,128
LL	17	5	2007	167	8	587	-3	1,868	75	1,868	75	75
LOW	259	1,640	1980	302	263	952	918	1,852	1,014	25,779	24,057	89,031
MRGO	14	0.4	1993	300	87	497	462	4,344	449	1,943	517	517
非必需消費品》旅遊服務												
BKNG	2,399	1,006	1999	0	64	456	413	40,024	6,771	40,024	510,374	397
CCL	20	257	1987	38	-61	144	-38	379	-28	1,046	207	970
EXPE	181	279	1999	313	60	558	523	3,212	846	4,507	635	635
RCL	77	214	1993	61	-6	501	210	2,355	375	2,355	1,224	1,224
TCOM*	25	1,205	2003	48	-38	857	110	3,963	1,131	3,963	1,131	1,131
TNL	55	49	2006	293	60	297	224	4,910	601	4,910	601	601
非必需消費品》個人服務												
CSV	64	10	1996	378	125	1,096	1,051	4,574	1,123	5,439	337	337
MED	209	24	1993	724	403	2,148	1,426	255,477	16,391	255,477	4,714	4,714
ROL	34	160	1980	188	128	631	420	5,842	4,286	9,489	2,954	34,110
SCI	71	107	1980	147	150	575	567	3,067	1,323	4,467	689	30,765
WW	16	10	2001	830	331	2,627	-10	2,627	46	2,627	364	-37
非必需消費品》百貨公司												
DDS	245	52	1980	1,723	291	1,723	446	14,654	1,431	14,654	495	56,881
JWN	23	35	1980	76	-53	76	-54	962	124	1,190	151	2,162
KSS	49	72	1992	132	0	138	0	228	-30	4,589	3,820	3,820
M	26	78	1992	139	-27	123	-19	1,182	28	1,182	413	413
非必需消費品》住宿												
CHH	156	85	1996	191	178	405	310	1,689	1,308	3,985	1,657	3,761
HTHT*	37	874	2010	416	188	2,160	952	2,160	961	2,160	961	961
INTG	51	1	1980	133	90	204	183	983	288	2,040	1,924	5,213
MAR	165	530	1993	185	100	461	466	1,347	772	2,056	4,062	4,062
非必需消費品》紡織品製造												
AIN	89	29	1987	192	91	438	283	1,727	308	1,727	485	852

美股代碼（＊為ADR）	股價（美元）	市值（億美元）	IPO年度	回報（%）								
				5年最大	5年	10年最大	10年	20年最大	20年	30年最大	30年	IPO至今
				金融服務》區域型銀行								
ABCB	50	38	1994	216	14	466	383	1,544	360	1,544	1,545	1,545
AMBZ	40	4	2001	131	37	212	174	921	482	1,172	160	160
AMFC	25	0.3	2001	133	68	488	519	2,173	323	2,173	126	126
AROW	35	6	1980	68	1	110	94	200	152	2,707	2,631	9,966
AX	56	36	2005	326	96	1,493	1,277	7,211	9,884	7,211	9,884	1,841
BANF	71	25	1990	184	52	319	276	797	713	2,399	4,904	7,570
BAP	122	137	1995	65	-23	188	12	3,528	1,295	4,458	13,168	1,828
BFC	72	5	2003	133	117	466	517	1,367	36,020	1,367	36,020	398
BHRB	2,200	4	1995	50	9	59	41	281	182	1,344	281,951	963
BKSC	21	1	1986	52	8	189	141	340	175	1,301	2,400	2,081
BMA＊	14	19	2003	93	-78	1,072	-28	1,883	10,685	1,883	10,685	34
BMRC	37	7	1994	57	7	170	98	714	551	2,435	1,234	1,762
BNCC	45	2	1995	214	71	2,388	1,518	3,454	511	3,454	239	496
BOKF	106	80	1991	209	27	209	92	377	266	3,271	2,144	1,064
BPOP	82	79	1980	248	87	536	490	110	-44	1,132	241	1,007
BSRR	27	4	1994	31	2	260	209	396	286	1,099	661	1,926
CASH	60	19	1993	370	74	1,164	975	2,890	1,850	2,890	5,528	3,494
CATY	43	36	1990	147	13	206	188	536	169	1,749	1,031	2,275
CBSH	69	91	1980	87	52	245	194	517	391	2,018	1,758	14,526
CBU	75	42	1985	70	21	223	168	531	469	2,340	2,028	7,823
CFR	126	91	1980	182	43	227	138	373	308	4,426	3,565	9,102
CHCO	82	13	1987	58	21	182	141	602	579	1,648	1,590	2,129
CIB＊	32	85	1995	55	-14	28	-47	5,084	1,925	6,614	1,279	504
CIBH	39	1	2004	0	141	26,453	1,348	1,070	648	1,070	648	374
COLB	33	29	1992	148	-27	207	70	923	176	1,107	446	1,103
CVBF	21	34	1983	26	-7	162	113	384	170	3,208	2,333	17,742
EBMT	23	2	2000	111	9	165	133	515	1	1,127	3,048	3,048

美股代碼（＊為ADR）	股價（美元）	市值（億美元）	IPO年度	回報（%）								
				5年最大	5年	10年最大	10年	20年最大	20年	30年最大	30年	IPO至今
EGBN	58	20	1998	25	-4	409	341	1,302	1,220	2,933	1,926	1,926
ESBK	23	1	1986	556	17	585	69	1,613	130	2,632	3,707	3,707
FBC	48	28	1997	226	78	882	849	332	-47	1,513	-78	-78
FBNC	46	17	1987	161	68	542	310	595	204	1,969	4,213	2,850
FBP	14	34	1987	294	108	607	295	250	-90	10,543	202	186
FCNCA	830	143	1986	221	134	480	374	1,079	749	3,169	2,918	3,196
FDBC	59	3	1995	205	145	457	327	825	392	1,071	842	842
FFDF	29	1	1996	176	204	1,022	768	791	1,387	1,188	2,465	2,465
FFIN	51	75	1993	195	125	610	508	1,736	1,589	5,891	8,100	8,100
FLIC	22	5	1987	22	-24	183	85	490	465	2,244	3,382	5,436
FMBL	8,030	10	2000	33	26	127	132	250	205	1,014	235	235
FNLC	31	4	1994	78	-5	144	104	349	326	1,661	1,410	1,410
FXNC	23	1	1999	504	79	1,997	283	1,997	314	1,997	390	390
GBCI	57	66	1984	149	56	435	371	796	601	4,583	3,576	56,505
GCBC	37	3	1999	82	60	335	332	912	1,701	1,887	2,912	2,912
GRRB	27	1	2003	123	101	918	1,049	2,771	526	2,771	526	526
GSBC	59	8	1989	44	8	210	151	809	289	4,228	3,850	19,013
HAFC	24	8	1994	2	-32	364	220	246	-55	3,204	212	212
HBNC	21	10	1994	33	12	329	306	960	1,091	1,713	206	206
HIFS	420	9	1988	220	113	755	778	1,708	2,436	16,538	18,561	13,803
HOPE	15	20	1996	8	-33	132	56	996	286	1,243	1,465	1,465
IBCP	24	5	1985	37	10	1,856	1,695	110	-84	1,370	18	459
IBN*	20	56,884	2000	223	191	372	311	2,896	2,201	4,363	870	870
IBOC	42	29	1995	206	4	206	131	601	170	1,223	1,784	1,784
INDB	82	41	1986	97	16	278	199	801	279	4,831	5,335	882
LKFN	80	21	1995	146	69	405	365	1,270	1,265	2,718	2,732	2,732
LOB	87	35	2015	1,110	372	1,110	358	1,110	358	1,110	358	358
LOGN	47	0.4	1995	63	122	271	659	621	986	1,262	2,335	2,335

美股代碼（*為ADR）	股價（美元）	市值（億美元）	IPO年度	回報（%）								
				5年最大	5年	10年最大	10年	20年最大	20年	30年最大	30年	IPO至今
MCBS	28	7	2017	11,067	359	11,067	359	11,067	359	11,067	359	359
MNBP	22	0.4	2007	2,333	13	2,333	49	2,333	-8	2,333	-8	-8
MTB	154	239	1980	38	-2	156	101	545	111	1,868	1,439	63,892
NRIM	44	3	1990	143	38	169	148	595	236	1,586	2,084	2,152
NWBI	14	19	1994	24	-21	72	14	313	179	1,063	1,788	1,788
NYCB	12	62	1993	2	-23	66	-1	171	-5	2,851	3,716	3,716
OFG	27	15	1987	246	103	473	119	272	227	2,735	2,430	3,749
ORBN	43	0.1	2004	526	362	1,858	2,329	2,067	1,150	2,067	1,150	1,150
OVLY	17	1	1996	89	39	308	158	629	418	1,253	894	894
OZK	47	65	1997	11	-12	307	214	3,473	2,826	8,720	6,454	6,454
PB	72	74	1998	87	1	139	79	497	436	1,241	1,717	1,717
PBCT	18	92	1988	0	-8	0	39	397	296	6,713	6,754	8,000
PFC	31	11	1993	45	22	371	323	1,587	307	1,587	913	913
PFIS	53	4	2002	36	8	94	158	221	442	1,054	442	442
PKBK	21	3	2001	131	41	668	591	1,036	772	1,036	776	776
PLBC	34	2	2002	153	78	1,804	1,320	2,077	284	2,077	284	284
PNC	201	939	1975	169	71	303	248	1,070	257	1,070	751	27,750
PNFP	96	84	2000	227	38	587	491	2,291	1,932	4,089	2,066	2,066
QCRH	56	10	1993	161	29	591	515	752	659	1,487	1,329	1,329
RBCAA	51	11	1998	109	29	188	122	576	358	1,136	657	657
RCBC	272	4	1999	110	100	358	369	1,187	356	113,500	8,590	8,590
SBKO	15	0.1	2006	132	114	79,900	1,001	79,900	20,971	79,900	20,971	20,971
SBNY	324	222	2004	372	115	489	439	1,665	1,668	1,665	1,668	1,668
SBSI	42	14	1996	90	14	183	153	671	610	1,355	1,253	1,253
SFNC	30	37	1985	33	-5	196	118	326	268	1,451	2,829	3,014
SFST	63	5	1999	199	74	1,068	957	1,713	1,109	1,929	1,224	1,224
SI	148	41	2019	2,811	1,084	2,811	1,084	0	1,084	2,811	1,084	1,084
SIVB	678	413	1987	476	295	1,446	1,322	6,171	2,437	50,235	20,641	75,260

美股代碼（*為ADR）	股價（美元）	市值（億美元）	IPO年度	回報（%）								
				5年最大	5年	10年最大	10年	20年最大	20年	30年最大	30年	IPO至今
SMAL	36	0.1	1995	167	74	794	452	794	109	1,138	578	578
SMBC	52	5	1994	214	47	484	364	1,472	1,188	2,690	4,040	4,040
SOMC	20	1	1998	127	35	409	259	1,018	408	1,018	101	101
SYBT	64	17	1993	171	36	390	367	574	504	4,075	7,328	7,328
TBBK	25	18	2004	813	222	813	250	1,373	58	1,373	58	58
TBK	119	30	2014	590	355	1,007	834	1,007	834	1,007	834	834
TCBI	60	34	2003	46	-23	231	97	1,416	403	1,416	403	403
TCBK	43	13	1993	119	26	257	202	468	352	1,324	1,996	1,996
THVB	65	4	1999	117	113	636	758	1,939	1,692	2,581	2,086	2,086
TMP	84	13	1986	1	-12	167	117	318	234	1,318	1,069	1,364
TOWN	32	25	1999	20	-5	195	166	323	470	2,081	857	857
TRST	33	7	1983	32	-69	93	-52	54	-79	2,445	6	5,187
TSBK	28	2	1998	92	1,055	899	5,941	1,496	2,979	1,496	19,142	541
UNIB	23	1	1987	300	3,304	1,991	17,895	4,323	22,803	4,500	16,695	58
UNTY	26	3	1997	179	864	426	2,500	1,000	3,331	1,921	323	349
WABC	58	16	1980	38	71	69	145	102	172	1,028	1,524	6,536
WAL	108	127	2005	454	16	1,772	805	3,966	2,947	3,966	2,947	324
WASH	56	10	1987	31	565	178	1,462	446	1,861	2,550	45,339	2,947
WBS	56	58	1986	55	142	262	545	2,225	317	2,225	2,314	2,678
WSBF	22	5	2005	79	172	1,264	2,814	1,272	1,913	1,272	1,913	202
WSFS	50	37	1986	35	265	380	1,311	919	2,826	13,602	36,667	1,913
ZION	63	111	1980	181	46	308	286	156	20	1,687	1,068	7,997
金融服務》資產管理												
AB	49	50	1988	288	108	381	273	292	1	1,183	490	23,157
AMG	165	64	1997	53	13	0	71	1,101	250	2,397	879	879
AMP	302	368	2005	274	172	582	508	2,408	1,064	2,408	1,064	1,064
BAM	60	895	1983	0	176	433	423	1,281	4,440	1,281	14,995	20,027
BCOR	17	8	1998	179	17	746	58	12,484	-92	5,866	331	40

美股代碼（＊為ADR）	股價（美元）	市值（億美元）	IPO年度	回報（%）									
				5年最大	5年	10年最大	10年	20年最大	20年	30年最大	30年	IPO至今
BEN	34	177	1983	19	-15	83	5	527	185	2,198	967	111,533
BK	58	525	1973	119	23	208	192	239	34	1,417	1,320	10,271
BLK	916	1,289	1999	197	141	495	414	2,732	2,096	7,484	5,830	9,852
BX	129	1,391	2007	439	379	1,215	842	3,818	5,728	3,818	5,728	269
CNS	93	42	2004	203	175	279	220	1,188	687	1,188	687	612
CSWC	25	6	1980	253	57	279	238	581	317	1,231	1,004	6,066
DHIL	194	6	1996	183	-8	257	163	6,469	4,756	6,469	6,396	6,396
FRMO	13	5	1998	321	154	49,067	370	8,400	1,854	8,400	1,593	1,593
HNNA	11	1	2002	0	-50	1,791	483	2,490	392	2,490	392	392
NEWT	28	7	2000	297	74	579	381	3,770	78	1,975	130	130
NTRS	120	277	1980	102	34	209	202	344	99	1,457	1,339	30,569
RAND	17	0.4	1980	907	-40	115	-39	404	49	1,125	32	1,417
SEIC	61	87	1981	61	23	351	251	722	170	8,346	5,543	43,429
STT	93	379	1980	48	20	191	131	657	78	1,490	1,058	92,900
SVCTF	325	10	2009	368	153	423	350	2,358	2,297	2,358	2,297	2,297
TROW	197	393	1986	237	-78	305	-71	1,986	-5	10,767	485	46,719
金融服務》產險與意外險												
AFG	137	115	1980	210	56	298	272	1,097	739	1,114	688	8,875
ALL	118	356	1993	91	59	405	329	886	249	1,117	1,499	1,499
CB	193	845	1993	108	46	184	176	741	381	2,734	10,580	3,527
CINF	114	193	1980	160	50	314	274	597	229	1,188	1,059	26,395
FRFHF	492	174	2000	40	1	74	14	1,141	378	1,141	610	610
HCI	84	7	2008	374	112	1,626	943	3,043	1,744	3,043	1,744	1,744
KMPR	59	41	1990	147	33	281	101	1,020	49	1,020	253	1,064
KNSL	238	47	2016	786	599	1,268	1,196	1,268	1,196	1,268	1,196	1,196
MKL	1,234	174	1986	50	36	236	198	682	587	6,363	5,509	14,678
PGR	103	642	1980	201	189	512	479	1,091	808	9,378	7,448	342,067
PRA	25	14	1991	23	-55	60	-37	787	188	2,639	866	912

美股代碼 （*為 ADR）	股價 （美元）	市值 （億美元）	IPO 年度	回報（%）								
				5年 最大	5年	10年 最大	10年	20年 最大	20年	30年 最大	30年	IPO 至今
SIGI	82	48	1980	106	90	417	362	767	654	1,998	1,856	32,676
STC	80	21	1973	276	73	582	590	1,141	304	1,714	1,641	7,148
THG	131	49	1995	77	44	320	275	1,894	194	1,894	720	720
UVE	17	6	1992	201	663	1,470	5,953	247,900	86,584	247,900	1,383	-6
WTM	1,014	31	1985	82	-98	188	-97	745	-96	1,995	-78	4,590
金融服務》信貸服務												
ADS	67	36	2001	31	-63	207	-20	2,137	336	2,631	583	583
AGM	124	14	1994	218	116	660	588	5,577	206	9,535	10,677	10,677
ATLC	71	11	1999	5,258	2,411	7,495	1,828	7,495	506	7,495	500	396
AXP	164	1,338	1977	171	121	288	247	1,723	424	3,554	3,016	21,147
CACC	688	84	1992	276	216	787	736	14,405	7,627	26,474	8,925	25,276
COF	145	683	1994	320	66	320	243	2,039	169	3,706	3,759	2,538
DFS	116	374	2007	436	60	459	382	2,669	408	2,669	408	408
FCFS	75	36	1991	154	59	252	113	4,460	3,196	19,218	3,988	6,892
MA	359	3,656	2006	277	248	1,067	864	8,913	8,517	8,913	8,517	8,517
NICK	12	1	1996	287	-1	287	-8	1,509	413	4,577	559	559
NNI	98	35	2003	157	92	354	299	2,220	487	2,220	487	487
PRAA	50	22	2002	149	28	219	123	1,152	875	1,152	875	875
UPST	151	91	2020	1,223	61	1,223	61	1,223	61	1,223	61	323
V	217	4,521	2008	216	117	913	566	2,265	970	2,265	970	1,383
WRLD	245	15	1991	484	-66	870	-70	3,885	199	11,411	838	10,808
金融服務》資本市場												
BRPHF	18	72	2006	8,829	1,291	8,829	183	8,829	9,268	8,829	9,268	-98
DFIN	47	13	2016	1,150	105	1,150	86	1,150	86	1,150	86	86
EVR	136	59	2006	356	98	683	410	2,231	644	2,231	644	644
FRHC	69	40	1994	54,846	49,421	178,475	1,687	0	-85	2,900	-94	-94
FUTU*	43	67	2019	2,190	183	2,190	183	2,190	183	2,190	183	183
MKTX	411	141	2004	293	180	2,151	1,266	13,597	2,500	13,597	2,500	2,500

美股代碼（＊為ADR）	股價（美元）	市值（億美元）	IPO年度	回報（%）								
				5年最大	5年	10年最大	10年	20年最大	20年	30年最大	30年	IPO至今
MQBKY*	150	796	2006	279	140	515	483	1,445	519	1,445	519	519
MS	98	1,774	1986	279	132	753	549	1,046	111	1,828	1,198	7,336
NOAH*	31	17	2010	209	40	1,465	399	1,465	105	1,465	105	105
PIPR	179	30	2004	456	146	873	784	1,021	404	1,021	404	404
RJF	100	259	1983	179	117	384	386	1,392	854	7,439	5,478	28,586
SCHW	84	1,806	1987	202	113	639	647	1,208	444	15,225	8,310	32,246
SNEX	61	13	1995	148	55	342	160	15,221	9,779	15,221	3,158	3,158
WULF	15	15	1994	1,310	43	1,310	113	2,127	707	2,290	-37	1,536
金融服務》財務數據和證券交易所												
CME	229	802	2002	103	98	413	369	2,695	175,638	2,695	175,638	4,611
FDS	486	161	1996	214	197	467	457	3,274	1,986	13,867	13,476	13,476
LDNXF	95	414	2008	291	170	1,163	744	2,937	541	2,937	541	541
MCO	391	657	2000	330	314	1,093	1,060	2,502	1,860	6,264	18,067	18,067
MORN	342	128	2005	378	365	528	475	1,629	1,640	1,629	1,640	1,640
MSCI	613	434	2007	758	678	2,538	1,761	5,583	2,567	5,583	2,567	2,567
NDAQ	210	311	2002	219	213	902	757	3,954	1,548	3,954	1,548	1,548
OTCM	59	7	2009	215	157	1,032	1,730	1,427	971	1,427	971	971
SPGI	472	1,042	1973	342	339	1,030	949	2,654	1,448	6,975	6,482	138,703
金融服務》壽險												
AEL	39	40	2003	239	73	290	274	1,168	330	1,168	330	330
AFL	58	424	1980	133	68	206	170	922	375	3,399	2,834	97,217
CNO	24	32	2003	207	24	355	278	10,585	1,104	10,585	1,104	31
GL	94	107	1980	57	27	285	224	1,366	436	1,433	994	6,894
LGGNY*	21	179	1999	61	37	175	159	1,244	91	1,244	163	163
LNC	68	134	1980	36	3	345	251	1,615	41	1,615	399	2,329
NWLI	214	8	1975	28	-31	195	57	531	93	1,287	673	8,343
PRU	108	444	2001	28	4	182	116	1,016	226	1,016	531	531
金融服務》保險經紀人												
AJG	170	327	1984	226	227	420	407	1,033	392	3,110	2,935	26,832

美股代碼（＊為ADR）	股價（美元）	市值（億美元）	IPO年度	回報（%）								
				5年最大	5年	10年最大	10年	20年最大	20年	30年最大	30年	IPO至今
AON	301	602	1980	189	169	612	542	2,099	746	2,651	2,460	26,498
BRO	70	189	1981	238	213	526	521	1,028	929	14,757	13,956	36,889
CRVL	208	34	1991	473	468	954	704	3,777	1,805	20,838	7,869	20,494
EHTH	26	7	2006	1,307	139	1,853	73	1,853	11	1,853	11	11
ERIE	193	85	1995	144	71	332	146	841	401	1,579	2,143	2,143
MMC	174	814	1973	158	157	466	450	880	224	1,354	1,182	18,793
金融服務》多元化保險												
ACGL	45	183	1995	94	55	306	258	1,704	1,454	3,724	1,783	1,783
AIG	57	514	1973	3	-13	185	145	4	-96	1,383	-67	281
BRK.A	450,662	7,210	1980	91	85	297	293	643	496	5,201	4,880	155,301
BRK.B	299	7,210	1996	89	83	293	292	650	492	1,393	3	1,247
ESGR	248	48	1997	168	25	194	152	1,184	940	3,034	2,466	2,466
PFG	72	204	2001	31	25	223	194	1,176	201	1,176	447	447
金融服務》綜合性大型銀行												
BCS*	10	363	1986	33	-6	128	2	203	-67	1,126	60	655
BMO	108	766	1994	0	50	190	97	476	374	1,409	28,247	3,761
C	60	1,328	1977	66	2	230	130	111	-88	1,800	84	693
EWBC	79	128	1999	277	55	335	298	2,548	511	2,548	2,116	2,116
JPM	158	4,666	1980	117	84	454	376	1,012	336	2,105	2,137	13,790
WFC	48	2,315	1972	33	-74	0	-47	712	-33	1,459	218	31,887
金融服務》基金												
BITW	38	0.1	2020	1,058	559	1,058	559	1,058	559	1,058	559	218
ETCG	16	5	2018	1,788	-63	1,788	-63	1,788	-63	1,788	-63	-63
GBTC	34	211	2015	4,874	2,456	22,580	10,603	22,580	10,603	22,580	10,603	10,603
GDLC	24	4	2019	13,010	385	13,010	385	13,010	385	13,010	385	385
GRNTF	115	363	2003	2,189	1,411	3,196	966	84,414	8,419	84,414	8,419	8,419
金融服務》抵押貸款												
ASPS	11	2	2009	105	-58	272	-76	2,479	6	2,479	6	-26
ECPG	62	20	1999	261	117	266	192	23,262	23,788	30,270	599	599

美股代碼（*為ADR）	股價（美元）	市值（億美元）	IPO年度	回報（%）								
				5年最大	5年	10年最大	10年	20年最大	20年	30年最大	30年	IPO至今
OCN	40	4	1996	4	-51	336	-82	4,267	-48	4,267	-38	-38
WD	151	46	2010	0	684	1,321	1,848	1,487	54,264	1,487	54,264	1,580
金融服務》特殊保險												
AGO	50	39	2004	197	33	403	282	1,822	265	1,822	265	265
AIZ	156	88	2004	113	68	425	280	1,240	762	1,240	762	762
ITIC	197	4	1986	140	25	577	451	1,508	1,177	12,150	3,940	3,670
TRUP	132	40	2014	1,017	34	2,805	913	2,805	913	2,805	913	1,058
金融服務》再保險												
RE	274	114	1995	42	27	250	226	575	287	1,456	2,091	2,091
RNR	169	79	1995	73	24	182	128	600	432	2,720	3,457	3,457
金融服務》財務企業集團												
JEF	39	92	1980	265	78	265	87	504	343	1,739	1,286	193,900
TREE	123	18	2008	341	21	7,736	2,093	28,039	1,404	28,039	1,404	1,404
醫療保健》生物科技												
AADI	24	5	2017	7,158	449	7,158	449	7,158	449	7,158	449	449
ACAD	23	37	2004	337	-19	5,129	2,061	8,536	253	8,536	253	253
AEHR	24	4	1997	2,326	903	4,259	4,550	5,044	469	5,044	61	61
ALKS	23	41	1991	41	-58	430	34	2,020	-12	9,700	158	332
ALNY	170	178	2004	467	353	2,320	1,981	5,198	2,722	5,198	2,722	2,722
ANVS	18	1	2020	4,739	151	4,739	151	4,739	151	4,739	151	151
ARGX*	350	129	2017	1,824	3,337	1,824	3,337	1,824	3,337	1,824	3,337	1,503
ARWR	66	60	1993	6,183	4,177	7,196	1,482	7,196	580	1,686	1,284	-98
ASND*	135	70	2015	818	565	1,392	9,052	1,392	9,052	1,392	9,052	614
AUPH	23	26	2012	1,446	989	3,208	2,870	3,208	2,870	3,208	2,870	1,016
AVXL	17	11	2006	2,209	338	4,409	255	4,409	-67	4,409	-67	110
AXSM	38	11	2015	0	460	5,212	1,494	5,212	1,494	5,212	1,494	317
BGNE*	271	2,082	2016	1,208	792	1,581	4,187	1,581	4,187	1,581	4,187	857
BMRN	88	166	1999	0	7	364	157	3,986	557	3,986	4,318	573

美股代碼（＊為ADR）	股價（美元）	市值（億美元）	IPO年度	回報（%）								
				5年最大	5年	10年最大	10年	20年最大	20年	30年最大	30年	IPO至今
BNTX*	258	475	2019	3,408	3,356	3,408	3,356	3,408	3,356	3,408	3,356	1,765
BTAI	20	5	2018	2,582	364	2,582	364	2,582	364	2,582	364	84
CCXI	36	23	2012	0	392	3,269	751	3,269	751	3,269	751	231
CDMO	29	13	1994	1,601	1,251	1,248	305	0	-76	5,169	118	-60
CDXS	31	15	2010	985	580	3,242	490	3,242	70	3,242	70	136
CLDX	39	15	1986	10	-27	1,266	-1	2	-95	1,476	-98	-95
CLVLY*	20	13	2008	559	276	3,338	1,201	3,338	114	3,338	114	524
CORT	20	21	2004	330	173	2,269	479	4,266	-35	4,266	-35	62
CRSP	76	52	2016	1,442	274	1,442	8,415	1,442	8,415	1,442	8,415	444
DMTK	16	4	2017	1,653	-19	1,653	-19	1,653	-19	1,653	-19	-19
EBS	44	28	2006	377	32	1,007	173	2,932	272	2,932	272	272
FATE	59	41	2013	4,415	2,231	7,779	784	7,779	784	7,779	784	784
FOLD	12	29	2007	385	132	1,268	236	1,268	-14	1,268	-14	-14
GLPG*	55	33	2008	326	-14	2,023	308	5,730	1,073	5,730	1,073	1,073
GMAB*	40	237	2009	302	139	4,724	5,986	7,395	856	7,395	856	856
HALO	40	50	2004	415	307	1,097	323	3,498	869	3,498	869	869
INCY	73	165	1993	49	-27	933	389	7,347	278	8,776	3,626	3,626
INMB	10	2	2019	1,160	31	1,160	31	1,160	31	1,160	31	31
IONS	30	47	1991	127	-36	1,115	322	2,976	37	2,976	121	238
JAZZ	127	89	2007	112	17	400	230	34,995	619	34,995	619	619
KOD	85	34	2018	2,592	734	2,592	734	2,592	734	2,592	734	734
KRTX	131	37	2019	1,293	554	1,293	554	1,293	554	1,293	554	554
KURA	14	9	2015	643	137	1,519	-7	1,519	-7	1,519	-7	-7
LGND	155	21	1992	173	52	2,289	1,201	3,502	44	3,502	166	166
LGVN	12	2	2021	1,349	61	1,349	61	1,349	61	1,349	61	61
MRNA	254	830	2018	3,852	1,265	3,852	1,265	3,852	1,265	3,852	1,265	1,265
MRTX	147	69	2013	8,481	2,988	8,481	1,731	8,481	1,731	8,481	1,731	1,731
NKTR	14	22	1994	823	10	1,809	141	3,732	-27	3,931	260	260

美股代碼（*為ADR）	股價（美元）	市值（億美元）	IPO年度	回報（%）								
				5年最大	5年	10年最大	10年	20年最大	20年	30年最大	30年	IPO至今
NTLA	118	68	2016	1,773	802	1,773	435	1,773	435	1,773	435	435
NVAX	143	84	1995	8,570	468	8,570	468	8,570	-49	8,570	68	68
NVO*	112	1,716	1981	255	212	407	386	5,150	2,693	14,910	12,344	58,847
NVTA	15	27	2015	1,124	92	1,124	-10	1,124	-10	1,124	-10	-10
ORMP	14	4	2007	1,124	133	1,124	325	1,124	89	1,124	89	89
PRTA	49	18	2012	1,045	0	1,251	586	1,251	586	1,251	586	586
QURE	21	9	2014	1,605	270	1,605	42	1,605	42	1,605	42	42
RCEL	12	4	2012	1,446	55	1,446	-45	1,446	-45	1,446	-45	-45
RETA	26	10	2016	1,142	21	1,795	92	1,795	92	1,795	92	92
RGEN	265	107	1986	1,025	759	9,380	7,532	24,461	10,754	64,742	1,609	2,308
RGNX	33	12	2015	392	76	1,022	7	1,022	7	1,022	7	7
SGEN	155	251	2001	362	193	1,192	825	0	2,612	9,319	1,895	1,895
SRPT	90	62	1997	546	228	5,066	1,915	6,106	37	6,106	129	129
SUPN	29	16	2012	155	15	1,227	443	1,227	443	1,227	443	443
TECH	517	153	1989	450	403	750	658	2,744	1,304	25,200	16,118	139,722
TVTX	31	17	2003	103	40	2,307	2,683	360,900	2,015	360,900	2,015	430
UTHR	216	96	1999	187	-30	432	112	0	1,819	4,813	2,539	3,408
VCYT	41	22	2013	0	268	1,704	159	1,704	159	1,704	159	233
VRTX	220	595	1991	0	-40	841	34	3,689	81	8,867	504	4,716
WXXWY*	23	3,842	2017	1,132	1,070	1,132	1,070	1,132	1,070	1,132	1,070	562
XENE	31	16	2014	1,509	787	1,509	3,652	1,509	3,652	1,509	3,652	198
ZLAB*	63	339	2017	1,182	73	1,182	73	1,182	73	1,182	73	125
醫療保健》醫療設備												
ABMD	359	137	1987	332	219	3,596	1,845	19,038	2,170	21,015	4,156	6,360
ABT	141	2,266	1980	262	266	446	423	920	464	2,647	1,725	66,919
ALGN	657	414	2001	711	584	3,120	2,669	56,048	14,504	56,048	4,768	4,768
ANIK	36	5	1993	155	-27	708	266	8,531	3,483	9,681	796	796
AORT	20	8	1993	145	7	709	325	1,792	-32	2,547	1,915	581

美股代碼（＊為ADR）	股價（美元）	市值（億美元）	IPO年度	回報（%）								
				5年最大	5年	10年最大	10年	20年最大	20年	30年最大	30年	IPO至今
APYX	13	4	1994	779	541	994	541	2,800	541	5,018	541	502
BIO	756	189	1980	351	315	795	687	2,836	2,287	24,698	11,383	29,530
BRKR	84	107	2000	323	296	706	576	3,414	413	3,414	278	261
BSX	43	639	1992	110	96	823	696	823	252	1,804	3,070	870
CNMD	142	40	1987	294	221	511	452	1,244	610	5,716	1,308	7,060
DXCM	537	434	2005	1,365	799	7,276	5,667	46,753	5,139	46,753	5,139	5,139
ELMD	13	1	2010	397	235	1,909	277	1,909	227	1,909	227	227
ESTA	68	15	2018	1,067	173	1,067	173	1,067	173	1,067	173	173
EW	130	738	2000	338	315	1,176	1,000	8,331	5,533	12,000	9,568	9,568
HSKA	183	16	1997	426	155	5,193	2,400	16,029	1,725	16,029	121	121
IART	67	58	1995	109	56	631	381	1,134	463	5,335	1,206	1,206
INGN	34	7	2014	348	-49	1,949	124	1,949	124	1,949	124	124
INMD	71	38	2019	1,341	907	1,341	907	1,341	907	1,341	907	907
INSP	230	65	2018	1,065	821	1,065	821	1,065	821	1,065	821	821
IRTC	118	42	2016	813	292	1,063	352	1,063	352	1,063	352	352
LIVN	87	45	1993	189	94	307	161	1,307	230	6,448	629	629
MDT	104	1,460	1973	91	45	277	170	454	102	3,959	1,659	51,625
NTUS	24	8	2001	35	-32	411	152	1,503	277	1,503	58	58
OFIX	31	6	1992	96	-14	245	-12	648	-16	1,052	189	189
PHG＊	37	265	1980	115	23	260	79	377	29	2,098	666	4,287
PODD	266	167	2007	761	606	1,780	1,313	11,821	1,567	11,821	1,567	1,567
PROF	11	3	2016	93,533	36	93,533	10	93,533	10	93,533	10	10
SMLR	92	5	2014	9,899	6,221	10,929	1,211	10,929	1,211	10,929	1,211	1,211
SRDX	48	7	1998	257	90	487	228	865	32	2,467	1,141	1,141
STE	243	235	1992	270	261	772	716	1,404	1,232	12,538	13,129	13,129
SYK	267	1,006	1980	138	123	462	438	1,133	816	10,085	4,179	334,175
UFPT	70	6	1993	220	-35	428	11	0	1,437	9,638	488	1,177
醫療保健》診斷與研究												
A	160	437	1999	286	250	606	539	2,353	731	2,353	543	543

美股代碼（*為ADR）	股價（美元）	市值（億美元）	IPO年度	回報（%） 5年最大	5年	10年最大	10年	20年最大	20年	30年最大	30年	IPO至今
BIOQ	104	1	1983	260	235	1,724	1,069	5,025	3,181	5,025	3,978	1,040
CDNA	46	22	2014	12,001	1,584	12,001	-37	12,001	-37	12,001	-37	403
CRL	377	179	2000	499	395	1,573	1,279	2,105	1,025	2,446	1,703	1,613
DGX	173	174	1996	134	88	238	198	617	383	4,811	6,261	6,261
DHR	329	2,096	1978	322	323	808	823	3,195	2,778	35,265	34,172	411,163
EXAS	78	136	2001	1,056	483	3,038	858	44,189	659	44,189	441	441
FLGT	101	24	2016	6,008	769	6,008	996	6,008	996	6,008	996	996
IDXX	659	449	1991	509	461	1,687	1,611	11,663	9,135	60,221	47,271	72,258
ILMN	380	633	2000	300	197	1,570	1,148	58,216	6,370	58,216	2,074	2,074
LH	314	264	1988	200	145	280	265	1,533	677	11,051	330	1,189
LNTH	29	18	2015	269	236	1,563	349	1,563	349	1,563	349	349
LZAGY*	84	494	2008	393	383	2,427	1,320	2,427	1,260	2,427	1,260	1,260
MTD	1,697	348	1997	311	305	1,045	1,049	6,507	3,173	11,342	11,306	11,306
MYGN	28	22	1995	227	66	227	32	1,071	5	3,318	469	469
NEO	34	31	1999	728	298	4,177	2,337	149,600	2,175	2,141	241	241
NEOG	45	42	1989	116	83	532	493	4,639	2,720	22,919	19,643	8,982
NOTV	42	8	1997	8,412	5,364	9,087	3,266	9,547	500	9,547	417	417
NTRA	93	64	2015	1,585	698	1,812	419	1,812	419	1,812	419	419
PACB	21	27	2010	2,395	438	4,550	631	4,550	24	4,550	24	24
PKI	201	225	1973	287	286	880	905	4,467	474	4,467	1,516	39,324
QDEL	135	48	1982	1,533	530	2,077	792	14,558	1,655	17,155	3,275	1,074
QGEN	56	100	1996	124	91	287	288	1,114	188	2,955	2,736	2,736
RDNT	30	15	1997	613	367	2,443	1,314	12,617	991	27,150	3,664	3,664
TMO	667	2,344	1980	372	373	1,348	1,384	4,489	2,696	6,767	5,512	40,095
TWST	77	30	2018	1,386	248	1,386	248	1,386	248	1,386	248	453
VIVO	20	9	1986	437	-14	437	-19	1,532	468	3,385	631	2,482
WAT	373	204	1995	213	-61	476	-30	2,263	35	12,246	47,318	9,863
醫療保健》醫療儀器與用品												
ATRC	70	30	2005	.483	255	1,374	526	8,044	1,976	8,044	1,976	394

444

美股代碼（*為ADR）	股價（美元）	市值（億美元）	IPO年度	回報（%）								
				5年最大	5年	10年最大	10年	20年最大	20年	30年最大	30年	IPO至今
ATRI	705	12	1980	101	39	397	193	5,255	1,753	14,732	6,613	14,026
AZTA	103	66	1995	0	504	1,671	904	4,712	154	4,712	1,150	1,066
BAX	86	429	1981	112	94	253	219	834	195	1,693	728	5,547
BDX	252	749	1973	74	52	296	237	1,044	659	3,392	2,838	20,181
COO	419	202	1983	160	139	563	494	4,067	1,576	96,904	8,179	1,274
HAE	53	27	1991	278	32	434	73	1,593	213	2,153	460	793
HOCPY*	150	57,433	2007	335	257	880	593	1,304	506	1,304	506	506
HOLX	77	175	1990	185	91	413	337	4,551	3,200	18,504	6,175	3,303
ICUI	237	47	1992	135	61	597	427	1,309	700	9,860	5,381	5,381
INFU	17	3	2006	1,663	568	1,691	958	2,419	215	2,419	215	215
ISRG	359	1,099	2000	422	410	833	598	43,402	16,012	49,281	17,600	17,600
LMAT	50	10	2006	201	98	1,167	748	3,305	797	3,305	797	797
MASI	293	129	2007	350	334	1,547	1,467	1,600	1,301	1,600	1,301	1,301
MMSI	62	33	1990	254	135	660	366	1,298	827	6,268	1,171	7,317
NSTG	42	16	2013	1,209	89	1,209	424	1,209	424	1,209	424	424
NVCR	75	72	2015	3,598	856	3,691	311	3,691	311	3,691	311	311
OCPNY*	23	30,878	1996	279	168	630	593	1,491	578	1,491	1,117	1,117
PDEX	23	1	1986	891	394	2,703	843	5,159	843	5,159	426	41
RMD	261	367	1995	381	320	1,099	926	4,712	1,832	46,363	47,260	47,260
SAUHF	2,172	265	2008	476	490	34,016	1,320	0	1,156	34,016	1,156	1,156
SMTI	30	2	1994	2,538	680	2,538	-25	50	-93	75,900	-90	-90
STAA	91	36	1990	1,688	741	3,121	770	20,235	2,271	20,235	530	2,183
TFX	329	153	1980	179	104	669	436	1,196	594	3,414	1,891	36,808
UTMD	100	3	1999	112	37	362	270	895	635	2,115	456	2,539
WST	469	281	1980	500	39	2,394	522	11,285	1,677	11,285	2,435	114,293
XRAY	56	118	2005	117	-14	117	42	342	8,197	2,413	8,197	228
醫療保健》醫療設施												
ACHC	61	52	1994	479	83	752	509	1,003	4,001	1,003	139	139
ADUS	94	14	2009	322	167	3,881	2,519	4,338	1,001	4,338	1,001	1,001

美股代碼（＊為ADR）	股價（美元）	市值（億美元）	IPO年度	回報（%）								
				5年最大	5年	10年最大	10年	20年最大	20年	30年最大	30年	IPO至今
AMED	162	48	1994	641	280	3,186	1,384	9,748	2,983	40,700	2,983	2,983
AMEH	74	34	2007	1,811	880	13,172	4,933	119,350	682	119,350	682	682
AMN	122	51	2001	251	218	3,053	2,661	3,295	346	3,295	467	467
CCEL	12	1	1994	229	154	687	480	3,440	137	3,440	-44	151
CHE	529	75	1973	243	230	986	933	3,649	3,021	4,461	3,679	17,021
DVA	114	119	1995	208	77	247	200	1,961	1,296	15,639	2,817	2,817
ENSG	84	44	2007	492	304	1,478	1,243	4,907	2,327	4,907	2,327	2,327
FMS*	33	178	1996	45	-23	85	-5	1,538	225	1,538	300	300
HCA	257	799	2011	284	247	1,158	1,066	1,382	973	1,382	973	973
HCSG	18	14	1983	45	-55	222	1	2,879	776	7,573	867	9,263
HNGR	18	7	1986	158	58	123	-3	839	202	4,205	77	159
JYNT	66	8	2014	3,949	2,379	5,518	898	5,518	898	5,518	898	898
LHCG	137	42	2005	419	200	1,742	970	1,774	703	1,774	703	703
MD	27	23	1995	10	-59	185	-24	1,432	221	5,049	397	397
MODV	148	18	2003	465	290	2,055	978	27,943	1,016	27,943	1,016	1,016
NHC	68	11	1987	52	-10	115	62	516	342	3,597	491	6,433
OPCH	28	44	1996	464	584	230	30	56	-60	3,025	-44	-44
SGRY	53	39	2015	1,333	237	1,333	195	1,333	195	1,333	195	195
TVTY	26	12	1991	118	-52	663	60	1,050	-31	8,254	387	2,015
UHS	130	107	1981	137	188	336	689	944	1,334	11,455	17,731	11,687
USPH	96	12	1992	159	208	682	998	1,939	1,237	10,252	3,408	4,584
醫療保健》醫療資訊服務												
AGTI	23	26	2021	2,298	47	2,298	47	2,298	47	2,298	47	47
CERN	93	269	1986	96	96	212	203	4,424	1,388	25,086	23,713	35,619
HLTH	13	14	2017	1,438	893	1,438	893	1,438	893	1,438	893	893
HSTM	26	8	2000	48	5	139	43	4,895	2,296	5,161	244	244
NXGN	18	13	1982	308	35	24	-52	2,810	772	38,400	10,365	2,124
OMCL	180	72	2001	471	432	1,346	992	13,016	1,927	13,016	2,033	2,033

美股代碼（＊為ADR）	股價（美元）	市值（億美元）	IPO年度	回報（％）								
				5年最大	5年	10年最大	10年	20年最大	20年	30年最大	30年	IPO至今
OPRX	62	9	2007	4,849	2,456	4,849	2,226	16,233	590	16,233	590	590
SLP	47	10	1997	895	390	2,894	1,482	35,708	22,424	47,016	4,049	4,049
TDOC	92	127	2015	1,696	456	3,000	222	3,000	222	3,000	222	222
VEEV	256	343	2013	725	80	1,808	66,464	1,808	66,464	1,808	66,464	588
醫療保健》藥品製造商												
AMGN	225	1,326	1983	73	54	309	250	740	299	17,413	4,656	97,713
AZN*	58	1,338	1993	139	113	219	152	338	150	1,357	282	3,229
BAYRY*	13	516	1996	32	-49	160	-17	1,288	70	1,288	772	155
BIIB	240	352	1991	91	-8	319	137	1,595	278	132,758	11,896	7,565
GILD	73	900	1992	38	1	484	255	3,581	1,667	55,450	13,102	13,102
HZNP	108	207	2011	1,143	566	5,926	2,594	5,926	1,078	5,926	1,078	1,078
JNJ	171	4,419	1962	61	48	191	161	329	189	1,914	1,095	244,286
LLY	276	2,335	1972	276	276	625	565	916	252	2,458	1,223	29,601
PFE	59	3,084	1972	127	92	209	188	454	56	1,348	791	34,635
醫療保健》專業和通用藥品製造商												
BHC	28	97	1994	304	90	500	-41	3,452	-51	74,906	397	8,267
EVO*	24	63	1999	629	511	2,093	1,483	265,200	23,650	265,200	11,210	11,210
NBIX	85	74	1996	250	120	1,995	902	6,658	66	6,658	625	625
PCRX	60	29	2011	187	86	1,400	596	1,814	757	1,814	757	757
PRGO	39	53	1991	0	-53	119	-60	2,051	229	3,925	161	301
RDY*	65	7,757	2001	164	44	175	122	994	590	1,391	1,383	1,383
TARO	50	18	1982	30	-52	490	70	2,887	25	8,754	1,554	31,219
醫療保健》醫療保險												
ANTM	464	1,097	2001	228	222	784	600	1,516	1,487	3,609	2,528	2,528
CI	230	803	1982	105	72	573	447	2,926	644	4,994	3,282	9,928
CNC	82	470	2001	191	192	1,163	732	5,401	4,403	5,995	1,760	5,828
CVS	103	1,402	1973	99	31	174	153	931	597	1,551	827	14,851
HUM	464	503	1981	141	127	665	429	5,329	3,834	9,820	6,565	23,210

美股代碼（＊為ADR）	股價（美元）	市值（億美元）	IPO年度	回報（%）								
				5年最大	5年	10年最大	10年	20年最大	20年	30年最大	30年	IPO至今
MOH	318	167	2003	661	486	1,728	1,324	2,809	2,217	2,809	2,217	2,217
UNH	502	4,414	1984	221	-86	904	-56	0	27	23,525	868	418,350
醫療保健》醫療配送												
ABC	133	283	1995	89	70	272	257	1,080	762	5,405	5,913	5,913
CAH	52	150	1983	0	-28	142	27	350	11	2,100	894	7,945
HSIC	78	108	1995	92	30	223	207	1,111	968	3,795	1,638	1,638
MCK	249	392	1994	130	77	228	219	983	565	3,162	2,917	2,917
OMI	44	33	1980	1,872	23	1,872	57	1,872	253	1,872	625	16,631
PBH	61	30	2005	136	16	465	438	1,451	242	1,451	242	242
PDCO	29	28	1992	19	-28	76	-1	201	43	2,781	1,938	1,938
醫療保健》藥品零售商												
PETS	25	5	1997	176	9	469	143	6,905	3,360	35,393	430	430
WBA	52	469	1980	9	-33	233	69	352	66	2,438	1,076	47,318
基礎原物料》特殊化學品												
ALB	234	273	1994	458	172	579	354	2,448	1,848	4,485	5,286	5,286
APD	304	646	1980	134	112	342	286	807	602	1,741	1,682	18,229
ARKAY*	142	103	2006	189	45	189	100	1,048	549	1,048	549	386
ASH	108	60	1980	175	101	285	284	3,873	478	3,873	791	4,501
AVNT	56	50	1994	0	75	501	384	4,446	471	4,446	348	244
BCPC	169	50	1986	0	101	549	316	5,049	3,895	39,105	26,662	80,186
CBT	56	35	1980	35	11	122	75	752	57	1,366	1,071	3,075
CC	34	59	2015	170	52	1,734	2,280	1,734	2,280	1,734	2,280	61
CCF	100	9	1984	54	19	1,075	616	2,751	1,546	17,120	13,175	12,345
DD	81	440	1972	35	-1	178	97	1,117	68	1,117	217	27,755
ECL	235	619	1982	100	100	306	306	1,184	1,065	6,956	6,206	22,457
FUL	81	40	1973	222	68	247	250	735	463	1,064	674	20,669
HWKN	40	8	1980	185	46	185	114	901	787	2,403	2,366	9,293
IOSP	90	24	1998	98	32	319	222	3,741	904	3,741	577	577

美股代碼 （＊為 ADR）	股價 （美元）	市值 （億美元）	IPO 年度	回報（%）								
				5年 最大	5年	10年 最大	10年	20年 最大	20年	30年 最大	30年	IPO 至今
KRO	15	18	2003	142	26	631	-17	1,190	282	1,190	282	282
KWR	231	39	1980	166	80	725	493	6,275	1,020	6,275	1,026	14,414
LIN	346	1,684	1992	199	196	259	224	1,414	1,154	4,877	7,302	7,302
LWLG	15	11	2006	3,892	2,300	4,345	926	6,420	791	6,420	791	791
NEU	343	37	1980	39	-19	191	73	3,659	681	13,786	3,573	14,121
NTIC	15	1	1992	264	122	325	124	1,304	612	1,978	1,017	1,017
PPG	172	392	1980	151	82	332	313	1,180	567	1,337	1,265	30,153
RDSMY*	57	313	1996	278	277	410	392	1,209	1,169	1,699	2,497	2,497
REX	96	6	1984	215	-3	686	334	1,885	414	5,206	3,353	4,224
RPM	101	119	1980	115	88	330	311	995	598	1,200	923	26,479
SCL	124	27	1973	102	53	273	210	1,226	924	2,118	1,741	18,451
SHW	352	809	1980	284	293	1,058	1,083	4,680	3,740	8,090	7,796	234,673
WDFC	245	35	1973	228	-17	733	140	1,578	264	2,079	521	54,264
WLK	97	137	2004	116	198	505	730	2,278	6,549	2,278	6,549	1,530
基礎原物料》鋼鐵												
CLF	22	110	1973	748	159	16	-65	6,240	851	6,750	382	2,966
CMC	36	46	1980	217	67	217	162	1,132	730	1,996	1,679	15,021
MSB	26	4	1973	297	147	1,146	5	1,794	766	4,895	1,140	5,771
MT*	32	318	1997	88	45	0	-27	8,183	663	12,909	-52	-52
NUE	114	317	1980	344	92	344	188	1,303	762	2,285	1,942	28,438
PKX	58	255,021	1994	83	11	17	-29	961	153	1,766	210	210
RS	162	104	1994	156	104	294	233	2,530	1,135	6,906	6,659	6,659
SCHN	52	12	1993	417	102	417	23	2,481	1,041	3,212	1,139	1,139
STLD	62	123	1996	372	74	602	372	2,680	2,040	3,285	1,949	1,949
STZHF	33	28	2017	1,510	161	1,510	161	1,510	161	1,510	161	161
SYNL	16	2	1980	143	50	292	60	2,228	373	2,228	184	1,194
TX*	44	91	2006	471	680	471	925	1,108	23,757	1,108	23,757	248
ZEUS	24	3	1994	401	157	401	167	3,063	2,340	3,938	501	67

美股代碼（＊為ADR）	股價（美元）	市值（億美元）	IPO年度	回報（％）								
				5年最大	5年	10年最大	10年	20年最大	20年	30年最大	30年	IPO至今
基礎原物料》金												
AEM	53	126	1973	165	27	310	46	781	438	3,001	1,295	1,745
CMCL	12	2	1984	32	-59	0	-45	1,032	20	7,300	-89	-92
CTGO	26	2	2010	90	31	1,339	90	1,339	105	1,339	105	105
FNV	138	313	2007	178	131	409	263	1,518	1,011	1,518	1,011	1,011
RGLD	105	65	1981	137	66	474	56	2,755	1,927	484,333	350,600	4,748
SA	17	12	1998	258	102	51	2	16,735	6,496	48,300	18,222	18,222
SBSW*	13	1,571	2013	903	177	1,117	157	1,117	157	1,117	157	157
TORXF	10	11	2009	57	-33	37	-32	1,212	-43	1,212	-43	-43
VITFF	11	9	1999	382	227	1,366	257	16,600	13,500	16,600	2,482	635
WPM	43	179	2004	267	291	435	161	2,104	425	2,104	425	1,897
基礎原物料》其他工業金屬和採礦												
BHP*	60	1,692	1980	162	69	318	-9	1,044	502	1,591	510	7,637
FSUGY*	28	640	2012	714	235	1,941	399	1,941	399	1,941	399	399
MTRN	92	18	1980	251	132	393	279	1,987	546	1,987	587	1,625
NILSY*	31	35,181	2004	190	81	269	100	2,082	1,726	2,980	1,726	1,726
PLL	53	11	2017	1,883	191	1,883	191	1,883	191	1,883	191	191
RIO*	67	893	1990	160	74	317	37	795	242	1,457	665	2,308
TECK	29	181	1999	105	44	19	-18	2,338	612	2,338	731	731
VALE	14	4,329	2002	249	441	19	92	2,326	233	2,326	233	1,360
LAC	29	46	2008	1,814	880	6,727	2,140	10,970	1,042	10,970	1,042	1,042
FLMMF	10	17	2019	1,322	512	1,322	512	1,322	512	1,322	512	512
基礎原物料》化學品												
BAK*	21	410	1998	71	-1	407	50	65,020	291	65,020	11,000	724
CE	168	193	2005	192	113	420	280	2,199	1,167	2,199	1,167	950
EMN	121	171	1993	239	61	239	210	1,345	520	1,345	1,249	1,249
HUN	35	83	2005	84	83	346	249	1,573	117	1,573	117	117
LXU	11	10	1980	1,303	71	75	-49	2,020	453	8,477	1,051	429

美股代碼（*為ADR）	股價（美元）	市值（億美元）	IPO年度	回報（%）								
				5年最大	5年	10年最大	10年	20年最大	20年	30年最大	30年	IPO至今
MEOH	40	35	1992	105	-10	254	73	1,422	614	4,870	562	562
SQM*	50	167	1993	333	80	428	-4	3,629	2,112	4,203	15,182	15,182
VHI	29	8	1980	0	-58	89	-93	2,003	-14	3,971	95	2,146
基礎原物料》建築材料												
EXP	167	65	1994	289	69	542	549	1,537	1,459	5,426	4,975	4,975
JHX*	41	227	2001	339	156	505	672	2,109	2,042	2,109	2,892	2,892
MCEM	105	3	1994	167	123	500	528	606	1,035	1,071	1,053	1,053
MLM	441	251	1994	206	99	584	484	1,589	845	2,537	2,539	2,539
SMID	47	1	1995	970	779	4,270	3,257	10,977	3,515	12,434	1,006	1,006
TGLS	26	11	2012	1,372	114	1,372	248	1,372	248	1,372	248	248
USLM	129	7	1980	144	70	269	115	5,063	2,179	5,532	2,480	4,541
VMC	208	255	1973	173	100	542	537	698	423	1,606	1,988	39,819
基礎原物料》農業相關商品												
AVD	16	5	1987	58	-14	174	23	1,511	619	8,064	2,775	6,729
CF	71	142	2005	252	125	252	144	3,189	1,285	3,189	1,285	2,541
FMC	110	145	1980	147	124	328	195	3,818	1,528	3,818	1,920	42,165
MOS	39	164	1988	506	34	41	-22	2,630	202	2,630	38	399
SMG	161	90	1992	329	68	562	245	1,393	576	3,572	2,514	2,514
基礎原物料》銅												
FCX	42	647	1995	744	216	20	13	1,101	523	1,762	489	489
FQVLF	24	240	2008	708	142	1,508	23	1,322	494	1,322	494	494
SCCO	62	524	1996	246	93	266	107	4,480	3,032	5,765	8,020	8,020
TRQ	17	33	2003	12	15	10	-79	1,598	286	1,598	286	-76
基礎原物料》木材												
IFSPF	32	27	2004	826	214	826	761	2,937	592	2,937	592	592
UFPI	92	55	1993	282	106	849	583	1,739	907	4,665	1,177	4,618
WFG	95	127	2008	521	128	521	269	1,030	1,194	1,030	1,194	734

美股代碼（*為ADR）	股價（美元）	市值（億美元）	IPO年度	回報（%）								
				5年最大	5年	10年最大	10年	20年最大	20年	30年最大	30年	IPO至今
基礎原物料》造紙和紙製品												
CLW	37	6	2008	0	-44	0	3	2,321	1,050	2,321	1,050	235
NP	46	8	2004	31	-46	330	107	2,739	84	2,739	84	84
基礎原物料》銀												
AG	11	35	2006	363	46	91	-34	3,507	183	3,507	183	183
PAAS	25	48	1995	280	66	595	14	953	496	1,648	495	495
基礎原物料》鋁												
ACH*	14	1,103	2001	127	34	237	27	3,647	214	3,647	274	274
CENX	17	15	1996	185	93	455	95	1,303	24	1,809	10	39
基礎原物料》煤												
AMR	61	13	2021	1,034	333	1,034	333	1,034	333	1,034	333	333
必需消費品》包裝食品												
BGS	31	22	2007	10	-30	144	28	1,915	9	1,915	9	132
CENT	53	25	1992	163	59	878	545	2,357	1,766	5,305	66	1,821
CENTA	48	25	2007	163	55	803	475	2,335	1,646	2,335	1,646	218
CVGW	42	8	2002	109	-31	393	65	1,582	830	1,582	830	830
DAR	69	106	1994	633	437	978	421	26,569	9,799	34,036	1,880	1,880
FLO	28	61	1980	61	38	123	117	1,159	685	2,538	4,260	91,467
FRPT	95	40	2014	1,845	839	3,054	417	3,054	417	3,054	417	417
HAIN	43	38	1994	210	9	307	132	1,142	210	5,255	2,988	2,988
HLF	41	51	2004	150	70	372	58	1,902	178	1,902	178	178
HRL	49	266	1980	75	40	284	233	944	626	2,422	1,728	40,575
INGR	97	67	1997	28	-23	220	84	1,080	448	1,378	893	893
JBSS	90	10	1991	93	28	1,348	1,096	2,397	1,595	3,585	594	1,104
JJSF	158	29	1986	57	18	300	196	1,565	1,192	5,621	3,225	4,169
KRYAY*	132	197	2008	124	92	311	292	1,135	398	1,135	398	398
LANC	166	46	1980	74	17	219	139	659	366	2,049	1,576	34,400
MKC	97	258	1973	134	107	319	283	898	821	2,231	1,366	24,672

美股代碼（＊為ADR）	股價（美元）	市值（億美元）	IPO年度	回報（％）									
				5年最大	5年	10年最大	10年	20年最大	20年	30年最大	30年	IPO至今
NSRGY*	140	3,413	1995	97	96	151	143	669	559	1,329	3,211	3,211
PPC	28	69	1986	106	48	782	390	669	108	1,138	578	495
SAFM	191	42	1987	122	103	439	281	1,764	1,243	4,817	3,992	5,816
必需消費品》居家及個人用品												
ACU	34	1	1980	238	32	393	255	1,435	764	4,881	365	602
CHD	103	254	1980	134	132	353	348	2,250	2,209	7,153	4,016	102,400
CL	85	703	1973	49	30	95	85	301	195	1,416	1,297	17,679
CLX	174	229	1973	107	45	255	162	639	341	2,270	1,546	9,696
EL	370	1,159	1995	379	384	632	559	3,608	2,209	4,475	5,693	5,693
HELE	245	56	1976	221	189	834	696	2,968	1,870	9,530	8,662	73,982
IPAR	107	31	1988	236	226	604	587	2,839	2,034	10,301	5,115	25,352
NUS	51	27	1996	81	6	0	4	1,826	480	3,117	189	189
NWL	22	101	1980	24	-51	238	35	1,109	-21	1,109	-5	10,820
PG	164	3,867	1962	131	95	177	145	341	319	1,366	1,304	60,485
UG	17	1	1980	51	196	131	201	959	791	2,195	556	488
USNA	101	20	1994	151	56	781	529	46,883	31,750	97,221	4,584	168,567
必需消費品》折扣商店												
BIG	45	14	1985	580	-10	580	19	630	333	1,016	526	1,948
COST	568	2,230	1985	277	255	619	581	1,984	1,179	9,162	4,703	33,894
DLMAF	50	188	2010	117	101	597	703	1,000	1,084	1,000	1,084	1,084
DLTR	141	294	1995	124	82	289	238	2,292	1,264	13,350	12,792	12,792
PSMT	73	23	1997	139	-12	112	5	2,349	109	2,349	453	453
TGT	231	1,061	1973	431	220	449	352	950	464	5,404	4,385	115,620
WMMVY*	37	614	1997	135	710	135	428	617	2,056	1,560	361,625	632
WMT	145	4,024	1972	133	28	171	48	261	53	1,487	499	361,625
必需消費品》非酒精性飲料												
CCEP	56	272	1986	111	78	146	117	709	195	1,553	990	3,209
CELH	75	37	2007	4,057	2,944	56,779	35,410	71,947	785	71,947	785	134
COKE	619	58	1973	388	246	987	958	1,792	1,535	3,945	2,958	10,237

美股代碼（*為ADR）	股價（美元）	市值（億美元）	IPO年度	回報（%） 5年最大	5年	10年最大	10年	20年最大	20年	30年最大	30年	IPO至今
FIZZ	45	42	1991	388	77	1,261	464	3,846	1,735	23,172	6,470	10,202
KOF*	55	29	1993	52	-14	89	-42	974	173	11,811	1,118	1,118
MNST	96	476	1985	138	117	622	525	141,029	106,611	987,800	191,980	73,777
PEP	174	2,428	1972	80	66	178	162	0	257	1,062	925	41,260
必需消費品》食品配送												
ANDE	39	13	1996	0	-13	192	33	2,048	1,062	2,878	1,035	1,035
DIT	200	1	1995	280	73	280	210	4,539	639	4,539	1,510	1,510
SPTN	26	9	2000	2	-35	193	39	3,051	115	3,051	241	241
SYY	79	409	1973	176	42	216	168	344	200	1,572	1,247	98,088
UNFI	49	27	1996	924	952	110	1,155	975	3,917	2,266	418,350	627
WILC	19	3	1997	365	4,203	661	5,333	3,860	16,343	6,466	2,037	981
必需消費品》教育培訓												
ATGE	30	15	1991	86	-5	267	-23	447	4	4,217	1,619	2,587
CHGG	31	42	2013	1,547	316	3,171	894	3,171	894	3,171	894	246
HLG*	13	3	2015	1,009	71	1,024	37	1,024	37	1,024	37	37
LOPE	86	35	2008	131	47	723	437	1,008	623	1,008	623	623
PRDO	12	8	1998	180	17	987	48	368	-31	3,892	370	370
STRA	58	14	1996	148	-28	459	-40	509	19	3,551	1,034	1,034
必需消費品》葡萄酒和蒸餾酒												
BF.A	68	316	1973	123	83	299	221	914	695	2,165	504	75,222
BF.B	73	316	1980	133	103	295	239	934	773	2,441	1,891	36,330
MGPI	85	19	1988	134	70	3,084	1,586	19,512	1,370	19,512	678	2,414
SVIN	17	0.1	1997	260	-42	1,066	93	1,465	12	1,465	-69	-69
必需消費品》農產品												
CALM	37	20	1996	50	-16	265	102	8,920	3,965	9,467	3,263	2,957
FDP	28	14	1997	3	-54	199	10	408	83	1,721	127	127
IBA*	43	434	1997	46	-13	258	123	846	479	1,141	384	384
TSN	87	340	1980	84	62	560	384	2,024	765	2,024	644	6,082

美股代碼（＊為ADR）	股價（美元）	市值（億美元）	IPO年度	回報（％）								
				5年最大	5年	10年最大	10年	20年最大	20年	30年最大	30年	IPO至今
必需消費品》菸草												
BTI*	37	709	1980	0	-34	63	-21	801	340	1,718	3,125	46,663
MO	47	933	1962	15	-30	176	60	1,096	347	2,114	666	473,800
VGR	12	18	1987	22	107	103	237	430	197	4,655	1,869	3,003
必需消費品》雜貨商												
CASY	197	71	1983	135	66	386	283	2,183	1,224	6,736	5,687	22,074
KR	45	365	1962	137	31	348	274	729	334	3,232	1,732	4,664
VLGEA	23	3	1973	40	143	62	164	633	1,113	2,515	3,546	13,659
必需消費品》啤酒												
SAM	505	55	1995	906	197	1,282	365	11,451	2,845	19,605	1,619	1,619
FMX*	78	269	1998	39	2	85	11	1,123	575	2,298	815	815
TAP	46	112	1975	7	-52	191	6	382	74	1,383	341	558
必需消費品》糖果商												
HSY	194	411	1980	115	87	223	213	570	472	1,883	1,645	52,189
通訊服務》娛樂												
AMC	27	106	2013	3,059	-19	3,059	94	3,059	94	3,059	94	94
CHTR	652	1,090	2009	215	126	1,362	1,045	2,683	17,713	2,683	17,713	1,790
CMCSA	50	2,361	1980	102	46	404	324	1,001	319	3,936	2,606	38,615
DIS	155	2,762	1962	135	49	427	313	1,366	648	1,990	1,525	258,050
DISCA	24	155	2005	375	-14	375	15	1,403	208	1,403	208	208
DISCB	30	155	2005	540	2	540	41	2,528	262	2,528	262	262
DISCK	23	155	2008	332	-14	332	21	1,250	174	1,250	174	174
DISH	32	191	1995	14	-43	202	15	849	25	5,716	2,169	2,169
IMAX	18	11	1994	11	-43	142	-3	2,072	783	7,225	194	194
LBTYA	28	154	2004	34	-9	173	40	1,123	189	1,123	189	189
LBTYK	28	154	2005	32	-5	169	53	1,093	143	1,093	143	143
LYV	120	258	2005	354	350	1,408	1,340	4,813	1,029	4,813	1,029	1,029
NFLX	602	2,329	2002	443	387	8,895	5,985	186,843	49,688	186,843	49,688	49,688

通訊服務

美股代碼（*為ADR）	股價（美元）	市值（億美元）	IPO年度	回報（%）								
				5年最大	5年	10年最大	10年	20年最大	20年	30年最大	30年	IPO至今
PARAA	33	240	1987	577	-49	577	21	3,134	-3	3,134	150	657
ROKU	228	225	2017	2,482	871	2,482	871	2,482	871	2,482	871	871
SEDG	281	133	2015	2,895	2,163	2,907	1,255	2,907	1,255	2,907	1,255	1,255
WWE	49	40	1999	444	27	1,225	152	1,347	78	1,347	562	364
通訊服務》網路內容和資訊												
BIDU*	149	3,322	2005	306	-10	307	28	7,437	-28	7,437	-28	1,188
CDLX	66	22	2018	1,411	501	1,411	501	1,411	501	1,411	501	394
EVER	16	5	2018	1,402	48	1,402	48	1,402	48	1,402	48	48
FB	336	9,233	2012	227	192	2,056	888	2,056	888	2,056	888	888
FVRR	114	31	2019	1,727	261	1,727	261	1,727	261	1,727	261	261
GOOG	2,894	18,551	2004	283	275	978	796	5,928	5,263	5,928	5,263	5,263
GOOGL	2,897	18,551	2004	271	266	972	797	5,892	5,244	5,892	5,244	5,244
LTRPB	17	2	2014	2,329	-4	2,329	-60	2,329	-60	2,329	-60	-60
NPSNY*	31	11,402	2002	158	55	781	421	15,648	9,294	15,648	9,294	9,294
SNAP	47	612	2017	1,566	92	1,566	92	1,566	92	1,566	92	92
SOHU*	16	7	2000	97	-52	156	-67	12,116	1,257	17,613	25	25
TCEHY*	58	44,739	2008	305	141	2,384	1,347	8,593	4,155	8,593	4,155	4,155
TTGT	96	24	2007	1,214	276	2,663	449	5,040	321	5,040	321	547
TWLO	263	384	2016	1,814	168	1,814	453	1,814	453	1,814	453	815
YY*	45	40	2012	288	-50	1,208	2,428	1,208	2,428	1,208	2,428	302
Z	64	140	2015	691	1,532	1,136	14,780	1,136	14,780	1,136	14,780	147
ZG	62	140	2011	767	73	2,742	801	2,919	7,997	2,919	7,997	501
通訊服務》電信服務												
AMOV*	21	659	2001	101	71	0	-6	1,686	611	1,686	716	716
AMX*	21	659	2001	100	68	27	-7	1,694	550	1,694	718	718
ATNI	40	6	1991	76	-50	175	2	1,881	606	3,357	296	829
IDCC	72	21	1982	15	-22	351	64	1,510	638	4,677	1,947	1,947
IDT	44	10	2001	1,255	182	1,283	687	15,342	26	15,342	300	300

美股代碼（＊為ADR）	股價（美元）	市值（億美元）	IPO年度	回報（%）								
				5年最大	5年	10年最大	10年	20年最大	20年	30年最大	30年	IPO至今
LICT	26,000	5	1999	353	337	1,277	1,121	137,562	287	137,562	860	860
PHI*	36	80	1973	38	30	49	-38	1,892	333	1,892	149	32,373
RCI	48	251	1996	45	23	70	24	2,136	467	2,169	1,427	1,427
SHEN	26	12	1995	136	-7	1,184	387	2,593	1,504	4,059	1,341	1,341
SKM*	27	122,109	1996	235	28	335	96	335	23	1,007	135	135
TLK*	29	4,140,800	1995	28	-1	146	89	1,199	900	2,861	455	455
TMUS	116	1,355	2007	170	102	1,236	568	1,251	209	1,251	209	209
TU	24	304	1996	73	95	89	132	2,524	760	2,524	430	1,950
VG	21	53	2006	359	68	1,161	369	6,206	3,003	6,206	3,003	40
VOD*	15	324	1988	34	-58	60	-71	217	-68	1,666	69	4,566
通訊服務》電子遊戲和多媒體												
ATVI	67	509	1993	183	84	883	440	6,429	1,947	35,697	7,292	8,540
BILI*	46	1,112	2018	0	1,382	1,465	1,382	1,465	1,382	1,465	1,382	322
DLHC*	21	3	1986	583	249	3,270	996	69	-10	1,708	97	-34
EA	132	369	1989	99	67	1,260	540	1,260	340	6,239	5,419	26,280
GRVY*	68	5	2005	4,016	1,193	14,498	1,074	14,498	441	14,498	441	441
NTES*	102	5,339	2000	252	136	1,683	1,035	331,075	339,167	441,467	18,405	18,405
SE*	224	971	2017	3,449	1,366	3,449	1,366	3,449	1,366	3,449	1,366	1,366
TTWO	178	176	1997	333	-52	2,628	74	3,696	119	6,307	1,950	4,690
通訊服務》廣告代理商												
CMPR	72	19	2005	115	-22	499	134	1,332	3,246	1,332	3,246	385
DLX	32	14	1980	16	-55	261	41	1,147	-23	1,147	1	4,239
ISIG	23	0.3	1991	456	35	196	64	64	-61	1,415	-27	121
MGNI	18	20	2014	4,048	136	4,048	-12	4,048	-12	4,048	-12	-12
OMC	73	169	1980	3	-14	101	64	334	64	2,163	1,741	9,937
WPP*	76	140	1987	6	122	136	370	429	355	4,824	5,133	425
通訊服務》電視廣播媒體												
FUBO	16	19	2014	0	-87	1,781	-100	1,781	-100	1,781	-100	-100

美股代碼（＊為ADR）	股價（美元）	市值（億美元）	IPO年度	回報（%）									
				5年最大	5年	10年最大	10年	20年最大	20年	30年最大	30年	IPO至今
GTN.A	18	22	1992	480	77	4,415	1,293	10,916	15	10,916	224	224
ITVPY*	15	48	2008	13	-42	325	128	1,665	179	1,665	179	179
NXST	151	70	2003	269	139	2,695	1,826	34,000	1,243	34,000	1,243	1,243
SBGI	26	23	1995	145	-21	680	133	6,845	179	6,845	368	368
通訊服務》出版												
DJCO	357	5	1986	103	48	526	448	1,801	1,386	4,950	3,977	3,864
JW.A	57	32	1982	42	5	96	29	261	149	3,549	2,721	10,706
NYT	48	72	1973	330	263	839	525	1,500	12	1,500	309	7,331
能源》油氣探勘與生產												
AMEN	435	0.2	1997	105	-9	130	-37	2,518	68	1,608	-35	-35
APA	27	121	1979	0	-58	20	-70	579	13	2,295	239	1,168
CLR	45	191	2007	139	-13	158	34	1,091	867	1,091	867	537
CNQ	42	612	2000	0	33	83	15	1,715	1,304	1,747	132	1,931
CNX	14	33	1999	58	-10	79	-55	2,099	33	2,341	293	266
CTRA	19	4	1990	42	-19	182	0	2,620	850	4,738	1,763	1,676
DVN	44	341	1985	4	-4	55	-29	600	128	3,105	892	1,029
EOG	89	618	1989	59	-12	215	80	1,612	808	6,233	3,541	4,503
EQT	22	90	1980	32	-39	150	-27	647	135	1,998	488	16,677
ESTE	11	13	1994	30	-20	189	-29	3,984	812	20,322	2,088	2,088
MRO	16	152	1962	123	-5	0	-44	1,280	83	1,564	124	7,364
MTDR	37	53	2012	3,696	43	3,696	214	3,696	214	3,696	214	214
MUR	26	49	1980	58	-16	80	-46	521	44	3,455	928	1,463
NOG	21	18	2007	571	-25	12	-91	1,442	-48	1,442	-48	-48
OXY	29	332	1981	49	-59	10	-68	887	128	1,470	238	1,723
PDCE	49	55	1982	5	-33	318	39	1,660	691	11,786	6,675	1,526
PNRG	70	1	1980	361	30	777	210	2,232	781	16,201	6,104	658
PRMRF	19	36	2008	84	44	168	-53	1,465	-1	1,465	-1	-1
PXD	182	527	1997	66	1	196	103	1,826	844	4,443	467	467

美股代碼（＊為ADR）	股價（美元）	市值（億美元）	IPO年度	回報（%）								
				5年最大	5年	10年最大	10年	20年最大	20年	30年最大	30年	IPO至今
RRC	18	57	1980	10	-48	73	-71	3,370	488	9,270	393	167
SM	30	45	1992	3,556	-15	120	-60	845	178	3,245	1,149	1,149
TPL	1,249	86	1980	558	321	4,226	2,969	25,163	16,868	51,771	35,079	30,360
WOPEY*	16	245	1996	27	143	37	74	1,021	692	1,113	7,492	458
能源》綜合油氣												
E*	28	474	1995	36	-14	50	-33	245	12	2,419	607	607
IMO	36	355	1980	367	4	44	-19	640	289	1,805	835	2,259
LUKOY*	90	45,099	1996	142	60	311	69	1,226	87	1,591	1,657	1,657
OMVKY*	57	177	1999	97	60	196	177	1,102	1,178	2,612	1,178	1,178
PBR*	11	4,371	2000	129	9	25	-56	3,046	88	3,046	183	183
PBR.A*	10	4,371	2001	0	15	23	-57	2,748	82	2,748	182	182
PTR*	44	11,392	2000	39	-40	17	-64	1,363	148	1,751	657	657
SNP*	47	6,068	2000	51	-35	112	-42	1,225	349	1,297	735	735
SSL*	16	1,822	1982	46	-43	52	-65	680	85	2,103	191	2,680
SU	25	411	1980	49	-23	63	-13	909	204	5,644	62,475	62,475
能源》油氣精煉與營銷												
AE	28	1	1975	53	-30	207	-4	2,236	257	2,736	695	1,078
CVI	17	22	2007	223	-26	257	0	3,029	103	3,029	103	103
DINO	33	61	1989	242	0	266	40	4,362	1,260	13,739	1,616	8,305
DK	15	14	2006	186	-38	437	31	1,454	35	1,454	35	35
INT	27	18	1986	2	-42	71	-37	1,350	478	3,785	695	9,704
NTOIY*	25	344	2011	594	286	2,551	921	2,551	921	2,551	921	921
PARR	17	11	2012	92	13	4,754	1,168	4,754	1,168	4,754	1,168	1,168
SHI*	23	441	1993	45	-58	350	3	1,105	278	1,468	698	698
VLO	75	348	1982	102	204	595	979	2,222	2,286	3,158	8,549	4,371
能源》油氣中游												
CQP	42	226	2007	80	47	170	134	1,199	6,500	1,199	6,500	588
EPD	22	523	1998	31	-19	78	-5	406	87	1,075	1,861	1,861

美股代碼（＊為ADR）	股價（美元）	市值（億美元）	IPO年度	回報（%）								
				5年最大	5年	10年最大	10年	20年最大	20年	30年最大	30年	IPO至今
GEL	11	14	1996	7	-70	110	-62	2,997	175	2,997	325	325
GLNG	12	15	2002	78	-46	135	-72	2,800	118	2,800	118	118
LNG	101	287	1994	274	145	1,182	1,067	27,778	20,184	27,778	183	183
MMP	46	106	2001	10	-39	174	35	1,315	344	1,385	2,509	2,509
OKE	59	279	1980	64	2	310	55	1,064	652	2,385	1,492	10,031
WMB	26	356	1981	23	20	127	38	8,353	79	8,353	614	4,390
能源》油氣設備與服務												
BOOM	40	9	1987	545	150	1,412	100	8,046	1,901	37,780	2,113	3,534
CLB	22	13	1995	48	-81	123	-80	5,313	218	8,997	183	853
DRQ	20	9	1997	10	-67	103	-70	1,941	63	1,941	4	4
HAL	23	256	1972	7	-58	177	-34	1,527	249	1,527	236	1,620
NGS	11	1	2002	0	-67	191	-28	1,075	155	1,075	155	155
NOV	14	65	1996	62	-64	60	-78	1,138	46	2,377	216	216
OII	11	14	1975	11	-60	98	-75	1,729	105	4,300	390	335
TS*	21	129	2002	55	-22	62	-25	2,029	541	2,029	541	913
能源》油氣鑽探												
HP	24	33	1980	6	-69	202	-59	1,053	94	3,195	568	524
NBR	81	9	1973	8	-90	137	-91	275	-91	1,670	-48	48
PDS	35	6	1996	11	-67	148	-83	457	-74	1,367	-43	-43
能源》動力煤												
ARLP	13	19	1999	12	-44	97	-67	990	86	1,591	156	1,387
NC	36	3	1977	358	75	900	459	6,385	779	6,385	949	362,800
YZCAY*	20	1,121	1998	241	856	22	201	2,004	3,141	6,728	147	2,428
不動產》不動產服務												
CBRE	109	347	2004	264	245	619	613	4,501	1,936	4,501	1,936	1,673
CIGI	149	61	1995	322	304	908	856	4,441	1,708	15,649	23	17,596
CSGP	79	294	1998	436	319	1,659	1,085	6,173	3,193	18,035	7,964	7,964
EXPI	34	43	2013	6,001	1,560	160,960	6,638	160,960	6,638	160,960	6,638	6,638

附錄

美股代碼（＊為ADR）	股價（美元）	市值（億美元）	IPO年度	回報（%）								
				5年最大	5年	10年最大	10年	20年最大	20年	30年最大	30年	IPO至今
FRPH	58	5	1986	87	53	325	219	1,176	961	2,153	1,631	1,879
JLL	269	129	1997	235	167	332	340	2,002	1,392	2,831	901	901
MAYS	41	1	1984	40	-4	392	174	1,499	246	1,852	132	345
NEN	68	2	1987	25	11	214	270	653	578	5,920	5,324	25,977
NTP	10	4	1990	881	36	928	90	776	101	3,768	870	2,423
TCI	39	3	1985	321	225	2,815	2,284	3,208	144	3,208	943	732
不動產》工業型房地產投資信託基金												
CUBE	57	111	2004	173	113	454	435	3,973	572	3,973	572	572
DRE	66	228	1986	171	147	442	445	1,462	170	1,462	861	2,386
EGP	228	84	1973	231	209	421	424	981	888	2,786	2,528	19,209
EXR	227	273	2004	215	194	840	836	4,323	3,654	4,323	3,654	3,654
FR	66	81	1994	162	136	545	547	3,381	113	3,381	1,063	1,063
IIPR	263	50	2016	1,747	1,345	1,759	1,567	1,759	1,567	1,759	1,567	1,567
LSI	153	114	1995	224	169	429	438	1,233	638	1,233	4,542	4,542
PLD	168	1,129	1997	247	219	489	489	1,628	548	1,628	1,911	1,911
PSA	375	634	1980	132	68	188	179	1,187	1,021	4,483	4,440	18,722
不動產》專業房地產投資信託基金												
AMT	293	1,141	1998	195	177	416	387	42,663	2,989	42,663	1,943	1,943
CCI	209	796	1998	0	141	363	366	20,284	1,854	20,284	25,993	2,039
EQIX	846	672	2000	160	137	775	734	30,342	811	30,342	175	175
IRM	52	130	1996	145	61	145	70	454	303	1,169	4,225	4,225
LAMR	121	114	1996	278	80	413	341	2,149	186	2,149	1,264	1,264
PW	69	3	1973	1,311	919	1,718	557	1,718	773	1,718	922	6,461
SBAC	389	355	1999	279	277	802	806	194,180	2,888	194,180	4,466	4,466
不動產》住宅房地產投資信託基金												
AVB	253	347	1994	109	43	116	93	614	434	1,386	12,221	3,215
BRT	24	4	1972	213	193	333	278	172	100	1,602	1,026	572
ELS	88	148	1993	148	143	454	426	1,379	1,024	2,427	8,411	8,411

461

美股代碼（*為ADR）	股價（美元）	市值（億美元）	IPO年度	回報（%）								
				5年最大	5年	10年最大	10年	20年最大	20年	30年最大	30年	IPO至今
ESS	352	224	1994	96	51	161	151	690	613	2,301	6,224	6,224
SUI	210	229	1993	176	174	482	475	2,893	464	2,893	6,168	6,168
不動產》零售型房地產投資信託基金												
ALX	260	13	1973	8	-39	80	-30	764	357	5,484	973	9,130
KIM	25	154	1991	327	-2	327	52	281	51	1,017	416	2,579
O	72	405	1994	73	29	139	111	463	403	1,418	4,942	4,942
SPG	160	512	1993	30	-10	91	32	836	501	1,099	3,507	3,507
不動產》辦公室房地產投資信託基金												
BDN	13	24	1986	18	-19	0	41	89	-36	3,745	795	180
DLR	177	442	2004	80	80	295	165	1,367	2,893	1,367	2,893	2,893
OFC	28	31	1991	17	-10	79	32	373	136	1,144	190	1,627
VNO	42	89	1980	7	-82	73	-73	308	-50	1,459	131	37,955
不動產》醫療設施型房地產投資信託基金												
LTC	34	14	1992	52	-27	78	11	889	438	1,706	2,818	2,818
NHI	58	28	1991	43	-23	108	31	584	288	1,716	139	2,136
OHI	30	76	1992	77	-5	135	53	1,881	392	2,931	1,154	1,154
VTR	51	211	1994	0	-53	63	-40	896	234	3,478	954	613
不動產》多元化房地產投資信託基金												
OLP	35	7	1983	205	40	205	114	1,246	135	1,246	355	4,800
PSB	184	48	1991	71	58	232	232	523	485	1,513	1,501	7,296
STRS	37	3	1992	189	12	432	368	374	330	1,388	847	847
不動產》房地產開發												
ARL	13	2	1982	297	145	1,279	576	1,570	28	1,578	778	156
AXR	15	1	1973	361	105	405	127	2,148	136	4,081	292	541
不動產》房地產投資信託基金抵押												
BXMT	31	53	1980	0	2	82	36	335	-82	1,538	-46	140
不動產》飯店旅館房地產投資信託基金												
HST	17	128	1980	28	-8%	77	18	371	93	1,328	616	7,146

美股代碼（*為ADR）	股價（美元）	市值（億美元）	IPO年度	回報（%）								
				5年最大	5年	10年最大	10年	20年最大	20年	30年最大	30年	IPO至今
公用事業》供水和廢水處理												
AWK	189	297	2008	0	161	502	493	1,042	790	1,042	790	1,186
AWR	103	35	1973	150	127	501	493	880	788	1,928	1,754	18,371
CWCO	11	2	1995	85	-2	175	24	542	88	1,963	519	519
MSEX	120	18	1973	260	179	575	543	911	608	1,628	1,644	33,317
PCYO	15	3	1994	226	165	856	677	2,249	1,522	3,188	1,148	1,148
YORW	50	6	1999	90	264	218	687	532	1,324	1,053	4,544	1,565
公用事業》發電供電商												
CMS	65	185	1973	66	56	223	195	1,873	171	1,873	254	514
ES	91	300	1973	86	65	194	152	647	416	1,171	285	3,245
NEE	93	1,632	1973	214	213	531	513	1,502	1,224	2,597	1,916	24,468
PAM*	21	22	2009	99	-39	2,414	96	2,414	66	2,414	66	66
WEC	97	304	1980	84	-59	209	-32	910	111	1,147	82	18,567
XEL	68	372	1973	85	-23	187	13	1,220	13	1,220	45	5,787
公用事業》天然氣供應商												
CPK	146	24	1980	127	118	437	405	1,149	1,005	1,777	1,490	48,503
NJR	41	38	1980	49	16	162	67	501	295	1,144	806	16,324
UGI	46	97	1973	39	-77	235	-47	1,396	134	2,398	134	13,812
公用事業》可再生能源												
BEP	36	113	2000	277	126	327	152	997	695	35,157	119,200	25,464
ELLO	28	4	1995	401	251	784	407	1,878	-15	1,794	-53	-53
RAMPF	13	3	2002	217	54	29	-98	2,035	82	2,035	82	82
公用事業》多元型公用事業												
AES	24	154	1991	202	109	239	105	2,943	49	2,468	339	908
BIP	61	254	2008	150	102	263	265	1,081	567	1,081	567	950
公用事業》獨立發電商												
HNP*	26	1,195	1994	25	1	186	26	430	119	1,781	644	644
TAC	11	28	1996	205	102	0	-46	249	-19	46,225	192	192

公用事業

463

國家圖書館出版品預行編目資料

10倍股法則：從企業成功軌跡解析股價上漲10倍的祕
密/林子揚著. -- 一版. -- 臺北市：Smart智富文化, 城邦
文化事業股份有限公司, 2022.09
　面；　公分
ISBN 978-626-96345-3-8(平裝)

1.CST: 股票投資 2.CST: 證券市場 3.CST: 美國

563.53　　　　　　　　　　　　　　111014434

Smart 智富
10倍股法則：從企業成功軌跡解析股價上漲10倍的祕密

作者	林子揚
主編	黃嫈琪
商周集團	
執行長	郭奕伶
總經理	朱紀中
Smart 智富	
社長	林正峰
總編輯	劉 萍
總監	楊巧鈴
編輯	邱慧真、施茵曼、陳婕妤、陳婉庭、蔣明倫、劉鈺雯
協力編輯	曾品睿
資深主任設計	張麗珍
封面設計	廖洲文
版面構成	林美玲、廖彥嘉
出版	Smart 智富
地址	104 台北市中山區民生東路二段 141 號 4 樓
網站	smart.businessweekly.com.tw
客戶服務專線	（02）2510-8888
客戶服務傳真	（02）2503-5868
發行	英屬蓋曼群島商家庭傳媒股份有限公司城邦分公司
製版印刷	科樂印刷事業股份有限公司
初版一刷	2022 年 9 月
ISBN	978-626-96345-3-8